RAQUEL HERNÁNDEZ GARCÍA
(COORDINADORA)

JUDO

NUEVAS PERSPECTIVAS SOBRE METODOLOGÍA Y ENTRENAMIENTO

©Copyright: Los Autores

©Copyright: De la presente Edición, Año 2018 WANCEULEN EDITORIAL

Título: JUDO NUEVAS PERSPECTIVAS SOBRE METODOLOGÍA Y ENTRENAMIENTO

Autor: RAQUEL HERNÁNDEZ GARCÍA (COORDINADORA)

Editorial: WANCEULEN EDITORIAL
Sello Editorial: WANCEULEN EDITORIAL DEPORTIVA

ISBN (Papel): 978-84-9993-876-9
ISBN (Ebook): 978-84-9993-877-6

DEPÓSITO LEGAL: SE 1182-2018

Impreso en España. 2018

WANCEULEN S.L.
C/ Cristo del Desamparo y Abandono, 56 - 41006 Sevilla
Dirección web: www.wanceuleneditorial.com y www.wanceulen.com
Email: info@wanceuleneditorial.com

Reservados todos los derechos. Queda prohibido reproducir, almacenar en sistemas de recuperación de la información y transmitir parte alguna de esta publicación, cualquiera que sea el medio empleado (electrónico, mecánico, fotocopia, impresión, grabación, etc), sin el permiso de los titulares de los derechos de propiedad intelectual. Cualquier forma de reproducción, distribución, comunicación pública o transformación de esta obra solo puede ser realizada con la autorización de sus titulares, salvo excepción prevista por la ley. Diríjase a CEDRO (Centro Español de Derechos Reprográficos, www.cedro.org) si necesita fotocopiar o escanear algún fragmento de esta obra.

PRÓLOGO

El judo es un deporte fascinante. Las cosas suceden a trepidante velocidad, sin embargo, dentro del tatami frecuentemente experimentamos la sensación de que el tiempo se hubiera detenido. Se trata de una actividad tan rica, tan compleja, donde los matices son tan importantes, que sinceramente creo que sólo puedes llegar a comprenderla de verdad cuando la has vivido en primera persona.

Analizar el judo desde fuera requiere tanto esfuerzo y tantos años de dedicación que a los que lo intentan solo les quedan dos opciones: abandonar o convertirse en judokas (al menos, en espíritu). Afortunadamente, no es necesario.

Dentro del judo existen magníficos profesionales que han sabido compaginar su pasión por este deporte con una intensa formación en otras áreas, profesionales capaces de desarrollar una metodología científica de enseñanza y de preparación física y mental para este deporte. Es el caso de los autores de este libro, cuya experiencia no solo es académica; es práctica, intensa, del día a día. Como a ti, a ellos nadie tiene que explicarles qué se siente cuando te roza el judogui, cuando el tatami está frío o la impotencia de no ser capaces de aplicar (o explicar) una técnica. Este es un libro escrito por judokas y para judokas, con el que además de aprender, podemos compartir nuestra pasión por el judo.

Sara Álvarez Menéndez
Doble campeona de Europa
Subcampeona del Mundo
3 veces deportista olímpica
Actualmente Directora deportiva de la Federación Española de Judo.

ÍNDICE

OPTIMIZACIÓN DE LOS PATRONES MOTORES BÁSICOS PARA EL DESARROLLO DE LOS FUNDAMENTOS EN JUDO (Raquel Hernández García) ········ 9

FUNDAMENTOS PARA EL APRENDIZAJE MOTOR DE HABILIDADES ESPECÍFICAS DE PROYECCIÓN EN JUDO (Edu Carballeira, PhD) ········ 33

TÉCNICA Y TÁCTICA (Iñaki Salas Calvo y Marc Dailos Cerdá Gutiérrez) ········ 55

CONSTRUYENDO UN SISTEMA DE COMPETICIÓN EN JUDO. DE LA TECNIFICACIÓN AL RENDIMIENTO. (Sergio Domenech García) ········ 73

ANÁLISIS TÉCNICO-TÁCTICO EN JUDO (Emerson Franchini y Raquel Escobar-Molina) ········ 87

PREPARACIÓN FÍSICA EN JUDO (Raquel Hernández García y David Martínez Pozo) ········ 101

ENTRENAMIENTO DE LA POTENCIA MUSCULAR EN JUDO (Juan Bonitch Góngora y Filipa Almeida) ········ 125

ENTRENAMIENTO DE LA RESISTENCIA EN JUDO (Juan Bonitch Góngora y Filipa Almeida) ········ 151

ESTRATEGIAS MOTIVACIONALES EN JUDOKAS (Yolanda Soler) ········ 173

ESTRATEGIAS PARA LA MEJORA DE LA CONFIANZA DEL JUDOKA (Anthony Satizelle) ········ 185

ESTADO DE FLOW EN JUDO (Carlos Montero Carretero y Eduardo Cervelló Gimeno) ········ 203

ESTRATEGIAS NUTRICIONALES PARA JÓVENES JUDOKAS (Ana María Ribas Camacho) ········ 221

DIARIOS DE ENTRENAMIENTO PARA EL CONTROL DE LA CARGA INTERNA EN JUDO (Gema Torres-Luque y Raquel Hernández García) ········ 241

MODELO DE GESTIÓN DE UN CLUB DEPORTIVO DE JUDO (Carlos Fernández González) ········ 253

OPTIMIZACIÓN DE LOS PATRONES MOTORES BÁSICOS PARA EL DESARROLLO DE LOS FUNDAMENTOS EN JUDO

Raquel Hernández García

Introducción

Desde una perspectiva global, me gustaría que empezasen reflexionando sobre lo importante que es el movimiento en nuestra vida, y por lo tanto en el deporte. De hecho, el movimiento es vida, sin él no podríamos "ser". Partiendo de ese enunciado, es importante que todos los entrenadores tengamos nociones básicas sobre las capacidades y cualidades de movimiento, así como las teorías o métodos de enseñanza-aprendizaje. Ya que el ser humano utiliza el mismo proceso de aprendizaje para asimilar un giro, que la técnica de o-goshi, que un ukemi o que una sentadilla. El éxito de su aprendizaje dependerá de cómo los entrenadores estructuremos el proceso de enseñanza-aprendizaje, utilizando fases, tiempos, comunicación, medios, métodos y entornos.

Cuando un niño se inicia en judo, normalmente entre los 4 y los 8 años, el mayor volumen de las sesiones está orientado a desarrollar su competencia motriz. Es decir, el mayor porcentaje de tiempo de la sesión de judo (entre 50% y 80% del tiempo total) se destina a trabajar aspectos motores (ritmo, equilibrio, coordinación, estabilidad, etc.). Debido principalmente a que ese rango de edad recoge etapas sensibles del desarrollo motor, sobre las cuales se considera de vital importancia desarrollar adecuadamente las Habilidades de Movimiento Fundamentales (HMF) tanto en niños como en niñas. El motivo principal de ello, es que en la infancia el Sistema Nervioso Central (SNC) madura de forma acelerada, incrementando la plasticidad neural y por lo tanto el potencial para asimilar habilidades.

Pero no sólo son importantes estas etapas por el desarrollo cognitivo y motor de los niños, sino también por la perspectiva a lo largo plazo. Si nos, centranos en entrenar a judokas con una especialización temprana, donde el foco reside en sacar medallas nacionales e internacionales en categorías inferiores (infantiles y cadetes), nos encasilla como entrenadores resultadistas, y limitamos el desarrollo a largo plazo de estos judokas.

Bien, porque llegan a un estado de "bornout" (síndrome del deportista quemado), o bien porque se lesionan y no retornan a su vida deportiva. Por ello, debemos desarrollar nuestro trabajo planificando a largo plazo, y mucho más sabiendo que se debe evitar la especialización temprana. Ya que potenciar en los jóvenes una base amplia y holística de HMF puede llegar a reducir el riesgo de lesión en el deportista adulto (Faigenbaum et al., 2009; Granacher, Muehlbauer, Maestrini, Zahner, & Gollhofer, 2011).

Si se fija en la figura 1, se puede observar un esquema sobre el desarrollo del deportista a largo plazo (específicamente para el género masculino). Es una tabla adaptada de las propuestas de (Lloyd et al., 2016) de Balyi (2004) en (Ford et al., 2011), que pretende resaltar la importancia que tiene el desarrollo de las HMF en las clases de judo entre los 4 y los 8 años de edad. Las "tan" citadas Habilidades de Movimiento Fundamentales en la bibliografía específica (Lloyd y Oliver, 2014) corresponden a las reconocidas Habilidades Motoras Básicas, clasificadas como locomoción, manipulación y estabilización. No obstante, los expertos en el desarrollo a largo plazo de deportistas, no se quedan sólo ahí sino que buscan ser más eficientes con los jóvenes deportistas, optimizando los Patrones de Movimiento Básicos (PMB) y además integrando las Competencias Atléticas de las Habilidades Motoras (AMSCs).

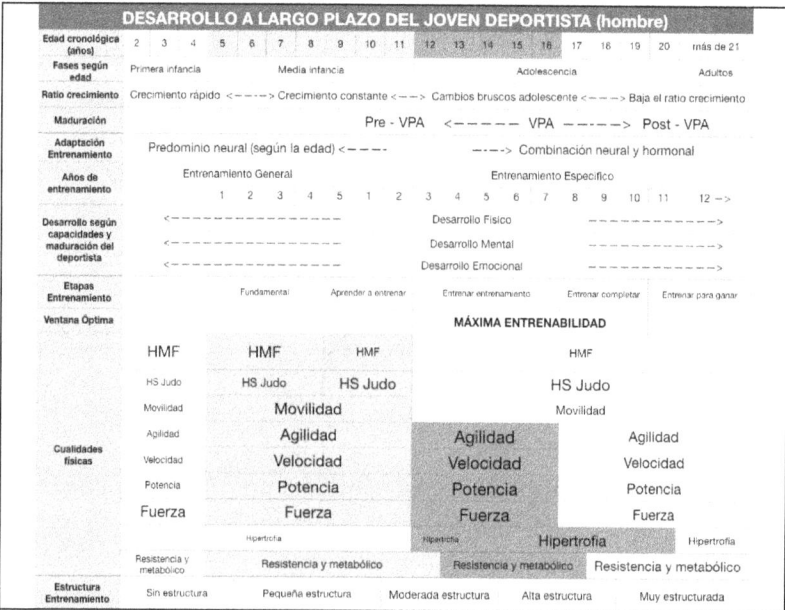

Figura 1: Desarrollo del joven deportista a largo plazo (modificado a partir de (Lloyd et al., 2016) de Balyi (2004) en (Ford et al., 2011).

Los PMB se pueden definir como los movimientos primarios e innatos del ser humano, que realiza con la finalidad de desarrollarse en el entorno y sin necesidad de ningún proceso de enseñanza-aprendizaje programado. De hecho, ya hay algunas corrientes como MovNat e Ido Portal, que proponen sistemas de entrenamiento basados en los patrones de movimiento fundamentales del ser humano (McNeill, 2017). Estos entrenamientos se basan principalmente en aquellos movimientos que desarrolla el bebé en sus primeros meses de vida, como son la postura, la rotación, el gateo, agacharse-levantarse (la posición de cuclillas), coger y dejar (trepar), la marcha y la carrera.

De hecho, existe una Teoría en el aprendizaje motor, llamada Esquema de los Patrones Motores Generales (PMG) de Schmidt, que define los PMG como una secuencia de movimientos básicos perfectamente coordinados que componen un sistema de almacenaje en memoria a largo plazo, y a su vez dan como consecuencia la ejecución motora de los patrones motores básicos de movimiento a través de la práctica (Ramón-Suarez et al., 2013). Es decir, la práctica motora, con todo lo que conlleva, desde que el niño comienza a moverse, genera una serie de PMB que se memorizan, para ponerlos en marcha cada vez que precisamos movimientos similares, o incluso más complejos, como son las HMF y Habilidades de Movimiento Específicas (HME). Por ello, es tan importante adquirir adecuados PMB, sobre los que se asienten las HMB y sobre estás las HME.

Todo esto nos lanza la propuesta de comenzar a considerar PMB como los movimientos más naturales de nuestros niños: postura, ponerse de cuclillas, rotar, coger-dejar, gatear, marcha y carrera. De hecho, si observarnos bien a los más jóvenes (4 y 5 años) la ejecución de la mayoría de los PMB es muy fluida, y nos transmiten la sensación de que los ejecutan muy fácil. Como por ejemplo, si les pedimos a niños de esa edad que se pongan de cuclillas, con los pies totalmente pegados al suelo y la espalda recta (figura 2). Si este PMB lo mantenemos y optimizamos a lo largo de su desarrollo motor, nos permitirá desarrollar HMF, HME y gestos técnicos de judo de una manera más eficiente, eficaz y además segura. Como por ejemplo todas las acciones técnicas de rodillas o cuclillas (grupo de los seoi nage).

Figura 2: Posición de cuclillas tan típica en los niños que responde a un adecuado patrón motor básico que debemos mantener y optimizar.

En cuanto a las AMSCs se consideran elementos básicos que conforman las HMF (Lloyd & Oliver, 2012). Es decir, se trata de diferentes mecánicas de movimiento básicas que el niño debe de aprender a ejecutarlas adecuadamente, es decir, realizarlas competentemente. Como por ejemplo, movimientos con el apoyo a una pierna que están presentes en acciones de carrera y en acciones de judo como o soto gari. Por lo que "enseñar" a los judokas a mantener la posición con un apoyo (unilateral) y ser estables favorecerá el aprendizaje de otras HMF, HME y gestos técnicos. Otro ejemplo, puede ser que actividades de empuje con las extremidades superiores pueden estar presentes en determinados lanzamientos de móvil, o incluso en gestos técnicos de judo como romper un agarre. En la figura 3, se pueden observar los AMSCs recomendados para integrar en la formación de nuestros deportistas.

Por otro lado, y focalizando en el deporte que nos compete, el judo, vamos a abordar uno de los contenidos técnicos que en ocasiones está muy olvidado por los profesores de judo, a pesar de poseer un papel protagonista. Nos referimos a los fundamentos en nuestro deporte, que ya el maestro Shu Taira (2009), nos lo adelanta en su libro: "los pilares del judo son sus fundamentos". Ya puede hacer muy bien nuestro chico o chica uchi mata, pero sino tiene buena postura, desplazamiento y kumi-kata, seguramente no sea capaz de tirar a nadie en randori. Son los precursores del éxito de las proyecciones en judo, si nuestros jóvenes deportistas dominan los fundamentos del judo, seguramente sean más estables a la hora de aprender el resto de gestos técnicos, y sobre todo de llevarlos al randori o la competición. Los fundamentos a los que nos referimos son:

- la postura (shisei), tanto la natural (shizen-tai) como la defensiva (jigo-tai);
- el agarre (kumikata);
- los desplazamientos, tanto el avance y retirada (sin-tai), como los diferentes tipos: tsugi-ashi, suri-ashi, ayumi-ashi y tai-sabaki.

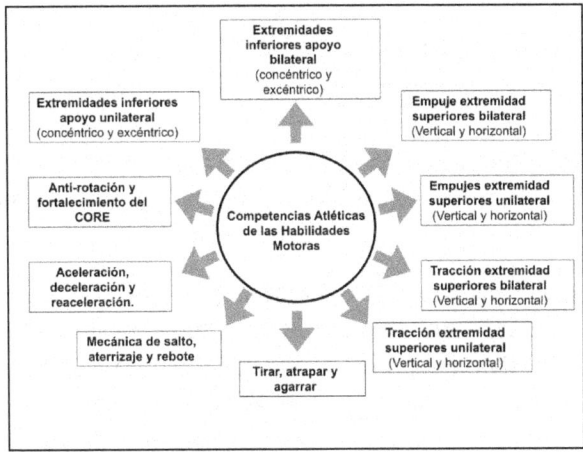

Figura 3: Componentes Atléticos de las Habilidades Motoras. Adaptado de la propuesta de Lloyd y Oliver (2012)

Siendo conscientes de la importancia que tienen los PMB, HMF y las AMSCs en el desarrollo a largo plazo de nuestros judokas, el presente capítulo pretende lanzar una propuesta para la optimización de los PMB, a la vez que creamos la base de los fundamentos del judo (postura, desplazamiento y agarre) utilizando los AMSCs como medio principal (figura 4).

Desarrollo Fundamental		Competencias Atléticas de las Habilidades Motoras (AMSCs)	Desarrollo Específico	
Patrones Motores Básicos (PMB)	Habilidades Movimiento Fundamentales (HMF)		Habilidades Motrices Específicas	Destrezas
			Fundamentos del Judo	Gestos Técnicos Judo
Postura				
Rotación	Estabilización		Postura (postura defensiva, ofensiva, neutra, en pie o en suelo)	Tachi Waza
Agacharse/Levantarse				
Coger/dejar	Manipulación		Agarre (kumi-kata fundamental y variaciones)	
Gateo				
Marcha/Carrera	Locomoción		Desplazamiento (multidirección, en pie y en suelo)	Ne waza
Trepar				

Figura 4: Esquema de la propuesta: Desarrollo de los fundamentos del judo a través del mantenimiento de los patrones motores básicos.

Propuesta para optimizar la postura como PMB y desarrollar la postura como fundamento en Judo

La postura en judo (shisei), es el pilar básico del nage-waza, ya que de una postura incorrecta no podrá nacer una técnica correcta y eficaz (Tahira, 2014). Las principales posturas son:

- postura natural (shizen-tai), que a su vez puede ser con pierna derecha delante (migi shizen tai) o con la izquierda (hidari shizen-tai);
- postura defensiva (jigo-tai), que a su vez puede ser con pierna derecha delante (migi shizen tai) o con la izquierda (hidari shizen-tai).

La diferencia principal entre ambas posturas radica en la altura del centro de gravedad y en la amplitud de la base de sustentación, siendo en la postura defensiva mucho más bajo el centro de gravedad y mayor base de sustentación que la postura natural. Como se sabe, durante el randori gracias al dinamismo que posee, ambas posturas se van intercalando de forma continua y en función de la lucha entre ambos deportistas. Siendo muy importante que en esos procesos de cambio de posturas el judoka siempre mantenga la estabilidad, tanto de forma dinámica como estática (Mala, Maly, & Zahalka, 2016). Por lo tanto, con nuestros jóvenes judokas debemos trabajar la postura natural, la postura defensiva y la estabilidad en la transición entre ambas, para evitar que aparezcan posturas inadecuadas en los pies, hombros y cabeza, las cuales pueden provocar riesgo de lesión (Castropil & Arnoni, 2014).

Desde el punto de vista general, la postura en la vida normal y en el judo precisa una aplicación de fuerza hacia arriba. El motivo principal es que es un patrón motor básico necesario para luchar contra la gravedad (9,8 N/kg), y para ello el individuo debe generar fuerza hacia arriba cada vez que quiera mantener la verticalidad. Y quizás este sea uno de los aspectos más importantes de enseñar a los chicos, que aprendan a generar fuerza en el suelo y la vayan trasmitiendo hacía arriba (piernas, tronco, cabeza) para mantener su postura adecuada (vector vertical). Pensad un momento, que los seres humanos vivimos desarrollando movimientos delante del cuerpo (trabajar con el ordenador, recoger objetos pesados desde delante del cuerpo, sentarnos en el sofá flexionando cuerpo), por lo que debemos tratar de activar la musculatura contraria: la extensora. Además, debemos conseguir que esta musculatura transmita fuerza de unos segmentos a otros del cuerpo generando estabilidad. Por ello, ya introducimos una HMF: estabilización. Para generar la transmisión de fuerzas es preciso trabajar el PILAR, como llama Mackey (2014). El pilar es el centro de todos los movimientos, transfiere, genera y absorbe energía; y está compuesto por la musculatura del CORE (tronco), cadena posterior y estabilizadores de cadera, y los estabilizadores de escápula. De este modo, ya nos aparece el elemento de la propuesta: el fortalecimiento del CORE. Como tenemos una postura defensiva, donde aparece una flexión de tobillos, rodilla y cadera, así como de tórax, también utilizaremos los PMB: el gateo y el de agacharse y levantarse (cuclillas).

Por lo tanto, a continuación aparecerán diferentes tareas para desarrollar la postura como fundamento en judo, optimizando los PMB a través de AMSCs (figura 5).

POSTURA COMO FUNDAMENTO EN JUDO		
Movimientos a utilizar	Progresiones	A través de
Patrones Motores Básicos (PMB)	Habilidades Movimiento Fundamentales (HMF)	Competencias Atléticas de las Habilidades Motoras (AMSCs)
Postura Agacharse/Levantarse Rotación	Estabilización (dinámica/estática: sólo/parejas; bases; colaboración/oposición; inicio brazo/piernas)	Antirotación y Fortalecimiento del CORE

Figura 5: Esquema de la propuesta del desarrollo de la postura como fundamento utilizando los PMB, HMF y AMSCs.

Tarea 1: "Pitufos forzudos":

PMG: postura // HMF: estabilización // AMSCs: Extensores de cadera.

Descripción: Se divide el grupo en 2 equipos: equipo de pitufos forzudos y equipo de derriba pitufos. El profesor, indicará al equipo de los pitufos que se separe por el tatami, y adopte la posición "pitufo forzudo", que cosiste en colocarse de rodillas en el tatami, con cadera en extensión, los dedos de los pies apoyados generando fuerza, y los brazos en forma de "T" como un forzudo. Los integrantes del equipo derriban pitufos tendrán 30" para derribar al mayor número de "pitufos forzudos" a través de chocar los 5 en la espalda de los pitufos forzudos. Ganará el equipo que más pitufos derribe en el tiempo determinado.

Reglas:

- No se podrá chocar con las dos manos a la vez.
- Todo pitufo que toque con una mano en el suelo, habrá sido derribado.
- Los pitufos no se pueden mover del sitio.

Variantes:

- Los pitufos se pueden mover.
- Si derriban a un pitufo forzudo, éste debe caer en mae-ukemi.
- Los pitufos forzudos que no han sido derribados pueden salvar a los que si, simplemente tocándolos.

Tarea 2: "El puente más largo del mundo"

PMG: postura // HMF: estabilización // AMSCs: Extensores de cadera

Descripción: Los alumnos se colocan todos boca arriba, uno al lado del otro (no importa si aparece una curva), con los talones en el suelo y las rodillas en flexión 90 grados. A continuación, les indicamos que se va a construir el puente más largo del mundo y para ello, deben empezar a empujar el suelo con sus talones: "cómo si quisiesen hacer dos agujeros en el tatami". De esta forma comienzan a sentir como empujan. Cuando ya lo hayan sentido, preguntamos: "¿ya están hechos los agujeros?", "siiiii...", responden los judokas. Y el profesor continua: "Pues ahora arriba ese ombligo que empezamos el puente más largo del mundo". Y los chicos mantienen la cadera arriba.

Reglas:

- El alumno que más tiempo aguante arriba, puede ser el director de obra, indicando..."agujeros en el tatami....arriba el ombligo".

Variantes:

- Cuando ya lo van dominando, se les puede indicar que vayan pasando en orden por debajo.
- Se pueden hacer carreras por equipos, construyendo el puente más largo.

Tarea 3: "Derribamos al gigante"

PMG: postura // HMF: estabilización // AMSCs: Extensores de cadera y de tórax

Descripción: Colocamos a los alumnos en grupos de 3. Uno de ellos será el gigante, y se colocará de pie erguido, con pies a la anchura de las caderas y los brazos a lo largo del cuerpo. Los compañeros se pondrán cada uno a un lado del gigante, y agarrarán su manga de judogi con una mano, pesándole en los lados al gigante, intentando derribarlo.

Reglas:

- El gigante debe de cruzar la clase de un lado al otro, sin caerse para conseguir su reto.
- Los compañeros de los lados sólo pueden utilizar una mano.

Variantes:

- Los compañeros de los lados pueden utilizar ambas manos.
- El desplazamiento puede ser lateral, o hacía atrás.
- Se pueden poner algunos obstáculos.

Tarea 4: "Los japoneses esperando el bus"

PMG: agacharse y levantarse // HMF: estabilización // AMSCs: Extensores de tórax

Descripción: Se les explica que los japoneses son los mejores judokas del mundo, porque allí se creó el judo. Además, hacen muy bien judo porque ellos no utilizan a penas las sillas y los sofás, simplemente sus posiciones son de rodillas en casa. Pero que mucho más importante, es que en Japón no existen los bancos para esperar el autobús ni el metro, sino que los japoneses esperan el metro de cuclillas con toda la planta del pie en el suelo y la espalda recta. ¿A ver a quién le sale "espera el bus como los japoneses?.

Reglas:

- Se les puede poner un cono encima de la cabeza, para potenciar la zona torácica en extensión.
- Una vez que llega el bus, todos se suben y viajan hasta que tienen que hacer 3 trasbordos. Donde la espera del bus, siempre es en esa posición.

- Un alumno puede ser el conductor del autobús.
- En el autobús todos deben seguir ordenados (como un tren) al conductor.

Variantes:

- Se les puede poner un cono encima de la cabeza, para potenciar la zona torácica en extensión.
- Si dominan esta postura, se puede establecer que cuando haya una explicación por parte del profesor, todos en la zona del banquillo se colocan como los japoneses esperando el autobús.

Tarea 5: "El cinturón poderoso"

PMG: agacharse y levantarse // HMF: estabilización // AMSCs: Extensores de tórax

Descripción: Se trata de un "pilla-pilla", donde todos los judokas deben de llevar su cinturón en las manos. Uno la pagará, y deberá de pillar al mayor número de judokas posibles en un tiempo determinado.

Reglas:

- Hay una forma en la que el judoka no puede ser pillado: posición de japonés esperando el bus, pero con el cinturón agarrado con las dos manos y con los brazos por encima de la cabeza y diciendo: "Tengo el cinturón poderoso y no me puedes pillar". Todo el judoka que adopte esa posición deberá mantenerse así, hasta que algún compañero que no esté pillado, le tire del cinturón hacía arriba para ayudarle a ponerse de pie.
- Todos los pillados por el que la paga ayudan a pillar.

Variantes:

- Si el que la paga pilla a alguien, él se salva y juega.
- Se pueden utilizar otro tipo de materiales ligeros.

Tarea 6: "La mejor posición del mundo"

PMG: agacharse y levantarse // HMF: estabilización // AMSCs: Extensores de tórax y core.

Descripción: Consiste en aprender la "Mejor posición del mundo", por lo que les indicamos lo siguiente: separa los pies un poco más separados que la anchura de las caderas, flexiona un poco rodillas y lleva el trasero hacía atrás, mientras te pones muy chulo. Los brazos ponlos hacia atrás como cuando esquiamos. Y ahora agárrate muy fuerte al suelo con los dedos de los pies (figura 6). Una vez explicado, se colocan por parejas, donde uno de ellos adopta la mejor posición del mundo, y el otro tocándole los hombros, caderas, brazos o piernas debe intentar desestabilizarle.

Reglas:

- Importante que la espalda siempre esté recta y los talones ligeramente separados del suelo (cabe una tarjeta de crédito entre los talones y el suelo).
- El compañero le mueve de forma controlada, sin ejecutar movimientos bruscos.
- La sensación del judoka debe ser que está generando fuerza en el suelo desde los pies, y la transmite por todo el cuerpo.

Variantes:

- Se puede hacer también con un apoyo unilateral, donde el compañero debe controlar más las fuerzas.
- Se pueden meter cualquier tipo de tarea que utilice esta posición.

Figura 6: "La mejor posición del mundo"

Tarea 7: "Los robots perezosos"

PMG: rotación // HMF: estabilización // AMSCs: Fortalecimiento del core

Descripción: Todos los alumnos se convierten en robots, pero son tan perezosos que están tumbados en el suelo. El profesor lleva el mando para hacer que se muevan. Pero como están tan cansados, sólo pueden girar de boca abajo a boca arriba y viceversa. Ellos deberán ir haciendo lo que el profesor va describiendo: levanta la pierna derecha estirada y llévala hacía el lado izquierdo de tu cuerpo. Sólo se podrá mover la pierna derecha, una vez que toque el suelo el talón derecho, sigue alargando el pie derecho como si quieras crecer.

Reglas:

- Irá sumando puntos el robot que mejor vaya girando.
- Se podrá girar empezando por los pies o por las manos, pero siempre con la intención de crecer.
- Se pueden colocar dibujos en el tatami o señales para que ellos sepan donde tienen que llevar sus pies o sus manos.

Variantes:

- Por parejas, donde un compañero es robot y el otro lleva el mando.
- Se puede incluir con la misma dinámica los movimientos: estrella-bolita. Para ello, si se empieza tumbado boca arriba, las instrucciones serían: pega a la vez codo derecho y rodilla derecho al ras del suelo; luego codo izquierdo y rodilla izquierda encima del codo y la rodilla derecha (ya están de lado, en forma de bolita); ahora extiende brazo derecho y pierna derecha a la vez que te vas poniendo boca bajo; y finaliza con extensión del brazo y la pierna izquierda (llegan a la posición de estrella boca bajo). Así hasta dar la vuelta completa y por ambos lados. Se debe intentar mover sólo las extremidades que se citan, manteniendo inmóvil las demás.

Tarea 8: "El caballero nervioso"

PMG: rotación // HMF: estabilización // AMSCs: Fortalecimiento del core

Descripción: Por parejas y con un cinturón en la mano por pareja. Uno de los dos se coloca en posición de caballero o caballera (una rodilla en el suelo y la otra con flexión de cadera y de rodilla apoyada delante), con espalda recta. El otro judoka agarra el cinturón por un extremo, y le da el otro extremo al caballero que lo coge con dos manos a la altura de su pecho. Importante que el cinturón venga desde el lado de la pierna que está flexionada delante.

Reglas:

- El compañero que está de pie, deberá mover el cinturón ligeramente para intentar desequilibrar al caballero durante el tiempo que el profesor indique.
- El caballero no podrá perder su postura de "elegante" "chulo", si mueve un pie, o apoya una mano, perderá. Para ello es importante que empuje bien el suelo.

Variantes:

- Cambiar la orientación del cinturón, y que en vez de venir desde el lado, viene desde abajo, o desde arriba, o desde atrás.
- Cambiar el lado del que proviene el cinturón al lado de la pierna que está arrodillada.

Propuesta para optimizar coger/dejar como PMB y desarrollar el agarre como fundamento en Judo

El kumikata se considera un elemento esencial del entrenamiento en judo, es el elemento que mayor diferencia otorga al judo respecto al resto de deportes de combate. Existen diferentes formas de agarrar en función del tipo de judoka que seas, así de las técnicas que quieras desarrollar, sin olvidar la posición del oponente, sus condiciones físicas y técnicas. Por lo que es un elemento vivo, y variable, que debe tener unos fundamentos muy establecidos. De hecho, los entrenadores en la actualidad diseñan métodos y ejercicios específicos para aumentar el control sobre el oponente y mejorar la competitividad en el agarre (Courel, Franchini, Femia, Stankovic, & Escobar-Molina, 2014). Sin embargo, los entrenadores olvidamos la optimización del PMB (coger/dejar) en los jóvenes judokas, simplemente dejando que se asimile este patrón como consecuencia de la propia práctica del judo.

Según Taira (2009) el agarre en judo se puede clasificar en 2 tipos:

- Agarre en shizen-tai: con postura natural, y es el kumikata más eficaz y eficiente para controlar al oponente. Cabe destacar la importancia de agarrar con los dedos anular y meñique, y

controlado con el pulgar en función de el objetivo. Las manos cierran con fuerza, pero los brazos están relajados.
- Agarre en jigo-tai: con postura defensiva, utilizada para la ejecución de la modalidad de katas. No es tan presente en el enfrentamiento de judo (randori).

No obstante, y teniendo como referencia el shizen-tai en función del agarre de ambos luchadores, aparece la siguiente clasificación (Courel et al., 2014):

- ai-yotsu: ambos judokas agarran de la misma forma, es decir, ambos desarrollan un kumikata con agarre fundamental por la derecha, o ambos por la izquierda.
- Kenka-yotsu: los judokas agarran con kumikatas opuestos, es decir, uno muestra un kumikata fundamental por la derecha y el otro por la izquierda o viceversa.
- Agarre de mangas: el judoka que domina coge los extremos de ambas mangas del judoka.
- Agarre sin forma: el judoka dominante controla la manga fuerte del contrario a la vez que mantiene su kumikata.

Si bien es cierto, actualmente en competición el agarre está muy condicionado por el arbitraje, ya que los competidores muestran una alta variabilidad de kumikata comparado con los judokas noveles (Calmet, Miarka, & Franchini, 2010). Sobre todo la capacidad que tienen de mantener una mano en tracción y la otra empujando o viceversa. Por lo tanto, si desde jóvenes potenciamos su PMB de coger/dejar, a través de progresiones donde ambas extremidades trabajen de forma diferente, estaremos creando una buena base para posteriormente trabajar aspectos específicos de nuestro kumikata. En esta línea se recomienda considerar que en etapas de formación el objetivo principal es optimizar su PMB de coger/dejar (figura 7), utilizando las HMF de manipulación a través del aprendizaje de las competencias (AMSCs) de tirar, atrapar y agarrar especialmente, con el trabajo de empujes y tracciones de extremidades superiores (unilateral y bilateralmente). Por lo tanto, a continuación aparecen algunas tareas para este propósito.

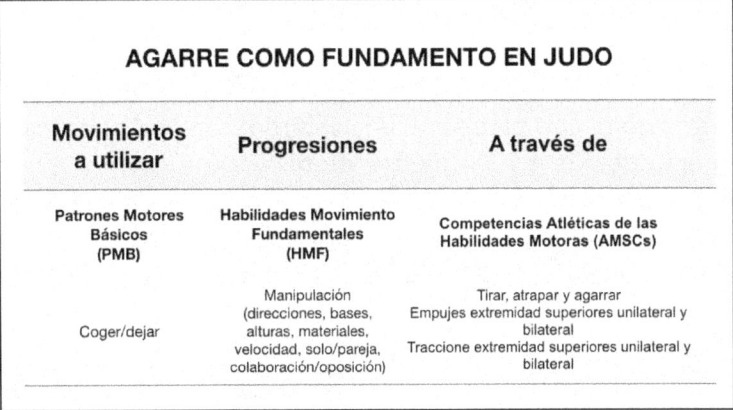

Figura 7: Esquema de la propuesta del desarrollo del agarre como fundamento utilizando los PMB, HMF y AMSCs.

Tarea 1: "Cazando globos"

PMG: coger/dejar HMF: manipulación // AMSCs: tirar, atrapar y agarrar

Descripción: Se divide el grupo en 2 subgrupos. Se hincharan diferentes globos de tamaños diferentes. Un grupo será el que haga volar los globos, tirándolos en diferentes direcciones. El otro grupo deberá atrapar el mayor número de globos, sin que se exploten.

Reglas:

- El grupo que hace volar los globos podrá lanzar con dos manos, o una, o incluso golpear con partes del cuerpo.
- Los judokas del grupo caza globos, cada vez que cacen uno, deberán mantenerlo agarrado con los dedos anular y meñique de una mano, mientras intenta cazar otro globo con la mano libre.
- Si al grupo cazador, se le cae algún globo, lo perderá y lo cogeré el equipo lanzador para ponerlo en el aire.
- Ganará el equipo que más globos haya cazado en un determinado tiempo.

Variantes:

- Indicar que mano caza y que mano agarra-sujeta los globos cazados.
- Modificar el tipo de material a cazar.

Tarea 2: "Vaqueros cuidado con vuestro cintu"

PMG: coger/dejar HMF: manipulación // AMSCs: tirar, atrapar y agarrar

Descripción: Por parejas y un cinturón con un nudo circular, se colocan enfrentados a 1,5-2 metros de distancia (distancia que mida su cinturón). El que tiene el cinturón es el vaquero, que lanzará al compañero como si quisiera atraparle. El compañero deberá atrapar el cinturón en el aire, agarrar y tirar de él hasta mover al vaquero.

Reglas:

- Sumará un punto cada vez que atrape, agarre y tire del cinturón.
- Deberán hacerlo cada vez con una mano.

Variantes:

- El que no es vaquero, se puede poner de espaldas, y cuando el vaquero lance su cinturón que grite "cogido", para que se gire e intente atrapar el cinturón.
- Meter dos cinturones a la vez, donde ambos lancen y ambos atrapen, agarraren y tiren.

Tarea 4: "Somos 2 pero con 2 manos"

PMG: coger/dejar HMF: manipulación // AMSCs: tirar, atrapar y agarrar. Empujes y tracciones extremidades superiores.

Descripción: Es un pilla pilla, donde la pagan 2 alumnos que van cogidos por una manga (agarre de anular y meñique) y controlan con el dedo gordo. Ambos deben de ir desplazándose por el tatami a la vez que van realizando tracciones alternativas de esa manda, y con la otra intentar pillar (agarrar) a cualquiera de sus compañeros.

Reglas:

- No podrán parar de hacer tracciones los que pillan, ni soltarse la manga. Si se sueltan no podrán pillar.
- Los alumnos pillados se quedarán en estatua, y cuando los que pagan decidan arrastrarán a dos pillados para que se agarren de una manga y les ayuden a pillar.
- Ganarán los judokas que menos tiempo tarden en pillar a todos.

Variantes:

- Modificar el agarre solapa-solapa, manga-solapa…

Tarea 4: "Robot"

PMG: coger/dejar HMF: manipulación // AMSCs: tirar, atrapar y agarrar. Empujes y tracciones extremidades superiores.

Descripción: Por parejas, agarrados con agarre fundamental, les solicitamos que cierren el agarre con los dedos más pequeños de sus manos. Uno de ellos cierra los ojos, y debe dejarse llevar. Mientras el otro, comienza a dirigir el movimiento de su compañero, a través de empujes, tracciones o giros.

Reglas:

- No podrán chocarse con otros robots.
- Es importante que se separen del robot para poder moverlo (generar espacio).
- Si se sueltan alguno de ellos deberán "resetearse" durante 15" y volver al juego de nuevo.

Variantes:

- Modificar el agarre, diestro-diestro, zurdo-zurdo, diestro-zurdo, agarrando solapa-maga, o manga y arriba.
- Incluir una tercera persona, que se agarra detrás del robot (el que lleva los ojos cerrados.
- Modificar la resistencia de los robots.

Propuesta para optimizar el gateo/marcha/carrera como PMB y desarrollar el desplazamiento como fundamento en Judo

La forma de desplazarse en el entrenamiento en judo y en randori (suri-ashi), no es un desplazamiento normal, sino que se caracteriza por ser armonioso y a la vez fluido. El hecho de tener que mantener una adecuada postura mientras nos desplazamos provoca la necesidad de tener que llevar el peso a la parte delantera del pie: los metacarpos. Además de tener que realizar movimientos muy cercanos al suelo, sin apenas despegar del tatami. Sin embargo, existen una clasificación de 3 tipos de desplazamiento:

- Tsugi-ashi: sin cruzar en ningún momento los pies, es hacía delante y atrás.
- Ayumi-ashi: forma común de desplazarse, donde se van cruzando los pies de forma alterna, es hacía delante y atrás.
- Suri-ashi: deslizamiento de los pies por el tatami en cualquier dirección. De hecho, dentro de este tipo de desplazamiento, también entraría el tai-sabaki.

Partiendo que los tres tipos son importantes como base de nuestro deporte, nos vamos a centrar en el suri-ashi, por ser el desplazamiento necesario como fundamento de la lucha en judo. De hecho, ha sido el más estudiado por los expertos en el análisis técnico-táctico, verificando la existencia de patrones dominantes relacionados con las trayectorias, llegando a la conclusión de que si se repite una trayectoria particular, conducida por uno de los judokas, es este judoka el que domina el combate (Miarka et al., 2010). Sin embargo, tal y como se ha comentado en la introducción del presente capítulo, el desplazamiento de suri-ashi sería una HME, ya que es un desplazamiento muy específico de nuestro deporte. Por lo tanto, antes de desarrollar este desplazamiento con los más jóvenes (4 a 8 años) deberemos optimizar sus PMB como el gateo, la marcha y la carrera. Por supuesto utilizando los AMSCs como medio principal para ello (figura 8).

DESPLAZAMIENTO COMO FUNDAMENTO EN JUDO

Movimientos a utilizar	Progresiones	A través de
Patrones Motores Básicos (PMB)	Habilidades Movimiento Fundamentales (HMF)	Competencias Atléticas de las Habilidades Motoras (AMSCs)
Gateo Marcha/Carrera Trepar	Locomoción (direcciones, bases, ritmo, velocidad)	Mecánica del salto, aterrizaje y rebote. Aceleración, deceleración y reaceleración Extremidades inferiores apoyo unilateral y bilateral Empuje extremidad superiores unilateral y bilateral

Figura 8: Esquema de la propuesta del desarrollo del desplazamiento como fundamento utilizando los PMB, HMF y AMSCs.

A primera vista, quizás no tengan mucha similitud el gateo, la marcha/carrera y la trepa, pero desde el punto de vista neuromotor, son muy similares. Todos ellos se basan en desplazar el cuerpo de un sitio a otro a través de movimientos coordinados contra lateralmente (pie derecho avanza a la vez que el brazo izquierdo se adelanta al caminar).

Por ejemplo en el gateo, podemos reforzar la postura y además trabajar las mecánicas unilaterales, a la vez que se empuja el suelo con las extremidades. En la marcha y la carrera el hecho de coordinar el apoyo monopodal de forma estable y generando fuerzas es el factor principal (mientras una cadera está en flexión la otra en extensión). Y en la trepa, nos centraremos en aspectos similares a los anteriores pero con predomino de las extremidades superiores.

Además, se considera oportuno en fases de formación, enseñar mecánicas de aterrizaje en los saltos. Es decir, que primero aprendan a aterrizar antes que a saltar, ya que en la caída es donde mayor riesgo de lesión sufren. Para ello, se podrá utilizar "la mejor posición del mundo" descrita en una tarea de los fundamentos de postura, utilizando pequeñas alturas, desde donde los judokas deberán posicionarse así inmediatamente cuando sus pies toquen el suelo.

En definitiva, si entre los 4 y 8 años conseguimos optimizar los patrones de gateo, marcha/carrera y trepa, a través de enseñar las mecánicas de aterrizaje del salto y las aceleraciones en las HMF, a partir de los 9 años podremos lanzar contenidos de los desplazamientos específicos en judo. A continuación, aparecen algunas tareas de ejemplo:

Tarea 1: "Mesa de acero"

PMG: gateo // HMF: locomoción // AMSCs: Empujes extremidad superior

Descripción: Por parejas, un judoka se coloca a 4 patas (manos debajo de los hombros y rodillas debajo de las caderas), empujan fuerte el suelo poniéndose chulos y levantan 1 cm las rodillas del suelo.

Reglas:

- Deben mantener la espalda estable, como si de una mesa de acero se tratase. De hecho el compañero hace que está comiendo y no se le cae nada de la sopa que tiene en el plato. El tiempo lo establece el profesor.

Variantes:

- Se puede proponer que la mesa es móvil, y se mueve hacía delante, atrás, y los lados.
- Se puede proponer oposición que el compañero mueve la mesa durante 10-12" para ver si es de acero.

Tarea 2: "San Bernardo"

PMG: gateo // HMF: locomoción // AMSCs: Empujes extremidad superior

Descripción: Todos los alumnos son San Bernardos, y deben de llevar al otro extremo del tatami la bebida caliente, pero esta vez la llevan encima de la zona lumbar. Se pueden colocar las botellas de agua de los judokas, o alguna pica, o material similar.

Reglas:

- Los alumnos deben avanzar gateando sin perder el objeto que llevan en la espalda.
- Si se cae el objeto, vuelves a empezar de nuevo.

Variantes:

- Se puede hacer con las rodillas arriba (1 cm).
- Se puede hacer alternando pies y manos.
- Se pueden hacer con desplazamiento lateral.

Tarea 3: "El suelo quema"

PMG: marcha // HMF: locomoción // AMSCs: Apoyos extremidad inferior unilateral y bilateral

Descripción: Se hace una línea en el suelo, donde a un lado el suelo quema, y al otro no. De tal modo, que todos los judokas deben de cruzar el tatami caminando, con un pie por cada lado de la línea. Así, cuando pise con el pie en el lado que quema, rápidamente cambiará el apoyo al pie del otro lado donde no quema.

Reglas:

- No podrán tener en ningún momento los dos pies en el suelo.
- Si se apoyan lejos de la línea están "heridos", dos veces "graves" y tres veces "muerto", por lo que vuelven a empezar.

Variantes:

- Se puede indicar que cuando están a un apoyo, la otra pierna tiene que estar en posición de 4 (flexión de cadera, rodilla y tobillo 90º).
- Se les puede pedir que trasladen alguna carga de un lado a otro, llevando algún objeto en las dos manos, o en una.

Tarea 4: "Derribamos el muro"

PMG: marcha // HMF: locomoción // AMSCs: Apoyos extremidad inferior unilateral y bilateral, empuje extremidad superior, aceleración.

Descripción: Todos de frente a la pared, con las manos empujando en la misma y el cuerpo recto. A la voz del profesor: "preparados, listos, ya", los alumnos sin dejar de empujar la pared, levantan pierna derecha en posición de 4 (flexión de cadera, rodilla y tobillo 90º). Y mantienen sin moverse (figura 9).

Reglas:

- Se hace con ambas piernas. Quién se cae, está "heridos", dos veces "graves" y tres veces "muerto".

Variantes:

- Se puede hacer directamente con posición inicial de 4 con la pierna derecha, y a la voz del profesor, cambiar directamente y subir la izquierda.
- Se puede hacer lo mismo pero de lado a la pared, y sólo con una mano.

Figura 9: Posición de 4, para la tarea descrita: "Derriba el muro".

Tarea 5: "Tarzan"

PMG: trepa// HMF: locomoción // AMSCs: Aceleración-Deceleració. Apoyos extremidad inferior unilateral y bilateral, tracción extremidad superior.

Descripción: Colocando dos colchonetas a ambos lados de una soga colgada del techo, establecemos la necesidad de tener que pasar de una colchoneta a otra como tarzan. Importante, cuando se cuelgan de la colchoneta, sus hombros deben estar alejados de sus orejas, para realizar la fuerza correctamente. Cada vez más se va alejando la colchoneta de destino.

Reglas:

- Se debe de trepar una ligera altura.
- Los aterrizajes en la colchoneta de destino deben ser controlados, donde el judoka aterrice estable.

Variantes:

- Se pueden poner pequeños obstáculos que deban cogerlos y pasarlos al otro lado. O bien en la colchoneta de inicio, o bien en el camino.

Tarea 6: "Tocando la campana"

PMG: trepa// HMF: locomoción // AMSCs: Aceleración-Deceleració, tracción extremidad superior.

Descripción: En grupos de 4 o 5 judokas hay que subir la cuerda y tocar la campana que hay arriba.

Reglas:

- Deberán de subir al menos una vez cada miembro del equipo.
- Si alguno no puede, el resto le puede ayudar, empujando, apoyando los pies sobre un compañero, o en la pared.
- Gana el equipo que antes consiga que suban todos los componentes del mismo.

Variantes:

- Modificar la altura
- Incluir algún objeto a transportar arriba de la campana.

Conclusión

El objetivo principal de este capítulo ha sido ofrecer al profesor de judo una visión más amplia sobre el desarrollo del judoka a largo de plazo. Donde las fases sensibles del desarrollo motor nos brindan una oportunidad enorme para contribuir a su mejora como judoka adulto. Por lo tanto, se recomienda al lector que estructure la iniciación al judo como un desarrollo óptimo de los movimientos básicos (PMB, HMF y ACSMs) especialmente hasta los 8 años, y así a partir de ahí, el aprendizaje de las HME y los gestos ténicos del judo serán de más fácil asimilación y sobre todo eficiencia. Las tareas propuestas, son simples ejemplos, donde lo importante de cada una de ellas es el PMB que optimiza, las HMF que utiliza y las competencias atléticas que desarrolla. Por lo que a partir de ello, vosotros como entrenadores podréis diseñar cualquier tarea lúdica orientada al desarrollo motor de base de vuestros alumnos.

Bibliografía

Calmet, M., Miarka, B., & Franchini, E. (2010). Modeling of grasps in judo contests. *International Journal of Performance Analysis in Sport, 10*(3), 229-240.

Castropil, W., & Arnoni, C. (2014). Postural patterns and adaptations in judo athletes. *Archives of Budo, 10*, 23-28.

Courel, J., Franchini, E., Femia, P., Stankovic, N., & Escobar-Molina, R. (2014). Effects of kumi-kata grip laterality and throwing side on attack effectiveness and combat result in elite judo athletes. *International Journal of Performance Analysis in Sport, 14*(1), 138-147.

Faigenbaum, A. D., Kraemer, W. J., Blimkie, C. J. R., Jeffreys, I., Micheli, L. J., Nitka, M., & Rowland, T. W. (2009). YOUTH RESISTANCE TRAINING: UPDATED POSITION STATEMENT PAPER FROM THE NATIONAL STRENGTH AND CONDITIONING ASSOCIATION. *Journal of Strength and Conditioning Research, 23*, S60-S79. doi:10.1519/JSC.0b013e31819df407

Ford, P., De Ste Croix, M., Lloyd, R., Meyers, R., Moosavi, M., Oliver, J., . . . Williams, C. (2011). The Long-Term Athlete Development model: Physiological evidence and application. *Journal of Sports Sciences, 29*(4), 389-402.

Granacher, U., Muehlbauer, T., Maestrini, L., Zahner, L., & Gollhofer, A. (2011). CAN BALANCE TRAINING PROMOTE BALANCE AND STRENGTH IN PREPUBERTAL CHILDREN? *Journal of Strength and Conditioning Research, 25*(6), 1759-1766.

Lloyd, R. S., Cronin, J. B., Faigenbaum, A. D., Haff, G. G., Howard, R., Kraemer, W. J., . . . Oliver, J. L. (2016). NATIONAL STRENGTH AND CONDITIONING ASSOCIATION POSITION STATEMENT ON LONG-TERM ATHLETIC DEVELOPMENT. *Journal of Strength and Conditioning Research, 30*(6), 1491-1509.

Lloyd, R. S., & Oliver, J. L. (2012). The Youth Physical Development Model: A New Approach to Long-Term Athletic Development. *Strength and Conditioning Journal, 34*(3), 61-72.

Mala, L., Maly, T., & Zahalka, F. (2016). Influence of maximal anaerobic performance on body posture stability in elite senior and junior male judo athletes. *Archives of Budo, 12*, 117-124.

McNeill, W. (2017). The Movement movement. Journal of Bodywork & Movement Therapies, 21: 725-730.

Miarka, B., Ferreira, U., Del Vecchio, F., Calmet, M. y Franchini, E. (2010). Técnica y Táctica en Judo: una revisión. Revista de Artes Marciales Asiáticas, 5 (1): 91-112.

Ramón-Suarez, G., Albany, G., Albeiro, J. y Ramirez, W. (2013). *Aprendizaje motor, precisión y toma de decisiones en el deporte.* Funámbulos Editores: Colombia.

Taira, Shu. (2009). *La esencia del Judo.* Ediciones Satori: Gijón, España.

FUNDAMENTOS PARA EL APRENDIZAJE MOTOR DE HABILIDADES ESPECÍFICAS DE PROYECCIÓN EN JUDO

Edu Carballeira, PhD

Para alcanzar el éxito deportivo el judoca deberá dominar con grandes niveles de precisión, eficiencia energética y rapidez un amplio número de habilidades coordinativas:

- El mantenimiento de la postura.
- El desplazamiento antes de agarre y una vez agarrados.
- El agarre (i.e. buscar, imponer, progresar, romper e incomodar/bloquear)
- Las habilidades de proyección.
- Las habilidades de transición (actualmente existen transiciones pie-suelo y suelo-pie).
- Las habilidades en situación de suelo: formas de desplazarse y moverse en el suelo, giros y volteos, y los controles corporales (i.e. inmovilizaciones, luxaciones y estrangulaciones).

Algunas habilidades de las mencionadas son facilitadoras de otras, y entre ellas, las habilidades de proyección (i.e. comúnmente llamadas técnicas) y los controles corporales son las que consiguen puntuación de forma directa. En este capítulo trataremos de explicar los factores que influencian el éxito en la ejecución de habilidades de proyección, para después proponer una clasificación basada en criterios motores que pueda servir para facilitar la enseñanza y el entrenamiento de las proyecciones en judo. Posteriormente, señalaremos las condiciones necesarias para promover el aprendizaje y la consolidación de las habilidades de proyección y expondremos qué aspectos hay que tener en cuenta a la hora de evaluarlas.

A la hora de abordar un proceso de enseñanza-aprendizaje de una habilidad motora es importante tener en cuenta las características que la definen ya que en gran medida determinarán las estrategias que se deberán emplear en el diseño de programas de aprendizaje, consolidación e incluso en el modo en el que se evaluará si el programa de enseñanza-aprendizaje ha producido un cambio. A la hora de estudiar las características de las habilidades motoras debemos analizar en una primera instancia el modo de organización del movimiento, el nivel de implicación motora y cognitiva, y el grado de incertidumbre que hay que gestionar para conseguir una ejecución exitosa. En la siguiente figura se representan algunas de las características que han sido utilizadas habitualmente para clasificar las habilidades motoras:

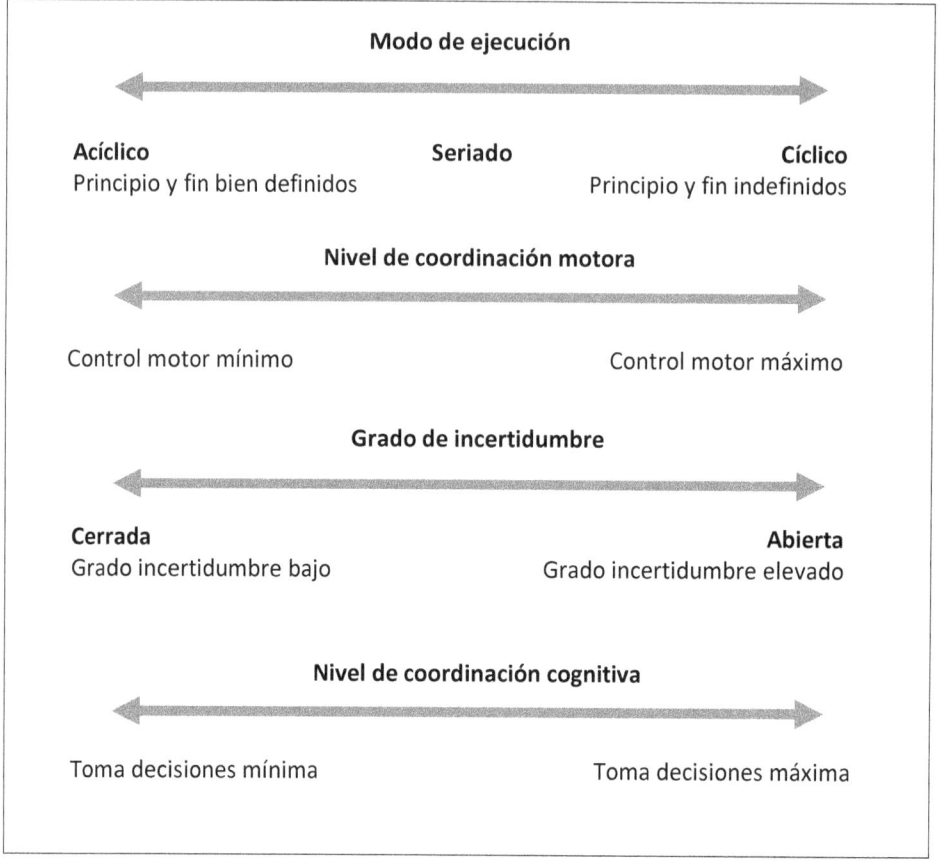

Figura 1. Criterios para la clasificación de las habilidades motoras atendiendo al modo de ejecución, al nivel de implicación motora o cognitiva y al grado de incertidumbre (adaptado de "Motor Learning and Performance: A Situation-Based Learning Approach", Schmidt, R.A. y Wrisberg, C.A., 2008, 4ª edición, p.)

Si aplicamos este análisis a la habilidad de proyectar al adversario en judo, podemos decir que según el modo de ejecución es una habilidad **acíclica**, es decir la acción ocurre en un tiempo breve y tiene un principio y fin bien definido. Sin embargo, y como objetivo del entrenamiento la acción de proyectar puede acabar formando una parte de una secuencia de habilidades en serie (i.e. agarrar, desplazar, combinar, etc.). La habilidad de proyección requiere un **control motor alto** por la dificultad de la coordinación de los movimientos necesarios para su ejecución.

Además, el judoca deberá someterse a un **nivel de incertidumbre muy alto** en el que deberá identificar, seleccionar y codificar la información que recibe para después **tomar la decisión** más adecuada según la situación. Por todo ello, podríamos decir que la implicación cognitiva es de gran importancia y que el contexto en el que se suceden estas habilidades las convierte en **habilidades abiertas**. Es curioso que muchos de los sistemas de enseñanza o entrenamiento que se emplean, aún en la actualidad, para enseñar o optimizar las habilidades de proyección consistan en tareas que no reflejan este carácter abierto, y en cambio se realiza una práctica en un contexto cerrado con baja implicación cognitiva. Quizá sea esta la razón por la que a veces se observa a un judoca con un gran dominio "técnico" en situaciones cerradas (i.e. uchi-komi estático) no es capaz de aplicarla correctamente e incluso se encuentra con la imposibilidad de ni siquiera iniciar su ejecución en una situación abierta como es un combate de entrenamiento o de competición. En resumen, es importante señalar que el judo es un **deporte situacional** y el rendimiento en el mismo no depende de una ejecución fiel a un modelo técnico ideal (corriente mecanicista), sino que depende de la adaptación individual de estos modelos a las características individuales del judoca y de las soluciones que debe proveer a los problemas que se le presentan en el transcurso del combate. Por ello, sería más correcto hablar de **"habilidades de proyección"**, por lo que a la hora de abordar un proceso de enseñanza y/o entrenamiento sería necesario hacerse preguntas sobre todos los factores que definen esta habilidad:

- ¿Qué percibe el judoca antes y durante la ejecución de una proyección?
- ¿Sobre qué tiene que tomar decisiones (i.e. posición relativa del adversario, cuándo ejecutar), ¿cuál es la habilidad más adecuada a la situación en la qué se encuentra?, ¿cuál es la manera más adecuada de ejecutar una habilidad seleccionada según la situación?, etc.
- ¿Cómo debe adaptar el patrón durante la ejecución según reaccione el adversario? ¿qué dirección de fuerza debe aplicar el judoca para obtener éxito?

A continuación, se presenta en la figura 2 algunas de las características del procesamiento de la información que un judoca debe resolver en una situación de oposición a la hora de ejecutar una habilidad:

PERCEPCIÓN	TOMA DE DECISIONES	EJECUCIÓN
- Identificar estímulos: posición del adversario (visual), agarres (visual, táctil, kinestésico), bloqueos, ... - Ritmos de ejecución de las habilidades del adversario. - Reacciones del adversario. - Etc.	- Habilidad más adecuada para determinada posición relativa del adversario. - Habilidad seleccionada según reacciones del adversario. - Momento para ejecutar. - Etc.	- Ritmo de ejecución. - Velocidad y fuerza de la ejecución. - Control de los criterios de eficacia: pivote, equilibrio, orientación, ... - Etc.

Figura 2. Algunas de los factores que a los que el judoca debe atender durante el acto motor específico.

I. Factores que influciencia en la habilidad de derribar en judo.

La comprensión de las características específicas de cada una de las fases del procesamiento de la información facilitará el **diseño de tareas** que aseguren la **transferencia** del entrenamiento de las habilidades de proyección a la situación de competición. La transferencia se define como el fenómeno a través del cual las tareas aprendidas en una situación (i.e. en el entrenamiento) van a influir en el aprendizaje y la ejecución de esas mismas u otras tareas en una situación nueva o en una circunstancia diferente (i.e. en la competición). La investigación sobre este asunto, en términos generales nos indica que la transferencia no ocurre de forma tan fácil como a veces parece darse por sentado. Existen cuatro factores que influencian en el éxito de esta transferencia y que pueden afectar a cada fase del procesamiento de la información durante la aplicación de las habilidades de proyección: **el tiempo, el espacio, la coordinación espacio-temporal** y **la precisión**.

- **EL TIEMPO**

El **tiempo de reacción** o tiempo del que se dispone para iniciar la ejecución de la habilidad de proyección cuando el estímulo visual, táctil y/o kinestésico detectan la oportunidad es un factor determinante para éxito en el enfrentamiento en judo. En este sentido, Calmet, Miarka, & Franchini (2010) encontraron que los judocas de élite invertían mucho tiempo en la lucha de agarres, pero desde que conseguían agarre no pasaba mucho tiempo hasta que realizaban el ataque, es decir los judocas de élite emplean menos tiempo en crear o ver la oportunidad para atacar que los judocas de menos nivel. El **tiempo de ejecución** de las habilidades de proyección y la elaboración de estrategias para reducirlo (i.e. reducción de los pasos para realizar la entrada, empleo de estrategias de combinación con otras habilidades ,...) también pueden influir en la transferencia en el aprendizaje. Además, el **tiempo ejecutando** o frecuencia de aparición de estas habilidades es relativamente pequeño en una situación de competición comparado con otras habilidades como son el mantenimiento de la postura, el trabajo de agarre o el desplazamiento. Teniendo en cuenta lo determinantes que son estas habilidades para el éxito del combate en judo y la relativamente escasa aparición en situaciones de oposición (Marcon, Franchini, Jardim, & Barros Neto, 2010) de es primordial la elaboración de tareas en donde se trabajen las características de las situaciones propias del combate de judo, elaborando diferentes **niveles de oposición** en donde se vayan incrementando el número de estímulos coordinativos y condicionales, así como la complejidad de las situaciones en cuanto a la percepción y toma de decisiones para favorecer la transferencia. Además, el **tiempo transcurrido** en combinación con el marcador puede empujar al judoca a una situación en la que se requiera puntuar para no perder el combate y esto influenciará la toma de decisiones sobre la habilidad a emplear. Entre las dos opciones que baraja el judoca están aquellas que asumen riesgos mayores, pero tienen mayor eficiencia dentro de las estructuras de proyección entrenadas, o aquellas en las que se arriesga menos, pero es más complicado obtener una puntuación a favor. Pero, además, en esta toma de decisiones, el judoca deberá evaluar su nivel de fatiga cuando ha transcurrido mucho tiempo (i.e. momentos últimos de combate) y hay una diferencia en el marcador, ya que distintos grados de fatiga pueden variar la toma de decisiones dentro del abanico de habilidades que el judoca tiene en su esquema de competición. El tipo de agarre requerido o el número de apoyos necesario para ejecutar dicha habilidad pueden ser factores determinantes en esa decisión, en una situación en la que se da la mayor frecuencia de acciones exitosas (Miarka, Ferreira-Julio, Del Vecchio, Calmet, & Franchini, 2010).

- **EL ESPACIO**

El **espacio** en el que suceden las acciones afecta definitivamente la transferencia a las acciones en situación real. El **espacio entre judocas** en un combate o lo que es lo mismo la **distancia de guardia** determina las posibilidades de acción de los judocas. Existen agarres que facilitan una distancia de guardia más lejana (i.e. solapa-manga y manga-manga) y otros agarres que favorecen distancias de guardia más cercanas (i.e. manga-espalda, solapa-espalda, solapa-solapa). Por supuesto, que el agarre determina la distancia de guardia y la distancia de guardia influencia en la selección de las habilidades de proyección o al menos la forma de ejecución de las mismas (Courel, Franchini, Femia, Stankovic, & Education, 2014).

A la hora de hablar de la influencia del espacio no nos podemos olvidar de la importancia del **espacio de proyección**. Desde una perspectiva más global podríamos clasificar este espacio de proyección en adelante o atrás, según el adversario sea proyectado obligándole a realizar un volteo o dirigiéndolo directamente sobre la espalda respectivamente. En este sentido, (Dopico-Calvo et al., 2016a) analizaron 755 acciones exitosas (i.e. que eran valoradas por los árbitros con puntuación) y encontraron una distribución similar de acciones de proyección adelante (57.5%) y atrás (42.5%). Estos autores señalaron que de las acciones que consiguieron éxito hacia delante el 92% eran acciones en donde la iniciativa del ataque provenía del judoca que conseguía la puntuación, sin embargo, en las acciones hacia atrás el 75% eran acciones de respuesta ante el ataque del adversario, es decir contra-ataques. Además, en este mismo estudio también se encontró que en las situaciones en la que los judocas tenían una posición igual o simétrica (i.e. diestro-diestro o zurdo-zurdo) el 72.8% de las acciones exitosas fueron hacia delante, siendo solo el 27.2% restante hacia atrás. En las posiciones asimétricas (i.e. diestro-zurdo o zurdo-diestro) predominaron también las acciones hacia delante, pero en menor medida (62.9%), observándose una presencia mayor de contras en estas estructuras de enfrentamiento (37.10%). El **espacio de proyección** también se relaciona con la **lateralidad de ejecución**, ya que cuando un judoca proyecta como diestro hacia delante su adversario cae por el hombro derecho y si lo hace como zurdo su adversario cae por el hombro izquierdo, lo que demarca dos hemilados de derribo. Existe controversia en la literatura sobre cual es el dominio lateral en las acciones exitosas en el enfrentamiento en judo (Dopico-Calvo et al., 2016a; Miarka et al., 2010; Sterkowicz, Lech, & Blecharz, 2010; Tirp, Baker, Weigelt, & Schorer, 2014). Sin embargo, a la hora de analizar la lateralidad en los enfrentamientos no hay que confundir la lateralidad motora con la lateralidad funcional (Dopico-Calvo et al., 2017). La lateralidad motora se define por el uso preferencial de un miembro de la porción superior o inferior del cuerpo, que generalmente se observa en la realización de alguna habilidad de un test para comprobar esta lateralidad (Dopico-Calvo et al., 2017). Por otro lado, la lateralidad funcional hace referencia a la preferencia lateral demostrada cuando el deportista ejecuta una habilidad deportiva específica. Es decir, en el caso de la ejecución de una habilidad con giro de judo, se diría que el judoca ejecuta como diestro si gira en sentido anti-horario (i.e. hombro derecho gira primero). En algunos deportes, especialmente los de oposición uno contra uno se ha reportado una sobre-presencia de comportamientos zurdos, en el caso del judo (Tirp et al., 2014) indicaron que existe una mayor proporción de judocas zurdos entre la élite en este deporte. Por ello, algunos autores han querido establecer relaciones entre la lateralidad de ejecución zurda en deportes de interacción con el éxito deportivo, sin embargo, estas afirmaciones no están apoyadas en hallazgos de investigaciones experimentales y pueden estar basadas en estudios que presentan limitaciones a la hora de analizar la lateralidad motora y funcional de los deportistas (para más información consultar (Dopico-Calvo et al., 2017). En un trabajo en el que se analizaban a 64 judocas españoles de alto nivel (39 hombres y 25 mujeres) se estudió la relación entre la dominancia lateral motora (i.e. mano, pie y dominancia de giro) y la dominancia funcional en tres habilidades específicas de judo (en japonés seoi-nage, uchi-mata y o-soto-gari) (Dopico, Iglesias-Soler, Carballeira, et al., 2014). Los autores encontraron que no existía relación en 8 de 9 asociaciones realizadas entre los dos tipos de dominancia lateral, exceptuando la relación entre la dominancia lateral de giro y la ejecución de o-soto-gari (tamaño del efecto=0.468; p=0.027). Por lo tanto, no parece ser necesario estimular a un judoca a ejecutar una habilidad con una lateralidad determinada por el simple hecho de que sus resultados en un test motor revelen que tiene una dominancia lateral de mano, pie o giro determinada. En un reciente trabajo experimental Iglesias-Soler et al. (2018), se reclutaron 30 estudiantes de ciencias del deporte (22 hombres y 8 mujeres; edad media 19 ± 1 años) que eran diestros de mano, pie y preferencia de giro en sentido anti-horario (i.e. giro diestro). Además, los participantes en el estudio no tenían experiencia previa en judo, salvo las clases de familiarización que tanto los dos grupos experimentales como el grupo control llevaron a cabo. El objetivo del experimento fue estudiar el efecto de 8 semanas (3 días/seman) de práctica bilateral (i.e. entrenamiento por la izquierda y por la derecha) y de práctica por el lado no dominante (i.e. entrenamiento por la izquierda) de habilidades de judo sobre la lateralidad de ejecución en una situación de oposición específica (i.e. práctica libre, en japonés *randori*). Los autores de este trabajo encontraron que el grupo que entrenó de forma bilateral no modificó prácticamente su lateralidad de ejecución en combate respecto al pre-test, pero en cambio el grupo que entrenó por el lado no-dominante cambió su lateralidad de ejecución de diestro a zurdo en la situación de *randori* (ver figura 3). Estos resultados confirman que la lateralidad funcional en judo es dependiente del tipo de práctica que se lleve a cabo, por lo que los entrenadores pueden influir estratégicamente en la lateralidad de ejecución de las habilidades de sus judocas.

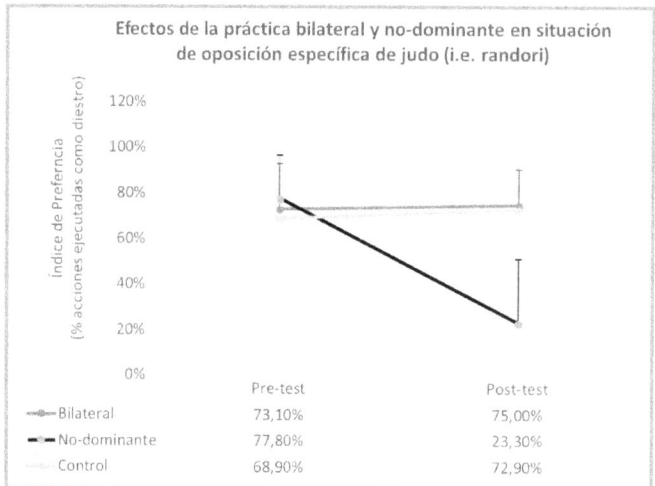

Figura 3. Efectos de la práctica bilateral y por el lado no dominante de habilidades de judo sobre una situación específica de oposición o *randori*. Adaptado de "Effects of bilateral and non-dominant practices on the lateral preference in judo matches", Iglesias-Soler, E. et al., 2018, Journal of Sports Science, 36 (1), p. 114.

La limitación en los estudios que analizan las direcciones de proyección radica en que realmente existen tantas **direcciones de proyección** como direcciones de desequilibrio (ver figura 4) y en el análisis de cada una de ellas habría que tener en cuenta las **estructuras de enfrentamiento** (i.e. simétricas o asimétricas). Las direcciones de desequilibrio en combinación con las estructuras de enfrentamiento determinan la situación que el judoca deberá resolver seleccionando la habilidad (y el modo de ejecutarla) más idónea entre las habilidades que conforman su esquema de ataque para derribar a su adversario.

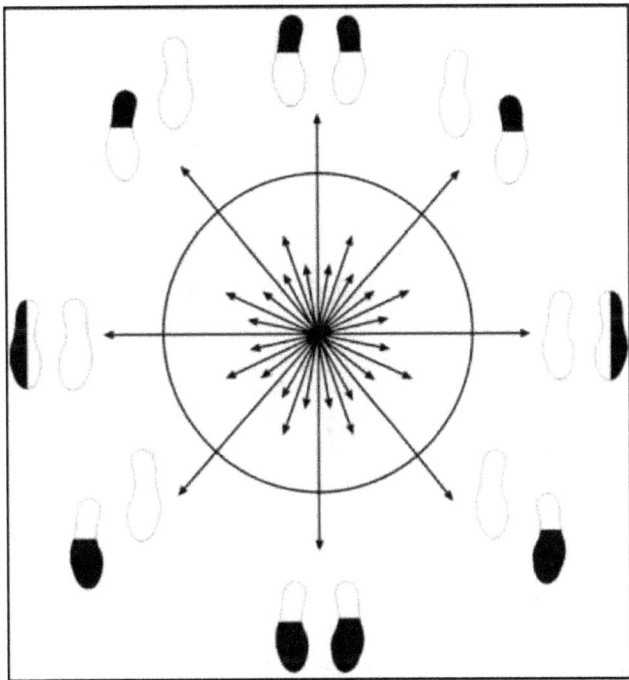

Figura 4. Ocho direcciones de desequilibrio (i.e. en japonés Happo-no-kuzushi). La sombra negra dentro de cada huella indica donde estaría el peso del adversario en el momento que se consigue el desequilibrio en dicha dirección (recuperado de "Nanatsu-no-kata, Endō-no-kata, and Jōge-no-kata —A pedagogical and qualitative biomechanical evaluation of Hirano Tokio's kuzushi (unbalancing) concept as part of skill acquisition for throwing techniques in Kōdōkan jūdō", De Cree, C., 2014, Revista de Artes Marciales Asiáticas, 9(2), p. 69-96)

A pesar de estas limitaciones, parece evidente que la especialización en aquellas habilidades que permitan atacar en unas pocas direcciones no es la mejor opción para lograr el éxito en el enfrentamiento en judo. Un judoca que sólo tenga una dirección de ataque buscará solamente una dirección de desequilibrio, volviéndose predecible y fácil de bloquear (Calmet, Trezel, & Ahmaidi, 2006). Estos autores señalan que establecer un sistema basado en tres direcciones de desequilibrio-proyección es una opción adecuada, ya que someteríamos al adversario a un nivel de incertidumbre mayor.

Como hemos comentado en los párrafos anteriores, el éxito en la ejecución de las habilidades de proyección dependerá de la capacidad de adaptación que el judoca hace atendiendo a la posición del adversario, lo que denominamos como **posiciones relativas**. En situación de pie y a la hora de proyectar se establecen dos posibilidades: los oponentes están en posición simétrica (i.e. en japonés *ai-yotsu*, ver figura 5.1), es decir tienen colocados su/s agarre/s de forma similar entre sí y el pie adelantado es el mismo; o el adversario está en posición asimétrica (i.e. en japonés *kenka-yotsu*, ver figura 5.2), situando los agarres de forma contrapuesta y el pie adelantado es diferente (i.e. uno adelanta el izquierdo y el otro el derecho).

Figura 5. Posiciones relativas: 1. Simétrica o ai-yotsu y 2. Asimétrica o kenka-yotsu.

Existen diversos autores que han estudiado la influencia de las posiciones relativas en el rendimiento de las habilidades de proyección en judo (Courel et al., 2014; Dopico-Calvo et al., 2016b; B Miarka et al., 2010). En el trabajo citado anteriormente de Dopico-Calvo et al. (2016b) en el que se analizaron 755 acciones exitosas de 680 deportistas que participaron en el Mundial de judo del 2013 se reporta que las posiciones asimétricas son más habituales (i.e. diestro-zurdo = 33.4% y zurdo-diestro = 33.8%) que las acciones en estructuras simétricas (i.e. zurdo-zurdo = 12.7% y diestro-diestro = 20.1%). El 67.2% de todas las acciones exitosas analizadas fueron en estructuras asimétricas y el 32.8% en estructuras simétricas. Además, la probabilidad de puntuar cuando el judoca ejecutaba hacia el lado coincidente con la lateralidad del agarre (e.g. ejecutar de zurdo cuando el agarre era de zurdo o viceversa) era de 2 a 1 comparado a cuando se ejecutaba al lado contrario. Estos datos concuerdan con los datos obtenidos del análisis de 242 combates realizados por Courel et al. (2014) los cuales señalan a que ejecutar por el mismo lado que la lateralidad del agarre aumenta la probabilidad de puntuar, independientemente del sexo, categoría de peso o la estructura del combate (i.e. simétrica o asimétrica). Además, estos autores extraen de una regresión logística que la probabilidad de ganar los combates aumenta en las situaciones simétricas (o en japonés ai-yotsu) cuando el judoca ejecuta por el mismo lado de la lateralidad del agarre o cuando aplica la habilidad de proyección agarrando sin que el adversario consiga agarre (i.e. acciones al primer agarre o después de romper agarre de adversario). Del análisis conjunto de estos trabajos se extrae la conclusión que las acciones a lado cambiado son menos efectivas. Sin embargo, pueden existir ciertas diferencias en los diseños de los estudios que nos inducen a tomar con cautela las conclusiones que se derivan de su comparación. En el estudio de Courel et al. (2014) fueron analizadas acciones que puntúan y acciones que no puntúan, pero producen desequilibrios, siendo valoradas por opinión de expertos. Además, pueden existir diferencias en la consideración de acción simétrica o asimétrica dependiendo de si los investigadores tienen en cuenta las posiciones adoptadas por los judocas en el momento en el que se inicia la acción o las posiciones que se adoptan en el momento de la fase final cuando se completa la entrada de la habilidad de proyección (i.e. en japonés tsukuri). Son necesarios la realización de más estudios sobre las estructuras del enfrentamiento y su relación con los agarres, desplazamientos, habilidades de proyección y rendimiento alcanzado para poder entender de una manera más profunda cuales son las características que definen el éxito en el enfrentamiento en judo.

- **LA COORDINACIÓN ESPACIO-TIEMPO**

El éxito en las habilidades de proyección dependerá de una coordinación o ajuste del espacio y tiempo de ejecución que el judoca hace a las acciones del adversario. Para conseguir la mejora de este ajuste espacio-temporal, se recomienda trabajar la capacidad de atención durante los entrenamientos, lo que aumentará el conocimiento del judoca respecto a los procesos perceptivo-decisionales y de ejecución de las proyecciones. El entrenador deberá guiar al judoca para optimizar el **manejo de su atención** dependiendo de lo que se esté trabajando, ésta podrá ser externa (e.g. acciones del adversario o interna (e.g. colocación de los segmentos corporales, atención a parámetros de ritmo, velocidad, aplicación de fuerza), amplia (e.g. situaciones donde el adversario utiliza agarres con mayor incertidumbre del tipo a dos mangas) o reducida (e.g. percepción kinestésica de movimientos del adversario para detectar desequilibrios o estímulos). En las sesiones de entrenamiento se deberá variar la intensidad de los estímulos, la novedad, la sorpresa y la complejidad para mejorar la capacidad de atención que contribuirá a la optimización de la coordinación espacio-temporal en la ejecución de las proyecciones.

Para tomar la decisión de iniciar una entrada para proyectar se debe analizar una elevada cantidad de información que está presente en cortos espacios de tiempo. Lo que supone que en muchas ocasiones el judoca deba procesar un tipo de información que le indica que el estímulo necesario para actuar va a aparecer y de este modo **anticipar** antes de que ya sea demasiado tarde. Podríamos decir que anticipar supone la coordinación de la ejecución de la habilidad con un acontecimiento exterior, por lo que el análisis de los acontecimientos que más suceden antes de una proyección exitosa es algo necesario para después poder incluir en las tareas de entrenamiento esa información exterior relacionada con el espacio y el tiempo (adversario lanza agarre, mueve pie, inicia desplazamiento, etc.). El entrenamiento para mejorar la anticipación reduce de forma clara el número de elecciones y decisiones que deben ser realizadas, economizando el uso de recursos cognitivos que se pueden dedicar a otras tareas.

Hay que tener en cuenta que todas las situaciones que creamos para trabajar las habilidades de proyección serán almacenadas por la **memoria** que registrará las informaciones que llegan a los sistemas sensoriales (i.e. memoria sensorial). Seguidamente, esta información que llega de los receptores sensoriales externos e internos será retenida temporalmente por la memoria a corto plazo la cual interpretará una parte de la información que le llega y utilizará elementos de información detraídos de la memoria a largo plazo para la realización de la tarea. A la hora de proponer progresiones de habilidades se deberá hacer siempre de lo simple a lo complejo y teniendo en cuenta la información que el judoca tiene en su memoria. Además, en las explicaciones y correcciones no se deberá dar mucha información (e.g. no más de 3 puntos clave), ya que la memoria a corto plazo no puede retener mucha información. La clave para que el aprendizaje se retenga en la memoria a largo plazo será la extracción de la información almacenada por parte del judoca ante la presencia de tareas que le requiera aplicar lo aprendido.

- **LA PRECISIÓN**

Por último, entre los factores que afectan al aprendizaje y optimización de las habilidades de proyección es la precisión en su ejecución. Las proyecciones se podrían considerar habilidades con un fin telecinético o basado en el resultado, que es poner la espalda del adversario en el contacto con el tatami o área de combate. Sin embargo, existe una descripción en el reglamento sobre la consecución de la máxima puntuación (i.e. ippon) que tiene una connotación morfocinética, centrada en el proceso, ya que el ippon se concede si el judoca proyecta con control, velocidad y amplitud sobre la espalda. También existen definiciones de los que es la puntuación sub-máxima (i.e. waza-ari) y ciertas consideraciones que el árbitro deberá tener para poder conceder esta puntuación. Todo esto nos lleva a considerar aspectos cualitativos a la hora de entrenar y evaluar las habilidades de proyección para poder asegurar el éxito en su ejecución en situación de competición.

II. Clasificación y criterios de eficacia de las habilidades de proyección

Una vez expuesto los factores que influencian la habilidad de derribar en judo, podemos pasar a presentar una propuesta de clasificación de estas habilidades que tiene como finalidad ayudar y guiar en el proceso de enseñanza-aprendizaje y también en el entrenamiento, optimizando la planificación de las cargas coordinativas a lo largo de la temporada. Además, esta clasificación facilitará la evaluación y el análisis de los comportamientos de proyección en situaciones de combate (Dopico, Iglesias-Soler, & Carballeira, 2014). En la actualidad existe todavía el debate sobre si la forma que tenemos de aprender actos motores sigue un modelo basado en esquemas de movimiento o por el contrario la práctica masiva de una habilidad en un contexto controlado producirá la mejora especializada de esa habilidad y ésta podrá ser transferida a otras situaciones (Nabavinik, Abaszadeh, Mehranmanesh, & Rosenbaum, 2018). Sin embargo, diversos estudios confirman la existencia de un esquema motor general del que es posible que se produzcan habilidades motoras con características comunes (Breslin, Hodges, Kennedy, Hanlon, & Williams, 2010; Czyz & Moss, 2016).

El judoca almacenará en la memoria los siguientes elementos (Schmidt & Wrisberg, 2008):

- Las condiciones iniciales, como por ejemplo las posiciones relativas, los agarres antes de la ejecución, etc.
- Las características de la respuesta, como por ejemplo las condiciones espaciales donde se realiza la ejecución, la dominancia lateral de la ejecución, las direcciones de proyección, etc.
- La información sensorial que el judoca almacena después de la ejecución y que influenciarán en ejecuciones posteriores.
- El resultado de la ejecución, la valoración que recibe la acción por todos los agentes que intervienen: el propio deportista, el árbitro, el entrenador, etc.

Por ello, el objetivo de la siguiente propuesta es organizar las habilidades específicas basadas en características motoras comunes (estructura y coordinación), en criterios espaciales (posiciones relativas y dirección de la pierna libre) y en criterios cognitivos (asociados con los procesos de percepción y toma de decisiones), todos ellos con criterios que guardan relación con el control y aprendizaje motor (Dopico, Iglesias-Soler, & Carballeira, 2014). Para la elaboración de la propuesta se contemplaron aquellos parámetros comunes de los mecanismos sensoriomotores y no sólo a la similitud de las acciones en su carácter externo (e.g. si emplean la pierna como elemento predominante para ser ejecutada, etc.):

a. **Estructura del movimiento**, se refiere a lo que el judoca puede hacer al inicio de la ejecución girar, desplazarse de forma más lineal o pasar a apoyar la espalda (i.e. tendido supino). Así que atendiendo a este criterio se presentan habilidades con giro (G, e.g. seoi-nage, uchi-mata), sin giro (SG, e.g. o-soto-gari, o-uchi-gari) o de paso a tendido supino (TS, e.g. tomo-nage, sumi-gaeshi) (ver tabla 1). Estas estructuras de movimiento pueden emplear diferentes agarres que se situarían en un continuum atendiendo al grado de libertad que permiten: a) mayor grado de libertad de movimiento (i.e. agarres por delante y/o distales), o b) menor grado de libertad de movimiento (i.e. agarres en espalda y/o proximales).

b. **Base de sustentación**, contempla el apoyo que se emplea cuando se ejecuta la habilidad, que puede ser un apoyo (1, e.g. o-soto-gari, uchi mata), dos apoyos (2, e.g. seoi-nage, tai-otoshi) o la espalda (Esp, e.g. tomoe-nage, sumi-gaeshi) (ver tabla 1).

c. **Espacio donde el oponente es derribado**, como ya mencionamos en el apartado anterior el espacio donde el adversario es derribado guarda una relación directa con los desplazamientos y desequilibrios que se aplican sobre el que recibe la acción y es un determinante del rendimiento. En esta propuesta y con la idea de hacerla simple se tienen en cuenta sólo dos sub-espacios, acciones que derriban hacia delante (Ad, e.g. seoi nage, sase tsuri komi así) y hacia atrás (At, o-uchi-gari, ko-soto-gari) (ver tabla 1).

Para la clasificación de las acciones sin giro a un apoyo (SG1) se tienen en cuenta dos características motoras relacionadas con la dirección de la pierna dinámica y la zona a donde se dirige. Las diferencias en estas dos características entre habilidades definen una psicomotricidad específica necesaria para llevar a cabo con éxito su ejecución. Asimismo, el análisis del empleo de una u otra opción a la hora de ejecutar una SG1 podría ser un elemento a analizar en cuanto a los mecanismos perceptivo-decisionales según la posición, desplazamiento y desequilibrio del adversario.

d. **Dirección de la pierna dinámica o la que ejecuta el barrido**, se definen dos posibles direcciones como son la dirección ipsilateral (i.e. miembro del mismo hemilado del cuerpo del oponente) y la contralateral (i.e. miembro del hemilado contrario del oponente). Un judoca diestro puede emplear su pierna dinámica diestra para barrer la pierna derecha del oponente (i.e. ipsilateral) o la pierna izquierda del oponente (i.e. contralateral) (ver tabla 1)

e. **Zona donde actúa la pierna dinámica**, a la hora de ejecutar el judoca puede aplicar fuerza en la zona interior o exterior de las piernas del adversario (ver tabla 1)

Tabla 1.- Clasificación de las habilidades de proyección basada en criterios motores (Adaptado de Dopico, Iglesias-Soler, & Carballeira, 2014).

Acrónimo	Estructura movimiento	Dirección de proyección	Base de apoyo	Dirección pierna dinámica	Zona pierna dinámica	Habilidades motoras
G2	Giro	Adelante	2			seoi-nage, tai-otoshi, etc.
G1			1			uchi-mata, harai-goshi, etc.
SG2	Sin Giro	Adelante Atrás	2			ura-nage, yoko-otoshi, etc.
SG1At_IpEx		Atrás	1	Ipsilateral	Externa	o-soto-gari, o-soto-guruma
SG1At_IpIn			1	Ipsilateral	Interna	ko-uchi-gari, etc.
SG1At_ClaIn			1	Contralateral	Interna	o-uchi-gari, etc.
SG1At_ClaEx			1	Contralateral	Externa	ko-soto-gari, de-ashi-barai, etc.
SG1Ad_ClaEx		Adelante	1	Contralateral	Externa	sasae-tsuri-komi-ashi, etc.
TS_AdEsp	Supino	Adelante	Espalda			tomoe-nage, sumi-gaeshi, etc.

G: habilidades con giro a dos apoyos (G2) o a un apoyo (G1)

SG: habilidades sin giro a 2 apoyos (SG2) o a un apoyo (SG1), estás últimas pueden proyectar hacia atrás (SG1At) o adelante (SG1Ad). A su vez pueden dirigir la pierna dinámica al mismo hemilado del adversario (SG1At_Ip) o al lado contrario (SG1At_Cla y SG1Ad_Cla), y contactar con la parte exterior (Ex) o interior (In) de las piernas del adversario.

TS: habilidades en tendido supino que por supuesto apoyan alguna parte de la espalda y proyectan adelante.

Una vez clasificadas las habilidades en 9 esquemas o grupos de habilidades deberemos analizar los **criterios de eficacia** de cada grupo de habilidades (ver tabla 2). Para facilitar el análisis y el trabajo de observación y corrección en una sesión de enseñanza-aprendizaje se representa en la tabla 2 un ejemplo del análisis en las fases que caracterizan los diferentes esquemas. Hay que tener en cuenta que en la práctica estas fases se solapan y son prácticamente indivisibles, aunque existen tareas de entrenamiento que inciden más o menos en cada fase, hay que entender el movimiento como un todo, y podría pasar que según el modo de ejecución existan elementos que entren antes o después dependiendo del ejecutante. Asimismo, para el análisis de los criterios de eficacia se han reducido a 5 estructuras, ya que los barridos o SG1 poseen características motoras muy similares.

Tabla 2.- Criterios de eficacia de cada fase en cada grupo de habilidades o esquema motor.

Fase	Esquema Motor	Criterio eficacia
Kuzushi Llevar al adversario a una posición de desequilibrio no recuperable, trasladando su centro de gravedad fuera de la fase de sustentación.	G2 G1 SG2 SG1	i. Estrategias de acción-reacción con habilidades de agarre, desplazamiento e incluso habilidades previas. ii. Tracción coordinada de manos para conseguir desequilibrio adelante o atrás. Hikite o mano que tracciona (normalmente en manga) e Tsurite o mano que sube y dirige la cabeza (normalmente solapa o espalda). iii. Tipos de aproximación a adversario mediante pivote (en el caso de habilidades con giro) y mediante desplazamiento lineal en habilidades sin giro. iv. Giro tronco-hombros del adversario, manteniendo tensión en los agarres.
	TS	i. Ídem anterior. ii. Ídem anterior. iii. Aproximación con pivote si necesita giro (e.g. yoko-tomoe-nage) o desplazameinto lineal si no lo necesita (e.g. tomoe-nage).
Tsukuri Colocarse en posición idónea para aplicar fuerza en el menor tiempo posible.	G2 G1 SG2 SG1	i. Colocación firme de el/los apoyo/s ii. Centro de gravedad por debajo del adversario iii. Empuje de hikite adelante, lejos del cuerpo para no permitir la re-equilibración del adversario y selección de la dirección adecuada de empuje de la mano tsurite. iv. Solidaridad pelvis-tronco (extensión isométrica), especialmente en habilidades de

			1 apoyo y rotación del eje cadera-hombros-cabeza.
		TS	i. Dirigir con velocidad la espalda al suelo sin obstaculizar el desequilibrio del adversario e intentando colocarse debajo de la proyección del centro de gravedad del oponente o incluso más adentro. ii. Mantener la tracción de los agarres para continuar el desequilibrio del adversario hasta que sobrepase la línea media del que ejecute.
Kake Identificar, seleccionar y aplicar fuerza en la mejor dirección para conseguir que el adversario caiga con velocidad y ampliamente sobre la espalda.		G2 G1 SG2 SG1	i. Identificar la dirección de fuerza a favor del desequilibrio del adversario y hacer los ajustes necesarios en apoyo (pivote con carga), cadera-hombro-cabeza y especialmente agarres para ir en esa dirección. ii. En acciones con giro buscar aplicar giro amplio con cabeza-hombros-cadera y en acciones sin giro dirigir la mirada lejos para dar amplitud al movimiento. iii. Ejecutar con velocidad y fuerza, no dejar caer sino dirigir al adversario al suelo. iv. Extender todo el eje tobillo-rodilla y ajustar flexión cadera a exigencias habilidad.
		TS	i. Acompañar el movimiento con el cuerpo, levantando la cadera. ii. Dirigir los agarres hacia la dirección óptima de desequilibrio del adversario, provocando rotación de hombros si es necesario. iii. Asegurar la trabsición suelo.

G: habilidades con giro a dos apoyos (G2) o a un apoyo (G1).

SG: habilidades sin giro a 2 apoyos (SG2) o a un apoyo (SG1).

TS: habilidades en tendido supino.

III. Aprendizaje y consolidación (i.e. entrenamiento) de las habilidades de proyección

A la hora de organizar toda la información para afrontar un proceso de enseñanza-aprendizaje y entrenamiento cada entrenador y cada deportista deberá definir cuáles son sus preferencias estratégicas en cuanto a las líneas de dirección que se van a incluir en el sistema de combate, y de que modo se va afrontar la implementación de una habilidad en esas líneas de proyección. Es decir, el judoca o el entrenador pueden conseguir varias líneas de proyección con diferentes habilidades que utilizan el mismo o similar agarre, o por el contrario pueden decidir introducir menos habilidades que se ejecutan con diferentes agarres y que le pueden dar variación a las líneas de proyección a la hora de entrar.

También, será necesario por parte del entrenador la creación de su sistema de enseñanza-aprendizaje y entrenamiento basado en la construcción de:

- **Tareas psicomotrices** para la mejora de los **criterios de eficacia** de las habilidades,
- **Juegos de oposición-lucha** para la mejora de la comprensión de la lógica interna (mecanismos perceptivo-decisionales y de ejecución) de las proyecciones de judo. Estos juegos deberán desarrollar cada uno de los componentes que conforman la clasificación de las habilidades: giro o no giro, apoyo bilateral o unilateral, etc.
- **Pautas** para elaborar **progresiones de habilidades especiales de desarrollo y tareas tipo** que tengan en cuenta los diferentes grados de **complejidad coordinativa** y el grado de **incertidumbre** (ver tabla 2).

Tabla 2.- Tareas específicas para trabajar las habilidades de proyección atendiendo al nivel de complejidad e incertidumbre (mirar artículo medios entrenamiento en judo).

+ COMPLEJA			
↑	Butsukari en desplazamiento G1, G2, SG, TS	½ Randori ante diestro y ½ Randori ante zurdo	Randori arbitrado con cambio de adversario
	Butsukari en estático G1, G2, SG, TS	Kakari geiko	Randori arbitrado
	Shanin en desplzameinto G1, G2, SG, TS	-	Kakari geiko en kenka-yotsu
	-	-	-
	Nage komi en desplazamiento de G1	Nage komi en desplazamiento ante estímulos de TS (salir de agarre)	Nage komi en estático SG1 y G2 discriminando 2 estímulos (lanza mano o adelanta pie)
	-	-	Nage komi en estático ante estímulo SG1 (adelanta el pie) SG1
	Uchi komi estático SG1 (todos los tipos)	-	Uchi komi en desplzameinto ante estímulo SG1 (adelanta pie)
↓	Uchi Komi desplazamiento Hikidashi	-	-
+ SIMPLE	Uchi Komi estático Hikidashi	-	-
	- INCERTIDUMBRE		+ INCERTIDUMBRE

Bustukari: ejercicio de proyección con dos compañeros que resisten la caída desde el inicio del kake; Shanin: tarea de proyección con dos compañeros que trabaja en la zona media-final del kake; Nage komi: repetición de una proyección; Uchi-Komi: repetición de una habilidad de judo; Randori: práctica libre de lucha; Kakari geiko: práctica de ataque continuada; Hikidashi: práctica del tirón y entrada sin ser ninguna técnica específica; G: habilidades con giro a dos apoyos (G2) o a un apoyo (G1); SG: habilidades sin giro a 2 apoyos (SG2) o a un apoyo (SG1); TS: habilidades en tendido supino.

IV. Referencias bibliográficas

Breslin, G., Hodges, N. J., Kennedy, R., Hanlon, M., & Williams, A. M. (2010). An especial skill: Support for a learned parameters hypothesis. *Acta Psychologica*. DOI: 10.1016/j.actpsy.2009.12.004

Calmet, M., Miarka, B., & Franchini, E. (2010). Modeling of grasps in judo contests. *International Journal of Performance Analysis in Sport*, *10*(3), 229–240. DOI: 10.1080/24748668.2010.11868518

Calmet, M., Trezel, N., & Ahmaidi, S. (2006). Survey of System of Attacks by Judoka in Regional and Interrregional Matches. *Perceptual and Motor Skills*, *103*, 835–840.

Courel, J., Franchini, E., Femia, P., Stankovic, N., & Education, P. (2014). Effects of kumi-kata grip laterality and throwing side on attack effectiveness and combat result in elite judo athletes. *International Journal of Performance Analysis in Sport*, *14*(1), 138–147. DOI: 10.1080/24748668.2014.11868709

Czyz, S. H., & Moss, S. J. (2016). Specificity vs. generalizability: Emergence of especial skills in classical archery. *Frontiers in Psychology*. DOI: 10.3389/fpsyg.2016.01178

De Crée, C. (2014). Nanatsu-no-kata, Endō-no-kata, and Jōge-no-kata: a pedagogical and qualitative biomechanical evaluation of Hirano Tokio's kuzushi [unbalancing] concept as part of skill acquisition for throwing techniques in Kōdōkan jūdō. *Revista de Artes Marciales Asiáticas*, *9*(2), 69–96.

Dopico-Calvo, X., Iglesias-Soler, E., Carballeira, E., Mayo, X., Clavel, I., & Pintos, P. (2016b). Functional dominance while executing lateral structure of confrontation and its relationship to sport success in judo. In *European Judo Union Congress*.

Dopico-Calvo, X., Iglesias-Soler, E., Morenilla, L., Giráldez, M. A., Santos, L., & Ardá, A. (2017). Laterality and performance in combat sports. *Archives of Budo*, *12*, 167-177.

Dopico, X., Iglesias-Soler, E., & Carballeira, E. (2014). Classification of judo motor skills: tactical and motor criteria approach. *Archives of Budo*, *10*, 75–83.

Dopico, X., Iglesias-Soler, E., Carballeira, E., Mayo, X., Ardá, A., & González-Freire, M. (2014). The relationship between motoric dominance and functional dominance while executing judo techniques: A study on laterality. *Archives of Budo*.

Iglesias-Soler, E., Mayo, X., Dopico, X., Fernández-Del-Olmo, M., Carballeira, E., Fariñas, J., & Fernández-Uribe, S. (2018). Effects of bilateral and non-dominant practices on the lateral preference in judo matches. *Journal of Sports Sciences*. DOI: 10.1080/02640414.2017.1283431

Marcon, G., Franchini, E., Jardim, J. R., & Barros Neto, T. L. (2010). Structural Analysis of Action and Time in Sports: Judo. *Journal of Quantitative Analysis in Sports*, *6*(4). DOI: 10.2202/1559-0410.1226

Miarka, B., Brito, C. J., Amtmann, J., Córdova, C., Dal Bello, F., & Camey, S. (2010). Suggestions for judo training with pacing strategy and decision making by judo championship phases. DOI: 10.1515/hukin-2017-0196

Miarka, B., Julio, U., Del Vecchio, F., Calmet, M., & Franchini, E. (2010). Técnica y táctica en judo: una revisión. *Revista de Artes Marciales Asiáticas*, *5*(1), 91–112.

Nabavinik, M., Abaszadeh, A., Mehranmanesh, M., & Rosenbaum, D. A. (2018). Especial Skills in Experienced Archers. *Journal of Motor Behavior*. DOI: 10.1080/00222895.2017.1327416

Schmidt, R. A., & Wrisberg, C. A. (2008). *Motor learning and performance: A problem-based learning approach* (4th ed.).

Sterkowicz, S., Lech, G., & Blecharz, J. (2010). Effects of laterality on the technical/tactical behavior in view of the results of judo fights. *Archives of Budo*, *6*(4), 173–177.

Tirp, J., Baker, J., Weigelt, M., & Schorer, J. (2014). Combat stance in judo - Laterality differences between and within competition levels. *International Journal of Performance Analysis in Sport*, 14, 217–224. DOI: 10.1080/24748668.2014.11868716

TÉCNICA Y TÁCTICA

Iñaki Salas Calvo
Marc Dailos Cerdá Gutiérrez

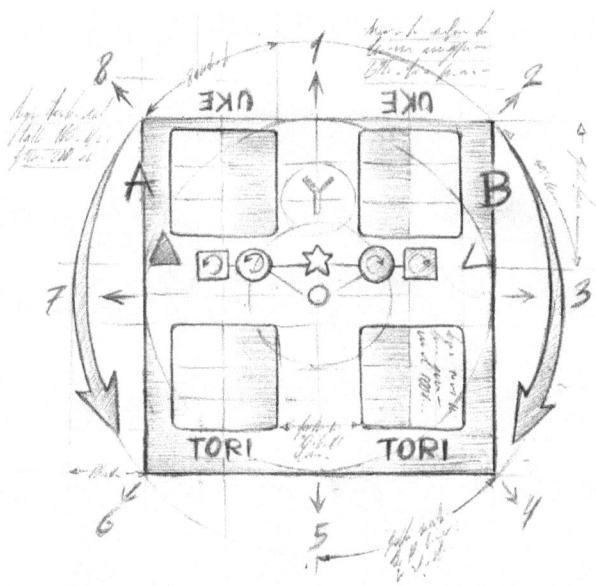

"JUDOMAT un sistema visual de enseñanza y aprendizaje del judo"

Introducción

"Ningún viento es favorable para el que no sabe dónde va"

Séneca

Fue sin duda la inquietud la que nos hizo empezar con este proyecto, al principio era una idea muy simple que Marc y yo pensamos que nos podría ayudar en nuestras clases. Ésta se basó en un tapete de puntos de coordinación que habíamos visto y pensamos que si hacíamos uno con los puntos de apoyo de cada una de las diferentes técnicas que quisiéramos trabajar, esto ayudaría a la mecanización y realización de las técnicas con una mayor calidad.

Con cada duda, surgía la búsqueda de una solución e iban apareciendo más y más referencias adaptables a un mayor número de llaves, que no sólo planteamos para una lateralidad, si no que lo hicieran hacia ambas lateralidades, que no solo sirviera para niños pequeños si no para todas las edades. Después vinieron las mediciones de las posiciones en las diferentes edades para cada técnica, para que estas fueran lo más homogéneas y versátiles posibles, por último las direcciones nos permitieron saber en qué rumbo teníamos que dirigir cualquier parte del cuerpo para que la técnica sería lo más precisa posible. Era como una rosa de los vientos que nos ayudaba a explicar y a realizar cualquier ejercicio, técnica, caída, etc...

Este fue sin duda un periodo fascinante y enriquecedor tanto para mi amigo Marc como para mi, ya que tuvimos que reflexionar no sólo cómo y dónde colocar los diferentes símbolos para cada técnica, sino también el funcionamiento biomecánico de la técnica en sí. El potencial didáctico del Judomat ha sido objeto de estudio en (Clemete, 2014) y concluye que "Tras este estudio se confirma la hipótesis "se obtienen mejores resultados globales en el proceso de enseñanza-aprendizaje de la técnica uki goshi con la utilización de plantillas frente al método tradicional" (p.41). Los alumnos que utilizaron la plantilla durante el proceso de enseñanza-aprendizaje (grupo experimental y grupo plantilla) obtuvieron mejores resultados en la variable puntuación total tras la última evaluación que el grupo donde no se utilizó una plantilla (grupo tradicional), que se relaciona con la ejecución técnica global. Por otra parte hay autores que afirman que la práctica global concede muchas ventajas respecto a prácticas analíticas (Robles, 2006):

- La práctica global posibilita hacer frente a situaciones de combate real.

- Le posibilita al niñ@ un mejor desarrollo del cuerpo y de las habilidades motrices, permitiéndole al niñ@ la utilización de todo el cuerpo para la realización de los movimientos.

- Mejora la comprensión del judoca teniendo esto una repercusión positiva en proceso de aprendizaje y ayudando así en la adquisición y desarrollo del pensamiento táctico.

- Mejora la creatividad y esto puede aportar mejoras en el aprendizaje técnico y táctico.

- Ayuda a desarrollar la percepción y la decisión además de la ejecución técnica, siendo estos dos factores decisivos a la hora de anticiparse a las acciones del contrincante (Bonitch eta Macarro 2002).

Teniendo en cuenta todo esto, es importante introducir el Judomat en una visión de judo constructivista. Esta visión implica que el aprendizaje es objeto de una interacción social, una construcción del conocimiento en conjunto (Urrutia, 2018). Todo esto se traduce en que el alumno mediante el aprendizaje significativo construye su conocimiento dándole así significado al aprendizaje de los conceptos y de las diferentes técnicas. Para esto el alumno es el protagonista y responsable de su proceso de aprendizaje y el profesor le ayuda haciendo los trabajos de andamiaje (Urrutia, Ramirez, Iraola y Rezola, 2017). Por otra parte es importante recalcar el valor pedagógico del error, mediante el cual el alumno puede identificar el error y esto abre la posibilidad de un proceso de adaptación y construcción de conocimiento significativo y pragmático.

El objetivo de este capítulo es ofrecer herramientas suficientes para que los entrenadores de judo que ya conocen la correcta ejecución de las técnicas sean capaces de programar sus secuencias didácticas para trabajar la técnica en la situación deseada.

¿Qué es judomat?

Judomat es un método visual de enseñanza y aprendizaje del judo que se basa en una serie de símbolos y colores impresas sobre un material flexible carente de memoria para que este quede plano y estirado en cualquier superficie de tatami.

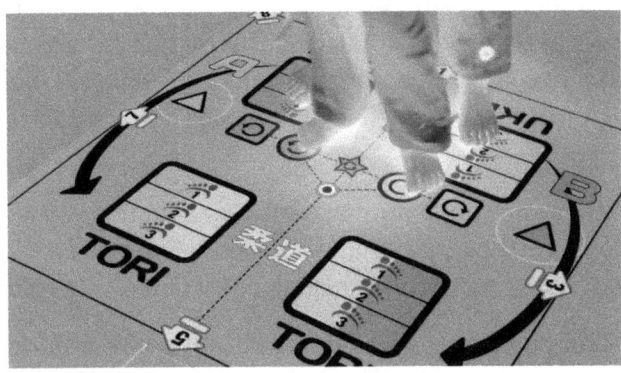

Figura 1: Judocas trabajando una técnica de giro con Judomat (elaboración propia)

¿Cómo funciona Judomat?

Consta de un conjunto de símbolos, colores y direcciones impresos sobre una superficie blanda y antideslizante, que servirán para guiarnos en las diferentes etapas de la enseñanza y el aprendizaje, nos indicaran cómo realizar el apoyo correcto de nuestros pies, así como qué deben hacer las diferentes partes de nuestro cuerpo y en qué dirección hacerlo cuando realizamos una técnica o un ejercicio. El sistema se basa en dos colores que definen la lateralidad: Rojo (Derecha) y Azul (Izquierda). Estos dos colores representaran las dos lateralidades de nuestro cuerpo. Si bien existen unas plantillas en las que se da ejemplos de coordenadas de ciertas técnicas de base, estas coordenadas podrán ser modificadas por el profesor o profesora como mejor le parezca a fin de poder explicar la técnica a su manera o estilo. Hay dos posiciones sobre Judomat, una para TORI y otra para UKE, Judomat puede ser utilizado desde los cuatro años hasta la edad adulta. Se pueden realizar prácticamente todas las técnicas de judo pie (Tachi Waza), Ukemis, ejercicios, juegos, etc...

Todos sabemos que lo ideal sería trabajar la lateralidad en las fases de desarrollo o transición en las que ésta no está aun totalmente definida, pero debido también a la lateralidad del profesor, generalmente diestra, junto con la corta duración de las clases a estas edades, hacen que esto no sea posible. Este sistema nos permitirá realizar todas las técnicas hacia ambos lados sin ningún tipo de dificultad permitiéndonos un desarrollo más simétrico y equilibrado.

¿Por qué se ha creado y que soluciones puede aportar?

El Judomat surge de las dificultades que derivan de la enseñanza y aprendizaje del Judo. La falta de referencias visuales o marcas espaciales en el sistema de enseñanza tradicional, hace que se adquieran malos hábitos posturales a la hora de la realización de las técnicas, que luego son muy difíciles de corregir y que en algunos casos llevan a la desmotivación del alumno.

- **Explicación en espejo**: normalmente los alumnos ven la explicación de forma invertida, por lo que a veces saber que parte del cuerpo ha hecho qué y hacia donde resulta difícil para ciertos alumnos.
- **Utilización de colores para diferenciación de hemisferios**: Judomat se basa en la utilización de dos colores para diferenciar la parte derecha del cuerpo (Roja) y la izquierda (Azul), estos dos colores son

utilizados universalmente de la misma manera en Grifos de agua, audífonos etc...Por lo que si indicamos a nuestros alumnos que el pie rojo va al círculo rojo este lo entenderá y podrá reproducirlo fácilmente, independientemente si Judomat está colocado en una dirección u otra sobre el tatami. El Judomat contiene las suficientes referencias visuales para que desde la primera vez que se realiza una técnica se tengan claras cuáles son las correctas direcciones de todas las partes del cuerpo que intervienen en dicha técnica (pies, mirada, desequilibrio, etc...), es una manera de crear desde el principio unos buenos hábitos en el judoka para que luego no tenga que corregirlos, cosa que a veces es muy costoso.

- **Corrección postural:** En la práctica del judo la mala colocación de un solo pie incide en una mala alineación de las rodillas, caderas y en la rotación posterior del cuerpo; el hecho de no tener una referencia visual que nos indique cual es la correcta dirección de todos los diferentes elementos que intervienen en la técnica hace que vayamos cogiendo malos hábitos, tanto de colocación, dirección, etc...

- **Autocorrección:** La falta de experiencia de los jóvenes judokas y la falta de referencias hacen que el alumno reclame todo el tiempo la atención del profesor para saber si lo está haciendo correctamente. Con el sistema Judomat el feedback es inmediato, ya que el niño puede ver por si mismo si su posición coincide con los símbolos anteriormente dados en las coordenadas de una u otra técnica.

- **Trabajo en grupo**: varios son las dificultades que nos encontramos a la hora de trabajar con un grupo, una de ellas es la imposibilidad de corregir a todos los alumnos a la vez, por lo que los que más reclaman nuestra atención son los que más se benefician, lo que se deriva de esto es que el resto de los alumnos suelen dejar de trabajar hasta que se les atiende.

- **Corrección grupal:** Con el Judomat se puede corregir a todo el grupo desde un solo punto, mandado las correcciones en forma de coordenada a aquellos judocas que lo necesiten, esto hace que toda la clase trabaje por igual, incluso cuando el nivel de pericia de los alumnos es distinto.

- **Explicaciones largas y aburridas** La atención de nuestros alumnos es de un tiempo muy limitado y muchas veces depende de nuestra capacidad como oradores mantener su atención, si nuestras explicaciones son demasiado largas lo más seguro es que los alumnos pierdan el interés y la información no llegue a su destinatario. Con el sistema Judomat la explicación se reduce a menos de 30 segundos ya que solo hay que dar unas pocas coordenadas, fáciles de entender, recordar y reproducir.

- **Motivación**: es lo que nos mueve a hacer determinadas acciones, en el mundo del judo, bien por el trabajo rutinario de la mecanización de las técnicas, la monotonía de algunas clases de judo, el exceso de estímulos que tienen los niños en la actualidad o la dificultad a la hora de realizar algunas de las técnicas, hacen que la motivación determine la continuidad o no del judoka en nuestro deporte. El sistema Judomat está diseñado con colores atractivos y con diseños familiares. El sistema de coordenadas a la hora de la práctica hace que sea tremendamente sencillo llegar a realizar las técnicas y esto hace que un judoca se sienta motivado ya que ve un resultado inmediato a su esfuerzo.

- **Comunicación:** la falta de un código común entre profesor y alumno dificulta la interpretación del mensaje por parte de éste y en definitiva la comunicación entre ambos. Judomat ofrece un código de comunicación basado en símbolos, direcciones y colores que con el tiempo acaban por crear un canal adecuado, tanto para el emisor como para el receptor y hace que el mensaje sea algo breve, directo y conciso.

- **Unificación del mensaje:** Judomat permite a una estructura de club en el que trabajen diferentes entrenadores, un criterio común a la hora de transmitir al alumno cómo realizar una técnica, ejercicio, ukemi, etc…Una vez nos ponemos de acuerdo sobre cuál va a ser la evolución y la forma en que queremos enseñar a nuestros alumnos una técnica o ejercicio determinado, todos los entrenadores que formen parte en el proceso de enseñanza, utilizaran siempre la misma coordenada, con el fin de no confundir al alumno en las diferentes etapas del proceso de aprendizaje.

Para concluir y redactar de manera resumida todo lo expuesto anteriormente, la introducción del Judomat en las sesiones de judo puede aportar lo siguiente:

- Nos permite explicar y comprender de una manera rápida y concisa cualquier técnica de judo.

- Nos da la posibilidad de poder enseñar judo de forma fácil y sencilla tanto a diestros como a zurdos, independientemente de nuestra lateralidad y así conseguir tanto a nivel físico como técnico lo más simétrico posible.

- Nos permite una corrección postural desde el inicio del aprendizaje, así como una buena base técnica de calidad, y evitará la creación de malos hábitos difíciles de eliminar en el futuro.

- Elimina el efecto espejo con lo que los alumnos no tendrán ningún problema a la hora de comprender las técnicas. Los elementos de Judomat no variarán y siempre estarán colocados de la misma forma y en la misma dirección.

- Las explicaciones serán cortas y precisas, siendo estas entendidas por todos los alumnos independientemente del nivel, al reducirse de manera sustancial el tiempo de explicación y aumentar la precisión mediante coordenadas habrá un aumento en la cantidad y de la calidad técnica.

- Una vez que las diferentes partes del cuerpo que intervienen en la técnica están situados correctamente y en la buena dirección no nos hace falta más ayuda que la de la gravedad.

Técnica, táctica y estrategia en judo

Los conceptos de técnica, táctica y estrategia se confunden a menudo. Simplificando estos conceptos se podría decir que la estrategia es el conjunto de decisiones que toma el/la judoca antes de iniciar una situación de oposición (como por ejemplo un randori). En esta fase se valoran las posibles acciones de nuestros adversarios (saber si es diestro o zurdo, su tokui waza, su forma física, etc.). Una vez empieza la situación de oposición la estrategia debe adaptarse a las condiciones que se van dando en cada momento. Es entonces cuando hablamos de táctica. La táctica es la solución práctica entre los problemas motores que pueden plantearse en situaciones determinadas. La técnica es la ejecución motriz eficiente que nos sirve para conseguir nuestro objetivo táctico-estratégico. Aún más simple, si ponemos el ejemplo de un randori entenderíamos por:

- Estrategia: Pensar antes de empezar a luchar lo que debo hacer para conseguir ganar.

- Táctica: Una vez ha empezado el combate las acciones que realizo para solucionar los problemas que van surgiendo.
- Técnica: La ejecución de la habilidad motriz que ha de darme la victoria (una proyección, un volteo, etc).

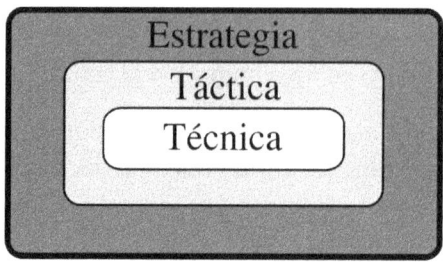

Figura 2: Organización de la técnica, táctica y estrategia (elaboración propia)

Aunque el randori es el ejemplo más claro para explicar las diferencias entre estos conceptos los entrenadores de judo a menudo nos encontramos con el dilema de decidir qué debemos priorizar en etapas de formación: estrategia, táctica o técnica. La mayoría de autores especializados en la iniciación deportiva aconsejan una iniciación a través de juegos que fomenten la estrategia y la táctica. Se suele plantear un juego que dé a lugar una situación habitual en el deporte. Los deportistas identifican una situación que deben saber solucionar y solamente entonces se empieza a trabajar la técnica como solución motriz a un problema que se da en una situación de juego. De esta forma se puede garantizar que los aprendizajes van de lo general a lo específico y de acciones simples a acciones más complejas. Y quizá lo más importante de esta propuesta es que el propio deportista entiende el motivo por el que debe realizar este determinado aprendizaje técnico (saber que esta acción técnica sirve para solucionar un determinado problema motriz hace que el aprendizaje sea significativo para el deportista). Por poner un ejemplo de un deporte de equipo, es mucho más importante que los jugadores aprendan primero o distribuirse por el área de juego a que aprendan un determinado lanzamiento sin saber cuándo lo tienen que utilizar. Pero a nosotros nos interesa como lo planteamos en judo y está claro que el judo tiene unas características que lo hacen especial.

En el caso del judo las características propias del arte marcial hacen que sea prioritario aprender patrones técnicos estandarizados desde la etapa de formación. Por ejemplo uno de los primeros aprendizajes técnicos que se intenta establecer és el aprendizaje de los ukemis (para poder garantizar la seguridad de los judocas en el momento de ser proyectados).

Por supuesto que priorizar la estratégia y la táctica es importante pero los patrones técnicos aprendidos con errores suelen ser muy difíciles de corregir con el paso de los años. La clave para entender cómo se debe trabajar la técnica en nuestro deporte cuando estamos trabajando en etapas de formación recae sobre el concepto de técnica de base o técnica estándar. Lo que debemos garantizar como entrenadores es que nuestros deportistas conocen y son capaces de reproducir las formas más básicas y correctas de cada técnica de judo (y a poder ser por el lado dominante y por el lado no dominante también). Si lo que pretendemos es que un judoca que empieza a practicar nuestro deporte aprenda una técnica que realiza un competidor de alto nivel es evidente que estamos trabajando la técnica de una forma poco educativa (el judoca hará una técnica solamente, porque un judoca de alto nivel la hace, pero no entenderá los motivos de las modificaciones de la técnica de base que ha hecho este competidor). Una propuesta de trabajo orientado al aprendizaje técnico en judo sería el siguiente:

- En el inicio de la sesión (después de los ejercicios de calentamiento o como calentamiento mismo) se realiza un juego donde se de la situación de O Uchi Gari / Ko Uchi Gari (por ejemplo el juego del Stop donde para salvar se tiene que proyectar haciendo un gancho con nuestras piernas por dentro de las piernas de los que están en "stop", es decir de pie con las piernas abiertas). De esta forma trabajamos la estrategia (pensar cómo hago ese gancho por dentro de las piernas) y la táctica (cuando lo intento, como ajusto mi cuerpo a lo que quiero hacer)

- Pasado un rato de juego sentamos a los alumnos y les preguntamos cómo han hecho ellos los ganchos (los alumnos propondrán soluciones similares a O Uchi Gari y Ko Uchi Gari). Una vez los alumnos han propuesto sus soluciones el entrenador les explica que existen técnicas en judo muy parecidas a las suyas y entonces se explican modelos de técnica de base de estas técnicas. De esta forma los alumnos entenderán mejor los conceptos básicos de la técnica. Como podréis ver más adelante la explicación de la técnica base con el Judomat hace que el aprendizaje sea más rápido y efectivo.

Al acabar la sesión y antes de saludar sería bueno que el entrenador preguntase a sus alumnos como proyectarían ellos a un adversario si este estuviese con las piernas abiertas. Seguramente los alumnos responderían que se podría proyectar con O Uchi Gari o Ko Uchi Gari. Los alumnos han asociado una posición del adversario con una técnica y son capaces de reproducir la técnica de una forma básica tanto por el lado dominante como por el no dominante. Entonces podemos acabar la sesión satisfechos de nuestro trabajo ese día. Como conclusión debemos tener claro que es importante trabajar la técnica de judo en fase de formación, pero esta técnica ha de ser en una forma básica y a poder ser contextualizada a una situación motriz.

Orientaciones del método Judomat

Cuando comenzamos a trabajar con el sistema Judomat lo primero que haremos es referirnos a derecha e izquierda como rojo y azul (mano roja, pie azul, etc). Cada estación de UKE y TORI está compuesta por dos grandes cuadrados uno rojo que coincidirá con la parte derecha de nuestro cuerpo y otra azul que coincidirá con la parte izquierda. Cuando nos colocamos encima de las estaciones de UKE y TORI debemos imaginarnos como si la parte del cuerpo que está colocada sobre el cuadrado rojo estaría toda pintada de rojo y la que está colocada sobre el cuadrado azul estaría pintada toda de azul.

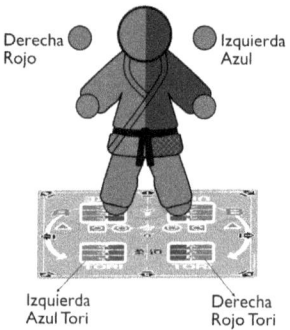

Figura 4: Relación de colores respecto a la lateralidad (elaboración propia)

Dentro de los cuadrados de las estaciones de UKE y TORI hay dos tonalidades de rojo y de azul, la zona más oscura que coincidirá con la anchura de hombros de edades comprendidas entre los 5 y los 7 años aproximadamente, una zona intermedia que será utilizada entre los 8 y los 12 años y una de color más claro que será utilizada de los 12 en adelante, obviamente las edades pueden variar en función de la envergadura de los judocas. A su vez las estaciones de UKE y TORI están divididas horizontalmente por tres zonas señaladas con un número del 1 al 3, que utilizaremos para colocar la punta de nuestros pies dependiendo de la distancia que vayamos a necesitar para trabajar cómodamente con mi compañero esto con respecto a TORI, con respecto a UKE le indicaremos que se coloque en el 1, 2 o 3 dependiendo del tipo de trabajo que queramos realizar o de la necesidad de distancia que necesitamos colocar a UKE con respecto a mis apoyos para poder realizar la técnica correctamente. Podemos también colocar a UKE en el número 3 y así hacer un trabajo con un mayor desequilibrio.

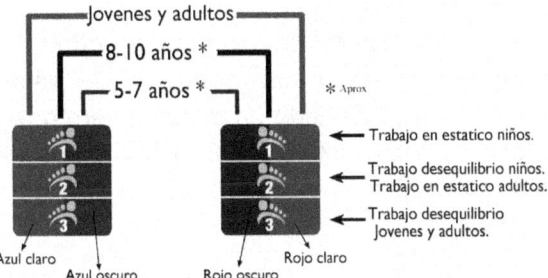

Figura 5: Propuesta de señalización de la posición de inicio (elaboración propia)

Una vez los judocas están colocados sobre el Judomat es importante identificar los símbolos (que nos harán recordar los símbolos de las consolas de videojuegos).

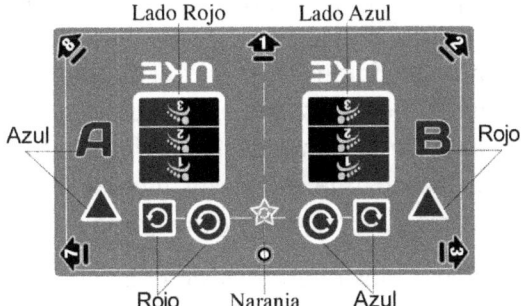

Figura 6: Símbolos que nos ayudarán a crear los patrones motores de las técnicas (elaboración propia).

Los dos círculos nos ayudarán a conseguir un apoyo correcto en los movimientos de palanca como O Goshi, Seoi Nage, Koshi Guruma, etc., así como en movimientos hacia atrás como O Uchi Gari, Ko Uchi Gari, etc.

- La estrella será la referencia que nos indique el centro de UKE desde donde podremos realizar entre otras técnicas Uki Goshi o Uchi Mata.

- Las dos letras A y B nos indicarán el apoyo correcto para realizar O Soto Gari, también para un Tai Otoshi cuando lo realizamos con el bloqueo de la pierna de UKE.

- Los dos triángulos los podremos utilizar para el aprendizaje de Tai Otoshi, Sasae o Hiza guruma, o O Soto Gari en niños de corta edad por ejemplo.

- Los cuadrados nos servirán de comodín y podremos utilizarlos por ejemplo si queremos pasar más cadera en Seoi Nage utilizaremos el cuadrado en el apoyo del lado en el que quiero que mi cadera vaya más allá con respecto a la de UKE o podremos utilizarlos en los movimientos de palanca en edades tempranas que necesitan una mayor estabilidad.

- Las dos grandes flechas curvas llamadas de Tai Sabaki nos ayudarán a crear un movimiento de esquiva circular, así como la dirección de mis brazos a la hora de realizar movimientos como Sasae o Hiza Guruma.

- Las flechas de dirección quizás sean uno de los elementos que más nos puede ayudar tanto a profesor como a alumno a explicar, entender y realizar cualquier técnica o ejercicio, están numeradas del 1 al 8 nos ayudarán en la correcta colocación de mis pies, rodillas, caderas, hombros, etc... tan solo indicando hacia donde tienen que dirigirse la punta de los dedos de nuestros pies, hacia qué dirección tengo que dirigir mi mirada mientras realizo una técnica u ejercicio o mi mano de la manga en un desequilibrio.

Ejemplo de utilización de los diferentes símbolos dentro de las variantes de una misma técnica.

Seoi Nage

Utilizaremos la coordenada circulo-circulo (Img.7, 8) para efectuar un Seoi Nage clásico utilizando nuestras piernas a modo de palanca. Le pediremos al alumno que mire hacia el número 2 (Lado rojo) o número 8 (Lado azul) si queremos que sus hombros roten en el momento de proyectar a UKE.

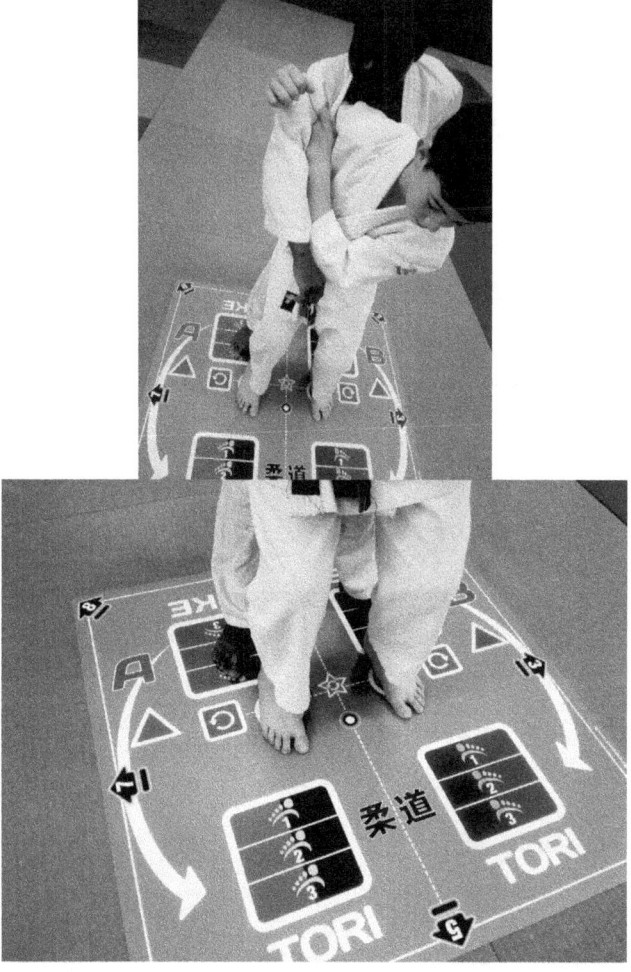

Imagen 7 y 8, ejecución de seoi nage (elaboración propia)

Si queremos que construir un Seoi Nage con un poco más de cadera para evitar el Tai Sabaki de Uke, la coordenada será cuadrado-círculo (Img 9, 10).

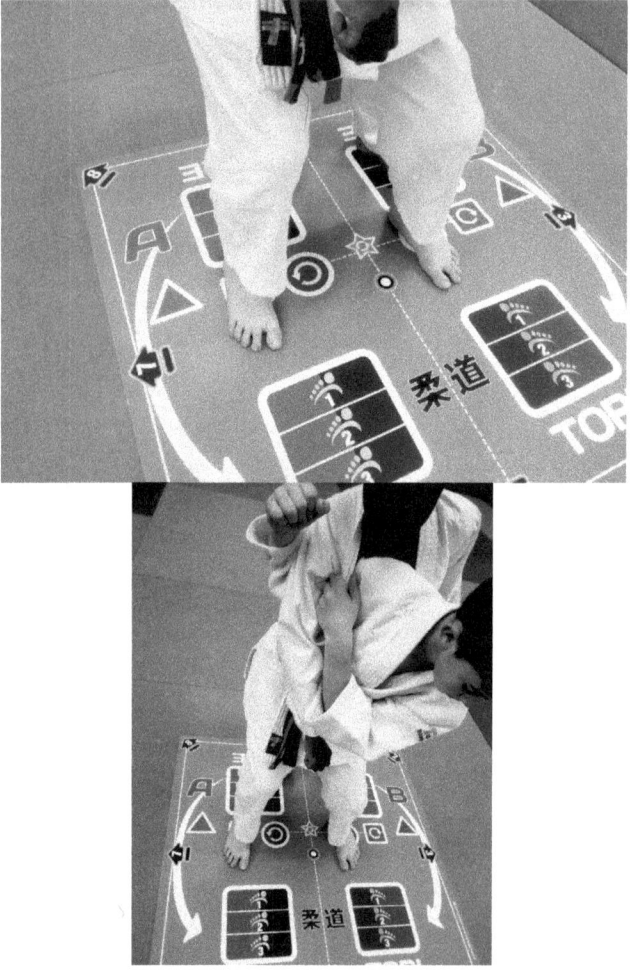

Imagen 9 y 10, ejecución de seoi nage (elaboración propia)

Si queremos evolucionar hace Seoi Otoshi entonces le indicaremos que baje el centro de gravedad al mismo tiempo que apoya el pie en la letra (Img 11).

Imagen 11, ejecución de seoi Otoshi (elaboración propia)

Ejemplo de utilización de los diferentes símbolos dependiendo de como se quiera realizar una misma técnica, en función de efectividad, trabajo de progresión o simplemente las preferencias de uno u otro entrenador o entrenadora.

Tai Otoshi

En primer lugar utilizaremos los dos triángulos para realizar un Tai Otoshi básico (Img 12).

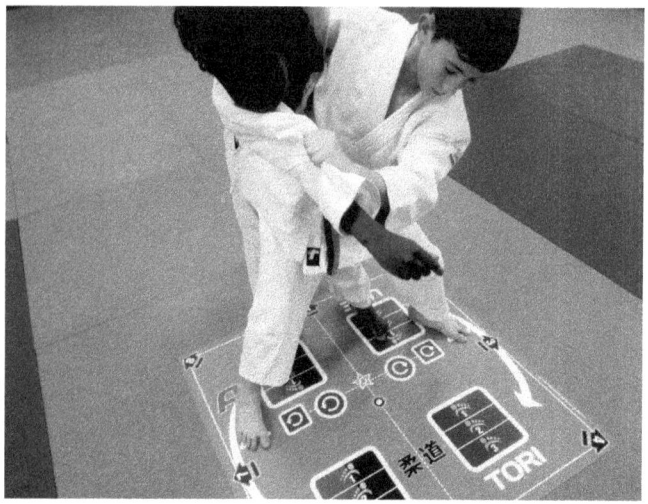

Imagen 12, ejecución de Tai Otoshi (elaboración propia)

En un segundo ejemplo utilizaremos la letra como símbolo de apoyo para realizar un Tai Otoshi bloqueando la pierna roja de UKE (Img 13 y 14).

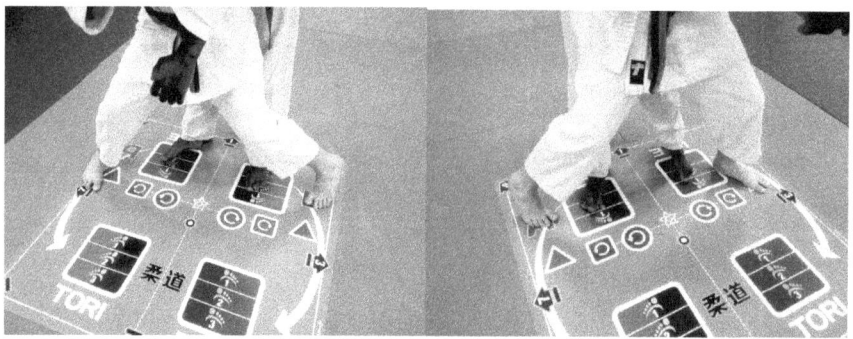

Imagen 13 y 14, ejecución de Tai Otoshi (elaboración propia)

Los dos ejemplos se pueden ejecutar hacia ambas lateralidades, tan solo con cambiar los colores de la coordenada.

Como conclusión se puede decir que el Judomat es una herramienta que nos ayuda a avanzar a la hora de formar a nuestros jóvenes judocas, simplificando la complejidad que entrañan las técnicas de judo, a la hora de ser comprendidas y ejecutadas por parte del alumno a través de un mensaje claro y conciso.

REFERENCIAS

Bonicht, J., Macarro, J. (2002). *La enseñanza del judo suelo mediante el descubrimiento guiado. Una propuesta para Hon Kesa Gatame*. Lecturas: Educación Física y ,deportes. Revista Digital.

Clemete, R. (2014). *Plantillas, instrumento para la enseñanza y aprendizaje de la técnica en judo.* Universidad de Zaragoza, Facultad de Ciencias de la Salud y del Deporte de Huesca.

Robles, J. (2006). *Estrategia en la práctica global vs. analítica en la iniciación al judo.* Retrieved from http://www.efdeportes.com/efd95/global.htm

Urrutia, M., Rezola, E., Iraola, M., & Ramirez, G. (2017). Judoa, jolasa eta borroka pertsona eraikiz. Euskal Herriko Unibertsitatea.

Urrutia, M. (2018). *Motrizitatearen garapena judoaren eskutik kalitatezko hezineta fisiko proposamen baten bidean.* Euskal Herriko Unibertsitatea.

CONSTRUYENDO UN SISTEMA DE COMPETICIÓN EN JUDO. DE LA TECNIFICACIÓN AL RENDIMIENTO

Sergio Domenech García

Siempre fui un judoca preocupado por mejorar mi técnica. Al comienzo de mi etapa como competidor mis esfuerzos sólo se centraban en esa cuestión. Poco a poco fui entendiendo más de táctica y de su importancia a la hora de plantear los combates correctamente. Se trataba de analizar mejor las "**situaciones de juego**", para poder tener más opciones de éxito. No todo era técnica. Llegó un momento en que mi **sistema de competición** estaba tan estructurado y entrenado, que no necesitaba pensar demasiado para ponerlo en práctica. Posteriormente, ya como entrenador, he intentado abordar la cuestión técnico-táctica desde un punto de vista más científico, dejándome influenciar por lecturas de expertos en otros deportes, a veces incluso de deportes colectivos como Seirulo-lo, Moras, Espar, etc, y mi posicionamiento ante estas cuestiones ha ido evolucionando respecto a lo que pensaba en los inicios en los que "sólo" veía la parte técnica de mi deporte. Todo en aras de ser mejor entrenador, conocer mejor mi deporte, y provocar una mejora en mis deportistas judocas.

Pero si este artículo va a hablar de cuestiones tácticas, habría que empezar definiendo qué es en realidad la táctica y a qué hacemos referencia cuando en deporte hablamos de ello. Desde un punto de vista etimológico, la táctica es definida por la Real Academia de la Lengua *"**como el procedimiento o método que se sigue para conseguir un determinado fin o ejecutar algo**"*. Si lo transferimos al Judo, diríamos entonces que el aspecto táctico tiene que ver con la manera en que juego e interactúo con el otro. Es evidente que el Judo es un deporte muy técnico, pero ¿creéis que la técnica es más importante que la táctica? ¿Cómo abordaríais ambas cuestiones? Desde mi punto de vista, el Judo es un deporte con grandes necesidades coordinativas, pero tengo claro que la técnica en Judo debe de estar al servicio de la táctica, es decir, en realidad, lo importante es cómo resolvemos cada situación motriz que el combate y nuestro adversario nos plantea, y no tanto con qué herramienta lo hacemos, aunque a nadie se le escapa que cuanto mejores y de más calidad sean esas herramientas, más posibilidades tendremos de ganar los combates. El resto, es cuestión de gustos.

Por lo tanto, parece necesario comprender que a partir de cierto momento en la formación del judoca se debería de empezar a desarrollar un programa táctico. Y principalmente debería de ser así por dos cuestiones básicas: la primera y más importante, porque un buen sistema de competición disminuye el riesgo de lesión en el judoca. Y la segunda, porque si ese sistema de competición es correcto aumentarán en el futuro las posibilidades de ese judoca de seguir mejorando hasta llegar al rendimiento.

Y cuál es la situación a este respecto de los campeonatos escolares en España. En mi opinión, se observan demasiadas situaciones de juego en las que hay un más que evidente riesgo de lesión para el judoca. Muchas de esas situaciones de riesgo no llegan a término afortunadamente, pero cuando ocurren… la pregunta es: ¿tiene relación directa la forma de jugar con el riesgo de lesionarse? Parece obvio que así es. Nuestro deporte es un deporte de lucha y contacto, por lo tanto, lleva implícito en su práctica ciertas situaciones que el deportista asume, pero muchos de esos momentos peligrosos que a la postre se traducen en lesiones, son consecuencia de un incorrecto modelo de juego (táctica) o simplemente carecer de uno (anarquía táctica).

En ocasiones, para intentar minimizar el riesgo de lesión, se suele adaptar el reglamento de las competiciones escolares, pero ello no es suficiente. En mi opinión, aunque cualquier decisión que ayude a ello es positiva, la verdadera medida que ayudaría a reducir el número de lesionados durante nuestras competiciones de escolares sería mejorar el sistema de competición con el que ellos afrontan los combates, o, lo que es lo mismo, **mejorar la metodología con la que enseñamos Judo en nuestras aulas.**

Desde estas líneas, me dispongo humildemente a describir mi metodología de trabajo táctico, basado en mi experiencia, y en las influencias que yo tuve como judoca durante mi proceso formativo y durante mi tiempo en la alta competición. En ese sentido, entre la década de los 90 y los primeros años de la del 2000, yo percibía en los tatamis mundiales cuatro tipos de modelos de juego. El primero era un Judo "de cruzar el agarre" y luchar siempre en el cuerpo a cuerpo. El máximo exponente de ese modelo era el francés Djamel Bouras (medalla olímpica y mundial, aunque fue desposeído de alguna de ellas por dar doping). Él siempre jugaba a eso. Otro modelo de juego que imperaba en aquella época era el que trataba de controlar los hombros del oponente para que cuando decidieras atacar fueras contraatacado por lo que luego se vino a llamar un "bic-mac". En ese trabajo se especializaron judocas como Nuno Delgado (POR), Graeme Randall (GBR) o el Estonio Alexei Boudolin. Otro tercer modelo de juego en el que hubo muchísimos especialistas fue el que se basaba en agarrar las piernas para buscar kata gurumas por debajo. El cuarto modelo y en el que yo me sitúo para a partir de ahí desarrollar mi propio sistema de competición, fue un modelo más clásico, al que yo siempre hago referencia como un modelo "más japonés".

Para poder empezar a hablar sobre esta propuesta, hay que dividir las situaciones en simétricas y asimétricas en función de la posición que se conforma en el combate, pero esta nomenclatura sencilla (simétrica dos del mismo lado y asimétrica dos de lado contrario) puede provocar alguna confusión conceptual si no se aclara previamente. Y es que en la práctica, tú puedes catalogar a tu oponente como zurdo o diestro en base a su postura o en base al lado por el que ataca, pero no siempre van a coincidir. Es necesario para la comprensión de este texto y para que el mismo pueda ayudar a los entrenadores en las mejoras con sus deportistas, aclarar desde el principio que siempre que se haga referencia a un diestro o a un zurdo, se estará haciendo referencia al lado por el que ataca y no a la posición que adopté en la lucha.

En ese sentido, vemos que en muchos campeonatos escolares el sistema de competición que usan los chicos es el de salir a lado cambiado y con una mano libre, para acabar haciendo seoi nague de rodillas o Harai-makikomi por el otro lado. Es posiblemente la propuesta más eficaz en esa edad y a corto plazo, pues es fácil de hacer -y por lo tanto no requiere demasiado trabajo explicativo-, y difícil de defender para el contrario debido a la incertidumbre táctica que le generas y que solo desde la experiencia y madurez competitiva que en esa edad no se suele tener, uno es capaz de solventar. Pero ese "éxito" a corto plazo suele esconder tantas carencias que cuando la experiencia se iguala, se hace difícil progresar con el judoca que solo ha aprendido eso y que no tiene una mejor y más completa base de Judo o una propuesta más completa.

Queda claro pues la importancia que tiene para mi plantear el aprendizaje de un sistema de competición de un judoca joven, haciendo coincidir tanto la postura que el judoca adopta como el lado por el que ataca. En mi opinión, demasiados judocas aprenden a competir desde el desorden táctico, aprendiendo a "sobrevivir" a veces con éxito gracias a variables como el físico o la determinación o la actitud. Personalmente huyo de esos planteamientos que pretenden el éxito a corto plazo. En mi manera de entender el Judo formativo de competición, tanto salir a lado cambiado, como atacar por el otro lado a mi postura, deberían ser recursos técnico-tácticos de los judocas, pero no la base de su Judo, y estos recursos deberían incorporarse a posteriori.

Por lo tanto, con ese punto de partida aclarado, dividiremos las situaciones en **SIMÉTRICAS**, si se da una situación de diestro-diestro o zurdo-zurdo, o, **ASIMÉTRICAS**, si por el contrario se da una situación zurdo-diestro. Volveré a matizar que para comprender las propuestas de esta lectura es necesario saber que todas las situaciones de partida en las que no se especifique lo contrario, harán referencia a un judoca diestro.

Por último, y antes de pasar a desarrollar dicha propuesta, hay que decir que a cada una de las diferentes situaciones tácticas que yo tuve que abordar como competidor las acabé llamando **"salidas"**, término que aprendí de Salvador Gómez (entrenador de la campeona olímpica Almudena Muñoz) y que hace referencia a cómo encarar el agarre del oponente después de cada "mate" que se da en un combate.

No desprecio el componente técnico del Judo, por supuesto, pero en este texto me centraré únicamente en aspectos tácticos. Como ha quedado explicado, lo mismo da un Uchi-mata que un Seoi-nage, y en cada salida o situación táctica que se dé, cada cual elegirá su herramienta para derribar al oponente.

Propuesta para el trabajo SIMÉTRICO.

En esta situación diestro-diestro o zurdo-zurdo, el **control y dominio de la manga** es fundamental y todo el sistema construido gira en torno a este objetivo. No conseguirlo implicaba, en mi caso, reducir mucho las posibilidades de victoria, por lo que resultaba vital concentrarse a nivel actitudinal en mejorar mis destrezas sobre este punto. Lo digo porque a menudo veo judocas que lo hacen (biomecánicamente a un diestro le es imposible atacar por la derecha sino ancla un punto de apoyo con su mano izquierda, con lo cual muchos "cogen" esa manga si pueden). La cuestión es que entre "coger" o/y "dominar" hay mucha diferencia conceptual, y el objetivo siempre debe ser dominar esa manga, y no conformarse con cogerla y que el otro pueda cogerme a mí también.

Partiendo de esa idea como objetivo principal, fui desarrollando diferentes situaciones de juego que se daban en mis combates, puesto que no pasó mucho tiempo en que se dieran cuenta de que lo que yo quería casi obsesivamente era la manga y mis rivales me fueron poniendo problemas. Tuve entonces que diseñar un sistema que abordará y buscara soluciones tácticas ante todas esas diferentes situaciones para acabar cogiendo la manga que necesitaba. Algunas de las salidas que tenía entrenadas estarían con el reglamento actual casi ya descatalogadas, y en ese sentido, y ya como entrenador, he tenido que volver a adaptarlas a los tiempos actuales.

Pues bien, yo propongo 5 tipos de salidas diferentes en función de la situación que se da para cumplir con mi sistema y abordar "todo lo que ocurre" en los combates con los diestros (simétricos).

1ª SALIDA. Coger la manga directamente. Esto rara vez ocurre a partir de cierto nivel, pero no debemos olvidar que este texto se centra en etapas de formación y en sentar unas bases de trabajo táctico. De lo sencillo a lo complejo. Coger la manga directamente es posible en categorías de formación y hay que contemplarlo como una posibilidad real. Sobre esta salida básica, como entrenador puedo desarrollar sub-tareas que me ayuden a mejorar otros aspectos colaterales de vital importancia también, como pueden ser el desplazamiento, el trabajo a una mano si procede, o, por supuesto, mi trabajo técnico posterior, sin olvidarme tampoco de diseñar tareas que me ayuden a mejorar ese agarre de manga una vez lo tengo.

Foto 1. Trabajo de 1ª salida en la que busco directamente la manga.

Foto 2. Trabajo de coger directamente la manga presionando la postura del rival.

2ª SALIDA. Coger solapa directamente. Cuando tu oponente esconde la manga que tú quieres, la segunda opción es coger su solapa con tu izquierda. La ventaja de esta acción es que la solapa es siempre fácil de coger; por el contrario, la debilidad de esta salida es que cogiendo solapa no neutralizas a tu oponente, que siempre puede agarrarte y anticiparse a tu trabajo si no lo has hecho tú primero. En cualquier caso, en mi propuesta cuando haces 2ª salida tienes dos opciones:

a) "Sacar del sitio" para atacar con técnicas a un agarre (Seoi-nage, Ko-uchi gari, Harai-makikomi...)

b) Sacar del sitio para acabar subiendo la derecha y volver a dominar la manga cuando necesariamente tu oponente diestro vaya a sacarla de nuevo para agarrarse.

Foto 3,4 y 5. Muestran los tres pasos de la segunda salida a solapa, cuando el objetivo es llegar finalmente a la manga.

Es importante tener en cuenta dos conceptos tácticos generales:

1. **"Sacar del sitio"** implica hacer Judo circulando o en diagonal hacia atrás y nunca hacia adelante, obligando a tu oponente a que se "salga del sitio" y de su zona de estabilidad. Este concepto lo aprendí de Vicente Rochela.

2. Nunca debo mantener este agarre de solapa sino pretendo atacar. Es decir, o ataco a una mano, o subo la otra buscando acabar cogiendo la manga, pero no mantengo el agarre.

3ª SALIDA. Coger su solapa derecha con mi derecha, "abanicar", y buscar un ataque hacia adelante que generalmente es un Ko-uchi-gari a una solapa que me permita desequilibrar lo suficiente como para que sea considerado un ataque valido, o bien pueda volverle a coger la manga. Es necesario matizar que hay que adaptar la salida al reglamento actual teniendo en cuenta que no puedo mantener esa postura sino ataco, pero es factible hacerlo. La acción de "abanicar" se convierte en necesaria en esta salida, ya que nunca hay que perder de vista la idea de que el oponente también juega y que posiblemente lo que quiere sea tu manga derecha. Si con ella agarras la solapa de tu oponente y no abanicas, probablemente no solo no desequilibras, sino que además dejas el punto fijo para que tu oponente te coja y te neutralice.

Foto 6. Muestra el comienzo de la 3ª salida simétrica, dónde se abanica el agarre para no ser cogido por el rival y, al mismo tiempo, desequilibrar lo suficiente para poder hacer una técnica tipo Ko-uchi-gari a un agarre. La idea es acabar cogiendo manga de nuevo.

4ª SALIDA. Subir a la red. Le llamo así porque el tenista que decide subir a la red es porque busca que el punto termine. Este era el recurso técnico más usado en algunos otros modelos de juego de mi época y consiste en con agarre de solapa cruzar mi agarre y llevarlo lo más atrás posible. En mi sistema no desaparece, pero lo uso como un recurso dentro de un contexto de combate determinado, y en el cual voy perdiendo, queda poco tiempo, y no me importa arriesgar. Tengo que tenerlo entrenado y tener en cuenta que cuando "subo a la red", pueden pasar varias cosas:

a) Que presione lo suficiente a mi oponente para que me intente contrar y yo me aproveche de ello (es lo que busco).

b) Que saque una sanción a mi oponente por falta de combatividad o por salirse (debo saber hacerlo y jugar con esa impresión de que estoy atacando sin irme al suelo).

c) Que no sepa atacar ni presionar, y me sancionen a mi por agarre cruzado.

Foto 7. Subida a la red buscando que el rival quiera contrar para acabar cayendo encima. 4ª salida simétrica

Una vez que automatizo estas cuatro salidas a través de los diferentes métodos de perfeccionamiento en Judo (Yakusoku-renshu, Kakari-geiko, Tandoku-renshu, etc), añadiría una 5ª salida para completar el sistema.

5ª SALIDA. Agarro con mi derecha su solapa izquierda y busco una entrada -ahora si- por el lado contrario. Un buen sistema de competición debe de estar cargado de "actos determinantes" (García, 2012). Como he explicado anteriormente, para mí, ser capaz de atacar en un momento dado por el lado contrario al que marca tu postura es uno de esos "actos determinantes" que la táctica te permite acometer. No es la base de mi propuesta, pero puede darte combates. Es importante entender que si decido hacer esta salida es para atacar inmediatamente, pues de no hacerlo mi rival dominará mi manga derecha y podrá neutralizar mi Judo. Si lo hago así, convertiré una debilidad en una fortaleza táctica, capaz de anticiparse y sorprender a mi adversario.

Foto 8 y 9. La primera foto muestra la postura inicial de la salida y como el judoca blanco invierte el orden de las manos para acabar agarrando primero con la derecha. La segunda foto muestra la entrada por la izquierda, que pretende anticiparse y sorprender a un rival que presuntamente espera un ataque por la derecha.

Completaría este sistema de competición básico fundamentado en las salidas con algún trabajo específico de encadenamiento pie-suelo.

Propuesta para trabajo ASIMÉTRICO

Del mismo modo que he estructurado por salidas el trabajo simétrico, haré lo mismo con el asimétrico. Para desarrollar esta parte del sistema de competición tenemos que analizar las cuestiones clave de la postura que se produce en un combate de estas características. Son cuestiones a tener muy en cuenta que la manga que yo tenía como objetivo con los diestros ahora con los zurdos se encuentra lejos de mi alcance. Un judoca con un buen sistema de competición asimétrico nunca debería entregar la manga de lejos, o, dicho de otra manera, nunca debería ir "a la desesperada" a por la manga alejada del rival, ya que al hacerlo es más fácil que tu oponente te saque de tu zona de estabilidad y por consiguiente pueda proyectarte fácilmente. Por lógica entonces, si aceptamos que "los buenos" nunca te dan la manga de lejos, innegociablemente tenemos que lidiar la batalla con el otro brazo (el diestro para los diestros y el brazo izquierdo para los zurdos). Ambos lados están cerca, por lo tanto, sí o sí entrarán en interacción.

1ª SALIDA. Agarrar por dentro. Es la base del combate. Agarrar por dentro respecto al agarre de mi oponente zurdo me permite controlar la distancia a la que yo quiero luchar. Conseguir esto, ya es mucho ganado en un deporte de contacto. Si yo no controlo la distancia a la que lucho y solamente sé "apañármelas" cuando me pego al oponente, ¿cómo voy a ser capaz de controlar esa situación durante cuatro luchas seguidas para ser campeón? Difícil de imaginar. Si dejo que esto pase o funciono de esta manera, en alguna acción de las muchas que se dan en las luchas me saldrá cruz y perderé el combate. Ahora bien, para que ese agarre por dentro sea funcional y me permita controlar la distancia a la que lucho, es necesario que mi mano esté lo suficientemente alta como para separar la cabeza de mi oponente cuando este quiera acercarse a mi para atacar o fijarme con su agarre. Si analizas combates de gente joven, observas a menudo que van con las dos manos a la vez a por el oponente y que, producto de su inexperiencia y de la ausencia de un modelo de juego sensato, necesitan estar pegados para luchar. En muchas ocasiones, cuando son judocas que conocen esta salida, observo que lo que falla es que su mano se queda demasiado abajo con lo que deja de ser efectiva y el oponente no tiene problemas en "chapar" a su adversario. No es el sistema el que falla, es su puesta en práctica, seguramente por falta de concienciación o necesidad de más horas de trabajo.

Foto 10. Modo correcto de cómo y dónde poner la mano drcha. para que ese agarre permita controlar la distancia del oponente.

Foto 11. Ejemplo de lo que ocurre cuando la mano que agarra por dentro se sitúa demasiado debajo de dónde debería de estar.

Dentro de esta salida principal, como ya ocurría con el trabajo simétrico, hay muchas subtareas que se pueden diseñar para mejorar su rendimiento, ya sean trabajos de desplazamiento o de técnica. Algunas de estas subtareas que pueden hacer al judoca más experto en el desarrollo de este trabajo pueden ser:

a) Estando a una mano por dentro, usar la otra que está libre para pegar un empujón al brazo con el que estás agarrando y forzar a que su brazo derecho venga hacia a ti y poder cogerle esa manga

Foto 12. Momento en que el judoca de blanco aprovecha el empujón de su mano izquierda para desequilibrar y atraer el lado derecho del judoca azul y así poder cogerle la manga de lejos.

a) Acciones en que dejas que el otro te cierre a dos manos y cuando lo hace aprendes a sacar el hombro para que no te cierren y poder estar lejos del oponente.

b) Una vez que coges la manga de lejos, aprender a circular hacia los dos lados. Desde mi punto de vista, circular hacia la derecha te aporta una mayor ventaja táctica respecto al oponente zurdo.

Numerosos judocas jóvenes no tienen calma en esa situación a una mano y en seguida necesitan agarrar con la otra. En muchas ocasiones lo que hacen es "regalar" la manga al rival y permitir que éste pueda sacarles del sitio en un ataque efectivo. Es importante hacerles entender pues que aprender a manejarse a una mano y ser pacientes es fundamental en su aprendizaje. También considero imprescindible en este trabajo que nuestro judoca aprenda a atacar a una mano por su lado. No hay muchas técnicas posibles para un diestro desde esa posición táctica a un solo agarre, pero un Ko-uchi-gari o un Morote "invertido" pueden ser una solución, mientras que a una mano por el lado contrario un Seoi-nage, un Kata-guruma sin tocar pierna o un Ko-uchi-makikomi podrían ser la solución escogida. En cualquier caso, y teniendo en cuenta las normas de arbitraje de hoy en día, es importante saber llevar la iniciativa desde esa situación táctica para no dar a entender que "no quieres luchar".

Foto 13. Ejemplo de cuando un judoca entrega de manera inconsciente la mango de lejos a su oponente desequilibrándose y saliendo de su zona de estabilidad.

Pero ¿y si el oponente zurdo juega a lo mismo que yo y es él el que consigue agarrar por dentro y su modelo se impone al mío? Para eso sirve un buen sistema de competición, para tener estudiadas todas las posibilidades del juego y tener trabajadas alternativas tácticas.

2ª SALIDA. Aún siendo el otro el que agarra por dentro, abro un hueco con mi brazo izquierdo y paso mi codo derecho por encima y por dentro del suyo. De esta manera, aunque mi rival sea el que agarra por dentro, yo neutralizo su ventaja. Es cierto que yo tampoco puedo atacar demasiado con ese agarre -quizá algún Morote invertido pueda salir- pero el rival pierde la ventaja táctica que tiene al agarrar por dentro. Personalmente, realizaba esta salida cuando el combate lo llevaba a favor en la puntuación y solo tenía que preocuparme de controlar las sanciones, pero nunca para remontar un marcador adverso o ante la necesidad de atacar.

Foto 14. 2ª salida asimétrica en la que el judoca de blanco pasa por arriba del agarre del azul para meter el codo con la idea de que el judoca azul no pueda sentirse cómodo por dentro.

3ª SALIDA. Invertir el orden de los agarres y en vez de ir primero con mi derecha, agarro con mi izquierda su solapa derecha (intentando no salirme demasiado de mi zona de estabilidad), y aplico una situación similar a la segunda salida simétrica, es decir, o bien desplazo y abro con idea de subir la derecha arriba y acabar cogiendo la manga, o bien busco un ataque desde esa posición, con ese agarre, y en ese desplazamiento. Está era mi favorita cuando no era capaz de conseguir afianzar el combate en la primera salida.

Foto 15 y 16. Inicio y paso intermedio de la 3ª salida asimétrica, abriendo el desplazamiento con idea de subir la dcha. para acabar cogiendo manga. El judoca blanco también podría lanzar un ataque antes de subir la drcha.

4ª SALIDA. En mi propuesta es la **típica acción de cruzar el agarre para buscar un "combativo" o una acción de Sumi-gaeshi.** Sería la equiparable a subir a la red en la situación simétrica, es decir, en mi caso, solo lo hacía cuando la acción era muy clara o cuando tenía que arriesgar y no me importaba jugármela.

Foto 16. Nada más comenzar la 4ª salida asimétrica debo de empezar a atacar para evitar la sanción y conseguir mi objetivo de puntuar.

Soy consciente de lo complicado y tedioso que puede ser hablar de un sistema táctico en Judo sin poder mostrar ejemplos "en vivo", y confío en que las fotografías ayuden a clarificar lo que se explica. En cualquier caso, muestro a continuación un resumen a modo de conclusión de las partes más importantes de esta propuesta táctica, tanto en situación simétrica como asimétrica.

Resumen del trabajo simétrico
- Acabar DOMINANDO la manga es el aspecto clave de esta propuesta. "Coger" no es "dominar".
- Debo ser capaz de conseguirlo desde cualquier situación que se de en el combate. Para ello debo de tener estudiadas y trabajadas todas las posibilidades. Debo ser un especialista en esto.
- Como recurso, debo de tener capacidad para realizar un ataque a lado cambiado desde la 5ª salida.
- Una vez tengo la manga puedo circular hacia cualquier lado, pero "la calidad" me la da el circular hacia la derecha (hablando siempre desde el punto de vista de un diestro; caso contrario siendo un zurdo).
- Un buen sistema de competición debe contemplar los trabajos de continuidad pie-suelo (tanto con acciones de suelo como con acciones de pie), y también los recursos técnico-tácticos para poder arriesgar y darle la vuelta a un combate que se acaba y lo tengo perdido.

Resumen del trabajo asimétrico
- Conseguir agarrar por dentro es el objetivo táctico principal ante un oponente del lado contrario. Dominar por dentro es controlar la distancia y poder decidir sobre la defensa y el ataque.
- No hay que salirse de nuestra base de equilibrio mientras lucho y trato de conseguir la manga de lejos. Una vez consigo agarrar y estabilizar mi agarre por dentro, debo tener paciencia, saber leer el combate, y empezar a luchar por la otra manga sin hacer regalos tácticos.
- Debo saber atacar tanto a un agarre por mi lado como a un agarre por el lado contrario. Esos dos recursos harán más completo mi sistema de competición y hará que aumenten las posibilidades de victoria. A veces, solo con actitud y un buen desplazamiento es suficiente para obtener la victoria.
- Debo tener claras las alternativas ante la imposibilidad de dominar el combate por dentro.
- Como en el combate simétrico, debo tener alguna acción táctica preparada para arriesgar y dar la vuelta al combate buscando sorprender.

REFERENCIAS BIBLIOGRÁFICAS

García García, JM. (2012). Rendimiento en Judo. Barcelona. Editorial OnXsport.

Seirul-lo Vargas, F. (2017). El entrenamiento en los deportes de equipo. Barcelona. Editorial Mastercede.

ANÁLISIS TÉCNICO-TÁCTICO EN JUDO

Emerson Franchini
Raquel Escobar-Molina

Introducción

Analizar las acciones producidas entre oponentes en situaciones de lucha es un proceso que ya se realizaba desde antaño. Sun Tzu, en su libro "El arte de la guerra", citaba que *"con muchos cálculos cuidadosos se puede vencer, con pocos no es posible. ¡Cuán poca posibilidad de victoria se tiene cuando nada se calcula!, es decir, que examinando la situación, podemos anticipar el resultado de una batalla"*. De igual forma, existen relatos sobre Myamoto Musashi, donde se constata que se entrenaba a sí mismo en aspectos de observación y de intuición, considerando a éstos más importantes que la propia técnica (Wilson, 2005). De hecho, en uno de los capítulos de su libro *Go Rin no Sho*, Musashi estableció que *"la estrategia es el camino del guerrero"*. Actualmente, las tecnologías de adquisición y procesamiento de datos proporcionan una valiosa información que contribuye al perfeccionamiento de los métodos de entrenamiento técnico y táctico, así como a la orientación del atleta durante la competición, aumentando en mucho sus posibilidades de éxito. Así, el análisis técnico y táctico en deportes de combate en general y, en el judo en particular, puede contribuir, entre otros aspectos, a determinar los elementos constituyentes de una acción exitosa y facilitar el desarrollo de esa habilidad, a ser utilizado para estudiar a un oponente e, incluso, para ayudar al árbitro en su proceso de formación.

En este sentido, cuando llevemos a cabo el análisis sobre la ejecución técnica específica en situación de entrenamiento hay que considerar factores como el concepto que el judoca tiene sobre su ejecución, es decir, si la ejecuta como la concibe, y con la ejecución en condiciones de competición, es decir, comprobar que lo que se hace en entrenamiento se reproduce en competición. De igual forma, cuando analicemos al oponente, es interesante hacerlo en dos momentos: a corto plazo, es decir, analizar al oponente en un evento puntual, donde se buscan patrones para aumentar la probabilidad de victoria y a largo plazo, cuando se analiza al oponente con el oponente más frecuente donde se busca determinar los patrones más consistentes de acciones y preparar situaciones y estrategias de lucha, empleando para ello a compañeros de entrenamiento que simulen las acciones del oponente en competición.

En el caso del judo, cuando hablamos de patrones nos referimos, sirvan como ejemplo, a la dominancia del oponente (diestro, zurdo, ambidiestro), al posicionamiento del cuerpo del rival (postura más erguida, más baja), a la zona preferente de ataque (zonas centrales o laterales), a los movimientos más frecuentes y su efectividad (lucha empujando, tirando, ejecutando desplazamientos laterales), a las direcciones más habituales de ataque, a las combinaciones de técnicas preferidas y de mayor éxito, a la supremacía de una actitud ofensiva o contraofensiva, al momento de la lucha en el que es más eficaz, a la transición de la lucha pie-suelo, a las acciones predominantes en la lucha de suelo, al comportamiento del oponente en situaciones de ventaja o desventaja en el marcador o a luchar con adversarios diestros o zurdos, entre otros.

Así, el análisis técnico-táctico permitirá al entrenador detectar puntos fuertes y débiles, tanto de sus judocas como de sus adversarios y en dos situaciones muy distintas pero complementarias, como son el entrenamiento y la competición, con el objetivo de planificar las sesiones de trabajo para conseguir el máximo rendimiento.

Por ello, en este capítulo abordaremos las principales publicaciones científicas sobre factores relevantes en cuanto al análisis técnico y táctico en combates de judo, finalizando éste con una serie de conclusiones y aplicaciones prácticas que sean de utilidad para el entrenador y repercutan positivamente sobre su/s judoca/s.

Estructura de la Lucha en Judo

La lucha en judo se puede resumir en las acciones presentadas en la siguiente figura.

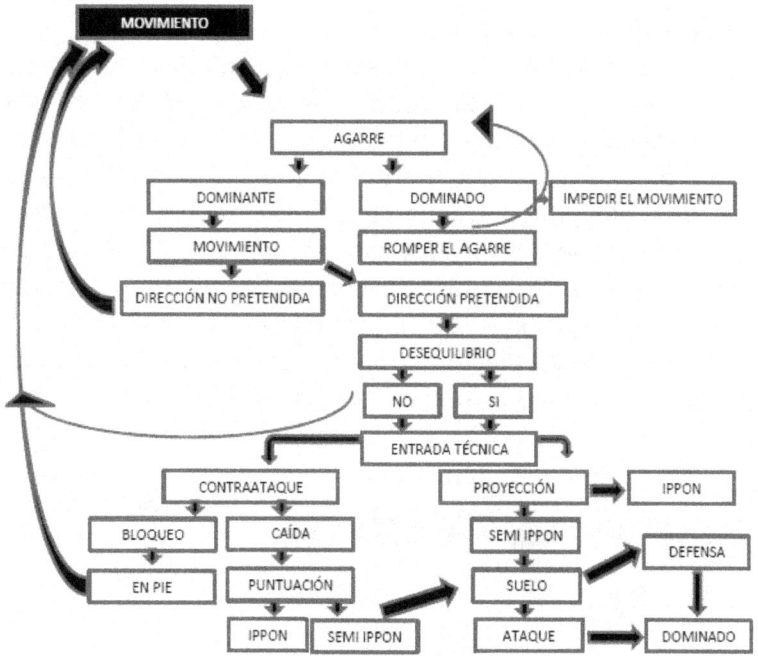

Figura 1: Traducción de las principales acciones en una lucha de judo (Adaptado de Franchini, 2006).

Básicamente, la lucha entre los judocas tiene como objetivo ganar ventaja en términos de conseguir una correcta posición para intentar dirigir el movimiento de su adversario hacia una determinada dirección, para realizar el desequilibrio (kuzushi) y facilitar la ejecución de una técnica de proyección. En condiciones ideales, la técnica resultaría en ippon y el combate concluiría. Todo esto nos lleva a dividir un combate en las siguientes fases: Aproximación, lucha por el agarre (kumi-kata), lucha en pie (tachi-waza), transición pie-suelo y lucha en el suelo (ne-waza) y, en todas ellas, una serie de acciones pueden ser ejecutadas, junto con el dominio de uno u otro judoca, así como la capacidad de ejecución técnica, anticipación y reacción de cada uno, determinarán las posteriores secuencias y, por tanto, el resultado de la lucha (Franchini, 2006).

Además de estas fases características en judo, y que describiremos con posterioridad, hay diferentes factores que han sido evaluados a lo largo de un combate y que deberían ser tenidos en cuenta en la preparación del judoca. El primer factor a ser considerado, y de más fácil determinación, es la duración de las acciones realizadas durante el combate. A nivel general, podemos dividir el combate en tiempo válido de lucha y tiempo efectivo total. Durante el tiempo válido existen acciones llevadas a cabo en pie, en transición de la lucha pie-suelo y en la lucha en suelo. En el caso de la lucha en pie se desarrollan acciones de aproximación, disputa de agarres, desplazamientos, desequilibrios y entrada de técnicas de proyección. En la transición, se producen situaciones de control o no de la situación, a través de la ejecución técnica de una proyección exitosa o de una técnica de proyección que no resultó en puntuación. Por su parte, la lucha en el suelo puede resultar en inmovilización, estrangulación o luxación o no tener desenlace positivo y ser interrumpida por el árbitro. La duración de algunas de las fases mencionadas anteriormente han sido determinadas en algunos estudios (Marcon et al., 2010; Miarka et al., 2014) al igual que ciertos factores como es el caso de la estructura típica de la lucha en la categoría senior, tal y como podemos observar en la Figura 2.

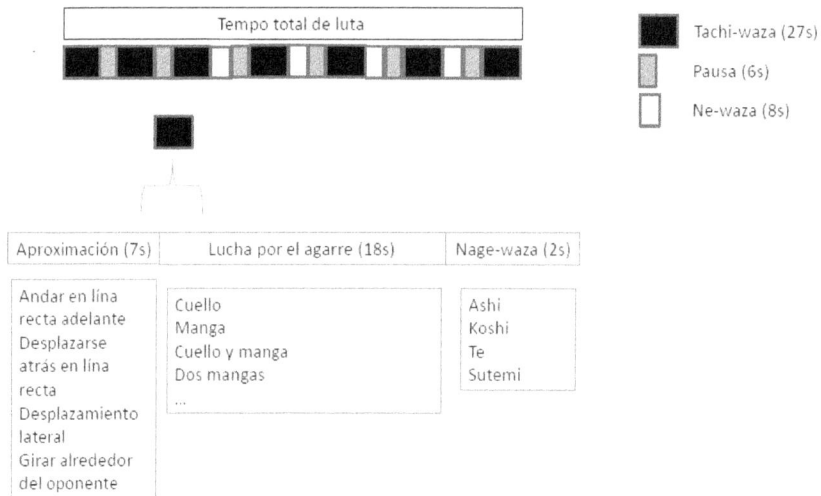

Figura 2: Estructura de la lucha en judo en categoría senior (Adaptado de Miarka et al. 2014).

Obviamente, existen variaciones en términos de secuencia de acciones y de sus duraciones. De igual forma, en la revisión realizada por Franchini et al. (2013) quedó demostrado que el tiempo válido de una secuencia de lucha dura de 20 a 30s, mientras que el tiempo de pausa típicamente dura de 7 a 14s, haciendo que la relación esfuerzo-pausa de una lucha de judo esté en una ratio 2:1 o 3:1. Esta relación esfuerzo-pausa presenta diversas implicaciones para el entrenamiento técnico-táctico y para el desarrollo de protocolos de acondicionamiento físico de los judocas, ya que sirve de referencia para entender la demanda de la lucha en judo. A pesar de los cambios en las reglas de este deporte a lo largo de las dos últimas décadas, esta estructura temporal parece no haber sido alterada, pues las duraciones del período de actividad y de pausa, así como la relación esfuerzo-pausa son similares entre estudios realizados a lo largo 1980 (Sikorski et al., 1987), 1990 (Castarlenas y Planas, 1997) y en los años 2000 (Van Malderen et al., 2006; Miarka et al., 2014). Además, no parece existir variación importante entre judocas del sexo masculino y femenino (García y Luque, 2007; Van Malderen et al., 2006).

En lo relativo al tiempo efectivo total de los combates se han reportado valores en torno a 3min (2min52 ± 1min28s según Castarlenas y Planas, 1997 y 2min55min ± 1min50s en el caso de Sterkowicz y Maslej, 1998). Sin embargo, un estudio reciente (Calmet et al., 2017a) demostró una disminución del tiempo total de lucha entre los Juegos Olímpicos de Londres (aproximadamente 270s) y los de Río (aproximadamente 200s), aunque no ocurrió lo mismo en los dos últimos mundiales de judo (Calmet et al., 2017b) en los que la duración de los combates estuvo en torno a los 200s.

Otros trabajos se han centrado en el estudio de los tiempos de lucha en tachi-waza y en ne-waza, con valores de 2min05s ± 1min10s (Castarlenas y Planas, 1997) y 2min11s ± 1min28s (Sterkowicz y Maslej, 1998) para el primer caso y 54 ± 38s (Castarlenas y Planas, 1997) y 43 ± 42s (Sterkowicz y Maslej, 1998) para el segundo. Además, Castarlenas y Planas (1997) determinaron que la lucha típica en judo presentaba 11 secuencias en pie y 3 en suelo, mientras que Miarka et al., (2014) indicaron 7 secuencias y 4 respectivamente, sugiriendo un incremento del tiempo de lucha en el suelo en los últimos años.

Retomando las fases del combate de las que hablábamos con anterioridad (aproximación, lucha por el kumi-kata, lucha en pie, transición pie-suelo y lucha en suelo), en lo que a la fase de aproximación se refiere, hay estudios (Marcon et al., 2010, Miarka et al., 2014) que demostraron que esta fase tiene una duración de entre 4 a 7s, en la que judocas más avanzados tardaban más tiempo para establecer su agarre en relación a judocas de nivel intermedio y principiantes (Calmet et al., 2010). Esta fase se caracteriza por una alta velocidad de los miembros superiores, movimientos de baja a moderada intensidad de los miembros inferiores y necesidad de precisión y coordinación óculo-manual para establecer el kumi-kata. Como el agarre es extremadamente importante para las fases subsiguientes del combate, la fase de aproximación debe ser entrenada sistemáticamente, de modo que el judoca consiga establecer su agarre dominante al enfrentarse con adversarios de diferentes características (diestros, zurdos, más altos, más bajos, en desplazamiento a diferentes direcciones, entre otras).

En cuanto a la fase de lucha por el agarre propiamente dicho Weers (1997) propuso una clasificación amplia de los agarres en ai-yotsu o agarre similar, es decir, judoca zurdo contra zurdo, kenka-yotsu o agarre de izquierdas contra adversarios diestros y viceversa, agarre al final de la manga y agarre "sin forma" o variable. Observaciones iniciales indicaron que judocas de nivel internacional frecuentemente dominaban el cuello antes que la manga, presentaban bajo tiempo entre el agarre y la entrada de la técnica y utilizaban, en mayor medida, la posición en kenka-yotsu. Al analizar los Juegos Olímpicos de Atlanta de 1996, teniendo como base esta clasificación, Weers (1997) verificó un predominio del agarre del tipo kenka-yotsu, tanto entre los judocas del sexo masculino (45%) como del sexo femenino (50%), generando un total de 48% cuando los dos sexos se agrupaban. A continuación, el agarre predominante era el denominado "sin forma", con un total del 43% para el sexo masculino, un 30% para el femenino y un 37% en ambos casos. El agarre del tipo ai-yotsu representaba el 8% para el masculino, el 14% para el femenino y el 10% al agrupar los dos sexos. El resto estaba compuesto por el tipo de agarre denominado final de la manga.

El uso más frecuente de kenka-yotsu parece estar justificado por el hecho de que la posición adoptada para dicho agarre aumenta la distancia entre los oponentes, haciendo que sea más difícil ser atacado en tal posición. El agarre "sin forma", a su vez, implica mayor variabilidad y menor previsibilidad de acciones, haciendo que el oponente tenga más dificultad en establecer una estrategia única para lidiar con las acciones del adversario. El agarre en ai-yotsu, al mismo tiempo que permite acciones de ataque más directas, también hace que el judoca esté más expuesto a ataques, dado que la distancia entre los adversarios es menor en este tipo de situación. Por último, el agarre al final de las mangas es poco utilizado, pues normalmente se caracteriza una postura defensiva y genera sanción con facilidad. Por lo tanto, es probable que los judocas adopten ese tipo de posición cuando intentan mantener una actitud defensiva, normalmente cuando están en ventaja en el marcador, aunque se requieren más estudios para verificar cómo los tipos de agarres varían en el transcurso del combate. Un aspecto muy importante para esta clasificación, propuesta por Weers (1997), es que aunque el agarre en kenka-yotsu es el más usado en las fases preliminares de una competición (masculino = 49%, femenino = 52%) y en la repesca (masculino = 54%, femenino = 57 (%), el agarre "sin forma" es el más característico en la fase de disputa de medallas (masculino = 63%, femenino = 70%). La explicación a este hecho puede deberse a que en esta fase se concentran los mejores judocas de la competición y, un cambio en el tipo de agarre parece ser esencial para conseguir la victoria. Es por ello que, de cara a los entrenamientos, los judocas deberían trabajar situaciones en las que haya variación constante del tipo de agarre. Aunque no se ha establecido cuánto de variación es necesario, parece ser importante que ella sea generada con alteración constante en la forma de aproximarse al adversario, así como la variación frecuente de oponentes y el entrenamiento de situaciones específicas que puedan ser transferidas a la competición. Existe, incluso, un libro completamente dedicado a práctica de diferentes tipos de kumi-kata (Adams, 1992), aunque buena parte de las sugerencias presentadas en él ya no están permitidas por las reglas actuales, especialmente en cuanto a las formas de bloqueo y cierre del agarre del adversario.

Es interesante destacar cómo el modo en el que se establece el agarre y la duración de cada una de las fases son distintas entre judocas de diferentes niveles (Calmet et al., 2010). Estos autores dividieron la fase de aproximación, de agarre y de entrada de la técnica en preparación, intento de agarrar sin contacto, intento de mantener con contacto, una mano con dominio / contacto, una mano con dominio y la otra en fase de contacto, dos manos con el agarre, el ataque y la proyección. Destacar que en las fases de aproximación hasta la fase de una mano con agarre y la otra en fase de contacto, los principiantes dedicaban menos tiempo que los de nivel intermedio y éstos menos tiempo que los judocas de nivel avanzado. Sin embargo, a partir del dominio del agarre con las dos manos hasta la proyección la situación se invertía, o sea, los principiantes pasaban más tiempo que los judocas de nivel intermedio y éstos más tiempo que los atletas de nivel avanzado. Estos datos indican que el dominio del agarre es mucho más complejo y retardado entre judocas de nivel avanzado en relación a los otros dos grupos, pero que una vez que el agarre había sido establecido estos judocas saben muy bien qué hacer e invierten menos tiempo en esta acción. Dos aspectos importantes parecen contribuir a ello: (1) es muy probable que los judocas avanzados demoren el establecimiento del agarre, pues lo hacen de forma muy elaborada de modo que esto permite la entrada de la técnica de forma secuencial al agarre establecido; (2) el sistema defensivo de estos judocas está extremadamente desarrollado, lo que hace que el proceso de establecimiento del agarre sea más difícil de ejecutar y, si la técnica no se aplica inmediatamente, estos judocas tengan condiciones de romper el agarre del atacante y reiniciarse el procedimiento. Sin embargo, cabe destacar que este fue el único estudio que analizó detalladamente ese patrón, por lo tanto, es necesario corroborar estos resultados para poder generalizar. Además, no se conocen estudios que hayan analizado la alteración del patrón del agarre a lo largo de la carrera de judocas de cualquier nivel de competición.

De hecho, la iniciativa para efectuar el agarre, que depende de un buen desplazamiento en la fase de aproximación, se presenta con mayor frecuencia en judocas que ganan el combate en relación a los que lo pierden (Courel et al., 2014). Asimismo, los primeros son más eficientes (alrededor del 20% cuando las diferentes categorías son consideradas) en relación a los segundos (eficiencia en torno al 5%). Por tanto, además de tener menos frecuencias de acciones buscando establecer el agarre, los judocas derrotados son menos eficientes en este importante fundamento de la modalidad que estamos tratando (Courel et al., 2014). Los autores también indicaron que había mayor probabilidad de eficiencia del ataque (1,79) cuando existía un acoplamiento entre el agarre en kenka-yotsu y la ejecución técnica, mayor probabilidad de victoria (2,02) cuando el acoplamiento se producía entre el agarre en ay-yotsu y la técnica de proyección o entre el agarre en kenka y ai-yotsu (1,53) y la técnica de proyección. Por todo lo argumentado, el entrenamiento debe ir encaminado a la realización de una fase de aproximación eficiente, al dominio del agarre y al acoplamiento del agarre en relación a la técnica que será ejecutada.

La siguiente fase del combate es justamente la lucha en pie con el objetivo de conseguir una proyección, forma por la cual la mayor parte de las puntuaciones se obtienen en el judo. Esta es la fase más corta de lucha, con acciones de duración entre 1 a 3s. Los estudios iniciales sobre la prevalencia de las técnicas de proyección se han hecho en base a la clasificación tradicional del judo. Uno de los estudios pioneros en abordar el tipo de técnicas en competiciones de alto nivel fue el de Matsumoto et al. (1978), en el que las técnicas del grupo ashi-waza predominaban en los campeonatos japoneses de 1970 (78,1%) y 1971 (77,0%), seguidos por las técnicas de te-waza (13,1% y 13,0), sutemi-waza (4,1% y 5,0%), koshi-waza (3,9% y 2,8%, respectivamente) y, por último, técnicas de katame-waza. Al comparar los campeones olímpicos o mundiales con medallistas de plata y bronce, Sterkowicz y Franchini (2000) observaron que los judocas del primer grupo utilizaban con más frecuencia las técnicas de ashi-waza

(46,15%) en relación a los demás medallistas (35,76%), pero al contrario ocurría con las técnicas de sutemi-waza (campeones olímpicos y mundiales = 6,15%, resto de medallistas = 14,85%), sin ninguna otra diferencia observada para los demás grupos de técnicas. Los autores atribuyeron esas dos diferencias al hecho de que las técnicas de ashi-waza son muy utilizadas como técnicas de apertura para otras técnicas, son técnicas con mayor dificultad para contraatacar, pues se aplican mayormente de forma frontal, además de ser técnicas que, habitualmente, conllevan un menor gasto energético, lo que haría que su uso resultara en un mayor éxito competitivo. Sin embargo, las técnicas de sacrificio pueden considerarse arriesgadas por facilitar la acción de transición para la lucha de suelo por parte del oponente o pueden ser interpretadas más fácilmente como falso ataque y, en este sentido, son más peligrosas.

Otro punto importante que diferencia a judocas ganadores y perdedores fue presentado en el estudio de Matsumoto et al. (1978), en el que se determinó que el 67,7% de los combates eran vencidos por quienes atacaban más y el 25,8% por quienes habían atacado menos, y en los que 6,5% de los combates, los dos judocas habían efectuado la misma cantidad de ataques. Por lo tanto, es necesario que los judocas adopten una actitud de combatividad, evitando posturas más defensivas especialmente en los años de formación. Esta postura más combativa probablemente llevó a los judocas a una mayor diversificación de sus acciones, otro factor que fue identificado como relevante para conseguir el éxito en el combate, dado que un mayor porcentaje de victorias (61,3%) fue observado en judocas que utilizaban técnicas diferentes (Matsumoto et al., 1978).

El estudio de la década pasada (Franchini y Sterkowicz, 2002) aportó información a este hallazgo, al demostrar que el 58% de los judocas ganadores en campeonatos mundiales (1995 a 1999) y en Juegos Olímpicos (1996) empleaban, en su último combate, una técnica diferente de aquéllas empleadas en los combates anteriores. La variación parece ser un elemento clave en judo, como elemento impredecible para el adversario, tal y como se evidenció tras establecer la relación entre el agarre y las técnicas de proyección.

Adicionalmente, Calmet y Ahmaidi (2004) verificaron que las direcciones de ataques varían en diferentes grupos de edad. Estos autores consideraron las ocho direcciones tradicionales de ataque en el judo y demostraron que los medallistas en campeonatos europeos presentaban

4,7 ± 0,8 direcciones de ataque frente a 3,3 ± 0,9 en los judocas senior de menor nivel competitivo y que estos dos grupos presentaban valores superiores al grupo infantil (2,3 ± 0,9 direcciones de ataque), aunque no diferían de los grupos cadete (2,8 ± 0,9 direcciones de ataque) y junior (2,6 ± 1,1 direcciones de ataque). Utilizando sólo cuatro direcciones de ataque y, con la restricción de técnicas a partir del mismo agarre, Franchini et al. (2008) también demostraron que poseer mayor número de direcciones de ataque discriminaba a judocas de altísimo nivel (masculino = 3,7 ± 0,7 direcciones de ataque vs femenino = 3,8 ± 0,5, entre aquéllos con al menos un título olímpico o mundial y una medalla en estas competiciones, de hecho, los mejores judocas, en términos de resultados en campeonatos mundiales y Juegos Olímpicos de cada categoría en el período entre 1995 y 2001) de aquéllos de alto nivel, pero que no consiguieron título mundial u olímpico y menos de tres medallas en estas competiciones (masculino = 3,1 ± 0, 8 direcciones de ataque vs femenino = 2,9 ± 1,0). De hecho, sólo dos atletas (uno de cada sexo en el grupo de mayor nivel no tenían ataques para las cuatro direcciones consideradas. La importancia de la variación de direcciones de ataque, especialmente partiendo de un mismo agarre, está vinculada al hecho de que hay mayor dificultad para el oponente en establecer un desplazamiento seguro para evitar las acciones del contrario. Así, cuando se utiliza sólo una dirección de ataque es bastante fácil evitar los desplazamientos en esa dirección; cuando se utilizan dos direcciones, se puede establecer claramente una línea de aplicación de la fuerza. Sin embargo, cuando se utilizan tres o más direcciones, las combinaciones resultan muy amplias y el grado de imprevisibilidad aumenta considerablemente, haciendo que el judoca que logra efectuar ataques en estas direcciones sea más peligroso que aquel que no es capaz de establecer tal sistema de ataque. En este sentido, estudios de caso con judocas reconocidos y de gran longevidad competitiva, como Teddy Riner, Tiago Camilo o Ilias Iliadis, publicados en la revista francesa L'Spriti du Judo (Calmet et al., 2013, Calmet et al., 2015), demostraron que éstos poseían tales características. Además, en su libro auto-biográfico (Yamashita, 1993), Yasuhiro Yamashita, describe el establecimiento de su sistema de ataque, teniendo como base o-soto-gari, pero haciendo combinaciones con uchi-mata y con o-uchi-gari con mayor fuerza, así como con sassae-tsuri-komi-ashi en menor grado. Por lo tanto, establecer el sistema de ataque con diferentes direcciones y trabajar las múltiples posibilidades de combinaciones, más que pensar en las técnicas de forma aislada, parece ser un medio importante de ampliar el repertorio técnico de los judocas e incrementar sus posibilidades de éxito.

Otro medio para incrementar la imprevisibilidad es variar las técnicas de proyección. Weers (1996b) confirmó que atletas campeones olímpicos y mundiales utilizan cerca de seis técnicas de proyección. En el estudio con judocas de nivel olímpico y mundial descrito anteriormente, Franchini et al. (2008) observaron que los de mayor nivel presentaban una cantidad superior de técnicas de proyección distintas (masculino = 10 ± 3 técnicas vs femenino = 9 ± 4 técnicas) en relación al grupo de menor nivel competitivo (masculino 7 ± 3 técnicas vs femeninas = 6 ± 3 técnicas), que también habían conseguido resultados en este tipo de competiciones. Es importante resaltar que el número de técnicas y que el ataque a cuatro direcciones presentado por el grupo de mayor nivel competitivo está de acuerdo con el precepto de la Ley de Hick, que indica que hay relación entre el aumento del tiempo de reacción y el logaritmo del número de técnicas alternativas de estímulo-respuesta. Como el número es ligeramente superior a ocho técnicas y el dominio de ejecución de cada técnica demanda mucho tiempo de práctica, habría poco aumento en el tiempo de reacción de elección de los adversarios para un número aún mayor de técnicas, indicando, que ese número está cerca de la combinación óptima entre técnicas y aumento de la imprevisibilidad. En la mayoría de los casos, los autores reflejaron que el número de técnicas diferentes ejecutadas estaba directamente relacionado con el número de combates ganados (r = 0,70), número de puntuaciones obtenidas (r = 0,64) y número de ippones conseguidos (r = 0,64) 0,66). Por todo lo expuesto, es importante, especialmente en los años de formación del judoca, que se enfatice la necesidad de variación técnica con posibilidad de ataques en torno a 6-10 técnicas de proyección.

La siguiente fase para la lucha de judo es la transición pie-suelo. En un análisis inicial de esta fase, Weers (1996c) identificó, en 178 situaciones de transición, que el 30,3% de las situaciones de dominio en el suelo fueron ejercidas por quienes realizaron el ataque en la lucha en pie, el 28,7% fueron dominadas por quienes fueron atacados en pie y el 41% no resultó en ninguna puntuación. Por lo tanto, ese estudio demostró que esta fase se caracteriza por una gran vulnerabilidad por parte de los judocas, dado que más de la mitad de las acciones resultaron en alguna puntuación, aunque básicamente el mismo valor de situaciones fue dominado por quien atacó o por quien fue atacado. Un estudio más reciente (Pierantozzi et al., 2017) analizó 276 situaciones que involucraba a ganadores de medalla de oro en competiciones de alto nivel del sistema de ranking internacional e indicó que el 7% de las acciones resultaron en ippon y el 11% en wazari. Además, la duración de la transición era bastante corta (3

± 2s), indicando que los judocas deben especializarse en acciones específicas, que involucran combinaciones atendiendo a las acciones más frecuentes en sus luchas, teniendo como referencia las acciones ejecutadas en la lucha en pie y las posiciones que los oponentes adoptan con mayor frecuencia en respuesta a esas acciones.

La baja duración de la transición y la especificidad de las posiciones más usuales parecen resultar en una elevada especialización en cuanto a las acciones ejecutadas en la lucha de suelo por parte de los judocas de alto nivel. Para esta última fase, la lucha en suelo, Weers (1996a) identificó que campeones olímpicos y mundiales realizaban sólo dos técnicas de suelo, siendo una de ellas una técnica de inmovilización. Los datos de Franchini et al. (2008), con los dos grupos de judocas de alto nivel competitivo descritos anteriormente, corroboran esos datos, ya que estos grupos presentaron 1 ± 1 a 2 ± 2 técnicas de suelo, sin diferencias entre los sexos o entre los niveles. Aunque nuevos estudios son necesarios a este respecto, dado que existe tendencia a permitir un mayor tiempo de combate en el suelo después de las alteraciones recientes de las reglas, la conexión entre lucha por el suelo y la lucha en el suelo parece ser el elemento clave del éxito en esta fase. En este sentido, los entrenamientos de randori que aíslan la parte en pie de la parte en suelo comprometen esa fase y deberían ser evitados, especialmente si el tiempo específico no se utiliza para desarrollar esa transición.

Conclusiones y Aplicaciones Prácticas

Tras revisar la literatura científica, relacionada con el estudio técnico táctico en judo, queremos concluir este capítulo resumiendo los factores más relevantes, de cara a la planificación del entrenamiento por parte del entrenador, para la consecución del éxito del judoca en competición.

En este sentido, es importante atender a las distintas fases que se suceden a lo largo del combate (aproximación, lucha por el agarre, lucha en pie, transición pie-suelo y lucha en el suelo), a la duración de cada una de ellas y a las diversas acciones acontecidas a lo largo de las mismas para entender, de manera más fehaciente, las demandas requeridas durante la lucha en judo.

Asimismo, la información derivada de estos trabajos nos proporciona datos relevantes en lo que al grupo de técnicas que más frecuentemente se ejecutan en competiciones de alto nivel, así como el tipo de agarre y su estrecha relación con la posición adoptada por el atacante y el defensor que determinan las direcciones de los ataques.

Otro de los factores considerados es la fase de la competición en la que se encuentra el judoca (repescas, semifinales o finales), los diferentes niveles competitivos de los participantes, la edad o el sexo, entre otros, cuyos resultados son distintos y, por lo tanto, han de considerarse a la hora de plantear las tareas en los entrenamientos.

Por último, indicar que aunque los resultados obtenidos en estos trabajos pueden ser extrapolables a la población de judocas de características similares, evidentemente, lo ideal es el estudio individual, tanto de nuestro/s judoca/s como del oponente/s en situación real de competición, con el objetivo de detectar puntos fuertes y débiles para ser incluidos en la planificación del entrenamiento y conseguir el triunfo deportivo.

Referencias

Adams, N. (1992). Grips. Ippon Books.

Calmet, M., & Ahmaidi, S. (2004) Survey of advantages obtained by judoka in competition by level of practice. Perceptual & Motor Skills; 99: 284-290

Calmet, M., Miarka, B., & Franchini, E. (2010). Modeling of grasps in judo contests. International Journal of Performance Analysis in Sport, 10, 229-240

Calmet, M, Franchini, E., & Pierantozzi, E. (2013). Plus q'un movement: un système d'attaque. L'esprit du judo, 3: 20

Calmet, M., Pierantozzi, E., Dutertre, E., & Franchini, E. (2015). Ses secrete. L'esprit du judo, 3: 48-49

Calmet, M., Pierantozzi, E., Sterkowicz, S., Challis, B., & Franchini, E. (2017a). Rule change and Olympic judo scores, penalties and match duration. International Journal of Performance Analysis in Sport, 17: 458-465

Calmet, M., Pierantozzi, E., Sterkowicz, S., Takito, M.Y., & Franchini, E. (2017b). Judo rules: searching for a wind of changes. International Journal of Performance Analysis in Sport, 17: 863-871

Castarlenas, J.L., & Planas, A. (1997) Estudio de la estructura temporal del combate de judo. Apunts - Educação Física & Deportes.47: 32-39

Courel, J.C., Femia, O., Stankovic, N.; Franchini, E., & Molina, R.E. (2014). Analysis of kumi-kata grip laterality and throwing side on attack effectiveness and combat result in elite judokas. International Journal of Performance Analysis in Sport, 14: 138-147.

Franchini, E. (2006). Análise e ensino do judô In: Tani et al. Pedagogia do Desporto. Rio de Janeiro: Guanabara Koogan

Franchini, E., Sterkowicz, S., Meira, C.M., Gomes, F.R., & Tani, G. (2008). Technical variation in a sample of high level judo players. Perceptual & Motor Skills, 106: 859-869

Franchini, E., Artioli, G. G., & Brito, C. J. (2013). Judo combat: Time-motion analysis and physiology. International Journal of Performance Analysis in Sport, 13: 624–641.

Franchini, E., & Sterkowicz, S. (2012). Comparação do número de técnicas aplicadas por campeões olímpicos e mundiais com os demais medalhistas. Revista de Educação Física. Escola de Educação Física do Exército, 128: 15-18

García, R.H., Luque, G.T. (2007). Análisis temporal del combate de judo. Revista Internacional de Medicina, Ciencias de la Actividad Física y Deporte, 8: 52-60

Marcon, G, Franchini, E, Jardim, JR, & Barros Neto, TL. Structural analysis of action and time in sports: judo. Journal of Quantitative Analysis in Sport 6: 1, 2010.

Matsumoto, Y., Takeuchi. Y.T., & Nakamura, R. (1978). Analytical studies on the contests performed at the All Japan Judo Championship Tournament. Bulletin of the Association for the Scientific Studies on Judo Kodokan, Report V: 83-93

Miarka, B., Cury, R., Julianetti, R., Battazza, R., Julio, U.F., Calmet, C., & Franchini, E. (2014) A comparison of time-motion and technical-tactical variables between age groups of female judo matches. Journal of Sports Sciences, 32: 1529-1538

Musashi, M. (1664). The book of five rings. World Military Library.

Pierantozzi, E., Calmet, M., Franchini, E. (2016). The transition to newaza in a sample of high level judo competition In: 3rd European Science Of Judo Research Symposium & 2nd Scientific And Professional Conference On Judo 'Applicable Research In Judo", Porec: Tangir, Samobor, 40-44

Sikorski, W., Mickiewicz, G., Majle, B., & Laksa, C. (1987). Structure of the contest and work capacity of the judoist. Institute of Sport, Department of Theory of Sport, Department of Physiology, Data Base Center, and Polish Judo Association, Warsaw, Poland: 59-65

Sterkowicz, S., & Franchini, E. (2000). Techniques used by judoists during the World and Olympic tournaments 1995-1999. Human Movement, 2: 24-33

Sterkowicz, S., & Maslej, P. (1998). An evaluation of modern tendencies in solving judo match. Available from: http://www.judoinfo/research5.htm [1 mar. 1998]

Sun Tzu. (1910). The art of war. Lionel Giles.

Van Malderen, K., Zinzen, E., Watthy, C., & Luyten, R. (2006). Time and technique analysis of a judo fight: a comparison between males and females. Annals 6th Annual Congress of the European College of Sport Science, 2006. Available from: http://www.ecss2006.com/ASP/ScProlAbstractText.asp?myAbstractID=1561

Weers, G. (1996a). Newaza preparation report. Available from: http://www.judoinfo/weers96.htm [6 dec. 1996a]

Weers, G. (1996b) Skill range of elite judo athletes. Available from: http://www.members.aol.com/judosensei/weers1.htm [8 dec. 1996]

Weers, G. (1996c). Transitional control. Available from: http://www.judoinfo.com/weers4.htm [8 dec. 1996]

Weers, G. (1997). First contact and grip domination. Available from: http://www.judoinfo.com/weers2.htm [8 dec. 1997]

Wilson, W.C. (2005). The lone samurái: the life of Miyamoto Musashi. Shambhala.

Yamashita, Y. (1993). The fighting spirit of judo. Ippon books.

PREPARACIÓN FÍSICA EN JUDO

Raquel Hernández García
David Martínez Pozo

Cambio perspectiva en la Preparación Física del judoka.

El judo actual ha evolucionado enormemente debido a los numerosos cambios reglamentarios en competición. Este hecho, ha provocado que los entrenadores presten mayor atención a todos sus procesos de preparación: técnica, táctica, física, prevención de lesiones, mental, etc. Entre ellos, la preparación física para el judoka ha evolucionado bruscamente en los últimos años, ya que de la fuerza y el estado físico depende en gran medida alcanzar el éxito deportivo. A continuación se describe el por qué.

- Años atrás, la preparación física estaba orientada exclusivamente a mejorar la fuerza máxima y la resistencia aeróbica y anaeróbica del judoka; estando la fuerza orientada a los grupos musculares con mayor implicación en el enfrentamiento (dorsal, pectoral, antebrazos, lumbares, abdominal, cuadriceps, isquios, etc.).

- Durante la década de los 2000 se empezó a plantear la importancia de orientar la preparación física en torno a 2 perspectivas: optimizar el rendimiento del judoka y disminuir el riesgo de lesión. Para ello, se publicó una propuesta con trabajo de fuerza, resistencia y ejercicios de prevención de lesiones (Amtmann y Cotton, 2005).

- Posteriormente, se plantearon opciones como la preparación física integrada, como opción de optimizar recursos técnico-tácticos y físicos (Hernández y Torres, 2011). Sin embargo, esta opción conlleva una serie de contras, como la dificultad de la cuantificación de la carga, pérdida de eficacia y eficiencia en el gasto técnico, etc.

- En los últimos años, la preparación física continua evolucionando porque se amplían los objetivos, tal y como proponen Burn y Callan (2017): optimizar el rendimiento del judoka, reducir el riesgo de lesión, aportar conocimiento al judoka y desarrollar la preparación física profesionalmente (maximizar el tiempo y eficientemente).

- Además, se debe considerar que la perspectiva actual del entrenamiento se basa en entrenar movimientos y dejar de entrenar sólo músculos. De hecho, el cuerpo humano se manifiesta (expresa, vive, comunica, entrena, se desplaza, etc.) a través de movimientos, movimientos globales y que buscan un objetivo en cuestión. Por lo que hablamos de movimientos que sirven a una función. Cuando nuestros judokas entrenan, están desarrollando movimientos, y estos movimientos se generan como consecuencia de tener una función corporal (empujar, traccionar, rotar). Si se detienen un momento a pensar, comprobarán que los movimientos de una sola articulación que aíslan un músculo específico no son funcionales. Sin embargo, los movimientos multiarticulares que integran grupos musculares en patrones de movimiento son muy funcionales (Boyle, 2016). Y en nuestro deporte, en judo, no hay ni un sólo movimiento que implique sólo un músculo, sino que todos los movimientos que producimos son en cadena, compuestos por una secuencia de músculos que trabajan sincronizados en el tiempo.

Es importante que sean conscientes de que trabajar la fuerza de un pectoral o un dorsal de forma analítica carece de importancia, sino cuenta con el aprendizaje y entrenamiento de una cadena cinética potente en los movimientos de tracción o empuje. Para conseguir esa cadena cinética (combinación de estructuras corporales que trabajan de forma eficiente), necesitaremos incluir un aspecto más en la preparación física de nuestros judokas: la calidad de movimiento (figura 1).

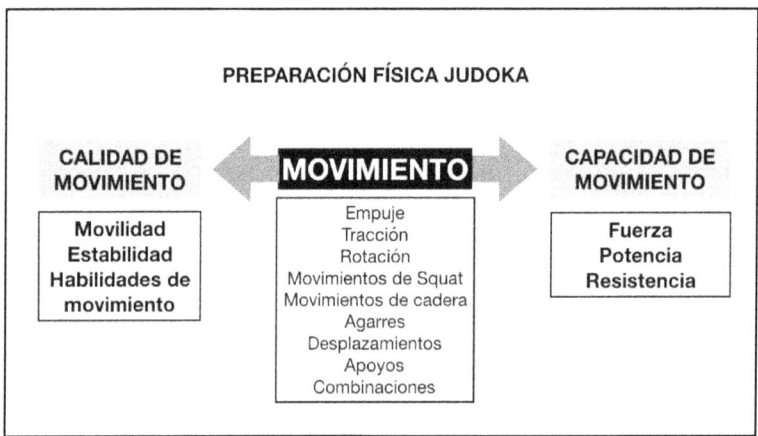

Figura 1. Propuesta de contenidos generales en la PF del judoka.

Calidad de movimiento en la preparación física del judoka.

Si se fijan detenidamente en la mayoría de las planificaciones de nuestros judokas nos centramos en describir volumen, intensidad y ratio de recuperación. Todo ello a través de parámetros cuantitativos como: tiempo, kilos, watios, metros, repeticiones, etc. Pero, olvidamos en la mayoría de los casos describir o trabajar sobre aspectos cualitativos (cómo salta, como corre, cómo hace una sentadilla o movimiento de squat). Es decir, nos dejamos a un lado la calidad de movimiento.

La calidad del movimiento se ha descrito como movimientos que involucran postura, respiración, flexibilidad, estabilidad y coordinación adecuada (Sundén et al 2016). Existe un vínculo científicamente mencionado entre "moverse bien" y la reducción del riesgo de lesión (McGill, Andersen, & Horne, 2012), por lo que nos potencia la necesidad de incluir este concepto novedoso dentro de las planificaciones de nuestros deportistas.

Quizás ahora mismo, sea complejo pensar en estrategias para trabajar la calidad de movimiento en judo. Sin embargo, conociendo los fundamentos y los componentes del movimiento, así como la importancia que estos poseen sobre el proceso del aprendizaje motor, seguramente se comenzará a entender mucho más este concepto.

Cook y colaboradores (2014), expusieron la Pirámide del Rendimiento Deportivo (figura 2), donde la base de la misma estaba diseñada con los fundamentos del movimiento: movilidad, estabilidad, control motor y simetría. Los autores, indicaban que sin nuestros deportistas carecen de alguno de los fundamentos del movimiento, seguro que tendrá dificultades a la hora de construir el siguiente paso como deportista (capacidades del movimiento y habilidades específicas del deporte). Es por ello, que se recomienda que el judoka posea rangos de movilidad óptimos de tobillo, cadera, tórax, hombro y muñeca; así como estabilidad en estático y en dinámico de las articulaciones de la rodilla, lumbo-pélvica, escápula-humeral y codos. Del mismo modo, deben de tender a la simetría en ambos lados (izquierdo y derecho), a pesar de que la práctica de nuestro deporte genera asimetrías (Stradijot, Pittorru y Pinna, 2012). Por ello, la preparación física debe incluir tareas que traten de disminuir en mayor medida las adaptaciones que la especialidad deportiva conlleva. Es decir, todos los judokas poseen una técnica especial, de la que se hacen especialistas. Está técnica seguramente la realizarán siempre por el mismo lado, y ejecutarán un volumen muy elevado de repeticiones bajo carga que provocarán adaptaciones en su lado derecho. Si estas adaptaciones se mantienen en el tiempo, aparecerán desequilibrios entre ambos lados, por lo que la PF deberá buscar la simetría.

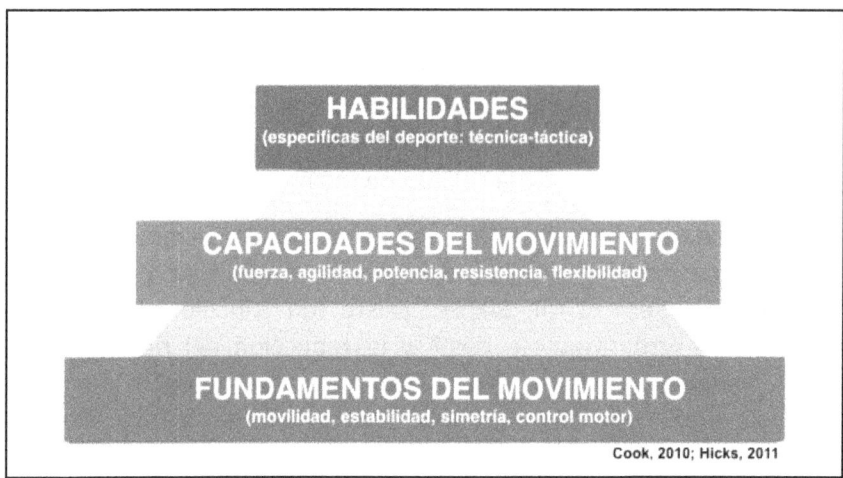

Figura 2. Pirámide Óptima del Rendimiento Deportivo

Si nuestros judokas desarrollan adecuados fundamentos del movimiento, podrán ejecutar con mayor facilidad los movimientos que conforman los entrenamientos de capacidad del movimiento (dominadas, sentadillas, peso muerto, ect...), y a su vez, también podrán ejecutar con mayor eficacia cualquier gesto técnico específico del judo.

Por otro lado, cada uno de los movimientos que puede realizar el cuerpo humano posee 4 componentes: postura, ángulo, timing y transferencia de fuerzas. Estos componentes definen el movimiento en concreto. Por ejemplo, un salto vertical con contra movimiento (CMJ) precisa una adecuada postura del deportista, unos ángulos adecuados de flexión de tobillo, rodilla, cadera y tórax, así como un ritmo adecuado de fleco-extensión de sus articulaciones (timing) y una transferencia de fuerzas (desde los pies, hacia la cabeza) para poder ejecutar bien el salto. Pero del mismo modo, un "o soto gari", también posee una postura adecuada, unos ángulos de flexión de cadera con rodilla extendida a la hora de segar, un timing ordenado, donde primero se empuja para el desequilibrio y después se siega, y una transferencia de fuerzas desde el pie de apoyo en el tatami hasta la mano que empuja en la solapa de uke. Por lo tanto, estos componentes se deberán de trabajar y entrenar, y para ello utilizaremos también la calidad de movimiento. Es decir, la calidad de movimiento nos servirá como fase inicial de aprendizaje motor en todos aquellos movimientos ya sean para la preparación física, como para la preparación técnica, a través de tareas que desarrollen la postura, el ángulo, el timing y la transferencia de fuerzas en los patrones motores en los que se engloben esos movimientos.

El aprendizaje motor debe desarrollarse en 3 fases:

- Fase inicial o analítica: donde comienzo a trabajar segmentos, estructuras o partes del movimiento de forma aislada, y controlada. En entornos cerrados, donde el judoka esté consciente en todo momento de un objetivo.

- Fase intermedia o asociativa: una vez asimilado la función analítica, comenzamos a asociar ese segmento, estructura o parte del movimiento a otras cercanas. Nos movemos en entornos semi abiertos, donde pasamos de entornos cerrados y una vez dominados, le provocamos un estímulo que sabe que va a suceder.

- Fase final o integración: tras haber asociado el aprendizaje de segmentos asociados, comenzamos a incluir tareas más globales, donde se integren varios componentes. En este caso, el entorno será abierto.

Imaginen un proceso de enseñanza-aprendizaje de un seoi-nage donde se comienza exclusivamente con el movimiento de brazos para provocar el desequilibrio (fase analítica), se continua asociado el movimiento de pies a la vez que genera el desequilibrio (fase asociativa) y se finaliza integrando todo el movimiento e incluso pidiéndole velocidad, potencia, etc. (fase integración). Pues de la misma forma, se trabajarían los movimientos a utilizar en la preparación física, como por ejemplo:

- Para el trabajo pliométrico se recomienda el aprendizaje de la deceleración o aterrizaje.

- Para el trabajo de press banca y dominada, que primero estabilicen el tórax y la articulación escápula-humeral, antes de desarrollar la fuerza en el empuje.

- Para el trabajo de squat (sentadilla) que primero aprendan y trabajen los componentes para estabilizar la zona lumbo-pélvica y la verticalidad del tórax, antes de incluir carga.

- Para aprender una habilidad de movimiento como es un desplazamiento lateral, se deberán preparar las estructuras desarrollando los fundamentos de movilidad y estabilidad en plano frontal, y además enseñar y entrenar cómo generar fuerza en el suelo para transmitir y ejecutar el desplazamiento de forma más eficiente (parte interna del primer metatarso).

En definitiva, en este apartado se ha tratado de exponer por un lado que la PF en judo está evolucionando, y ya no se trabajan sólo músculos, sino que movimientos. Y por otro, que para poder reducir el riesgo de lesiones deberemos de incluir sesiones de calidad de movimiento de forma paralela a las sesiones de capacidad de movimiento (en los siguientes capítulos podrás encontrar el desarrollo de la fuerza y la resistencia para judo). Esta perspectiva, es de vital importancia en un proceso post-lesión, por ello os presentamos una propuesta de readaptación de lesiones en judo.

Propuesta de Readaptación de Lesiones.

La práctica de un deporte como el Judo conlleva asumir una serie de riesgos que se traducen en situaciones con un alto componente de peligro para el judoka, que llegan a afectar a su calidad de vida y a sus motivaciones sobre el deporte.

En la actualidad, hay un área de trabajo dentro del ámbito de la salud llamada readaptación físico-deportiva, la cual persigue el desarrollo de un trabajo exhaustivo de recuperación de una lesión mediante la aplicación de un entrenamiento especial planificado. La readaptación del deportista será interdisciplinar, implicando la acción/relación estrecha y progresiva de diferentes profesionales en función del tipo de lesión producida; incorporándose el técnico deportivo en la última etapa de recuperación junto al entrenador, haciendo que la vuelta a la competición o en el caso de la gente que no compite, a su vida deportiva rutinaria, se realice con la mayor brevedad posible y con éxito asegurado (Rodríguez y Gusi, 2002). Como deporte de competición y debido a los gestos específicos que el deporte presenta (pivotajes, rotaciones, flexiones lumbares, etc) existen dos riesgos claves que la Preparación Física debe asumir, y que también se comparten en la Readaptación Deportiva, son el control de su intensidad y la posibilidad de lesiones que puedan aparecer como consecuencia de la primera.

Por lo tanto, el proceso de readaptación enmarcado como el paso previo a la incorporación con plenas garantías del Judoka es de vital importancia, y exige la definición de un "plan sistematizado" entre el trabajo de acondicionamiento físico y de fisioterapia, cuyos objetivos serán la adaptación de la carga cardiovascular, a recuperación de la fuerza muscular, y la introducción de aspectos específicos funcionales de manera progresiva, para garantizar no sólo la vuelta a la actividad con plenas garantías, si no además, reducir los mecanismos que han producido esa lesión. De tal forma que se pueden detectar 3 fases claras en cualquier proceso post-lesión:

- Fase 1: La recuperación/rehabilitación, donde el deportista necesitará inicialmente estrategias para controlar las situaciones estresantes o dolorosas.

- Fase 2: La readaptación, período de trabajo de mejora de la cualidad física perdida como consecuencia de la situación traumática.

- Fase 3: El re-entrenamiento o "Return to play", donde se trabaja para recuperar el nivel de habilidad deportiva descompensada por el tiempo de no práctica técnico-táctica.

Es en la fase 2 el momento de enlazar la adaptación al esfuerzo pre-lesivo, a sus motivaciones y a sus expectativas con el día a día del trabajo. Es quizás a nuestro entender, uno de los momentos más sensibles del judoka, donde realmente puede suceder el éxito o el fracaso del proceso de recuperación, no por la lesión en sí, si no por las consecuencias de la misma en el devenir deportivo.

Además, el judo como deporte de formación presenta modelos competitivos en todas sus categorías, con lo que la exposición a la lesión es absoluta en todos los períodos concretos, no siendo infrecuentes lesiones de gravedad elevada (ligamentos cruzado anterior-posterior-lateral en la rodilla, luxación de hombro, dolor de espalda derivado de falta de fuerza...), que en primer lugar generan una ansiedad y un stress en los padres y por otro lado truncan la ilusión y la motivación del pequeño judoka, siendo uno de los aspectos más importantes que determinan el abandono de la práctica de este deporte.

Precisamente por estas connotaciones, la readaptación ha mostrado tener más puntos en común con la preparación física que con la rehabilitación porque:

- El principal objetivo es el re-acondicionamiento funcional y la integración en el día a día.

- Las metodologías de trabajo y el diseño de los programas van encaminados a generar una adaptación óptima a los esfuerzos físicos y al desempeño técnico más que estructural.

- La rehabilitación tiene como objetivo recuperar la estructura, la readaptación se centra en el judoka de manera integral.

2.- Fases de una Readaptación

El objetivo de este capítulo es el generar de manera global un sistema de trabajo que ayude al readaptador a elaborar los programas de trabajo de manera más eficiente, por lo que lo primero es establecer unos principios generales de actuación:

- Diseñar la readaptación con una "Mentalidad de Movimiento", tal y como se ha descrito en la primera parte de este capítulo.

- Evaluar e identificar limitaciones funcionales.

- Restaurar funciones sensoriomotoras y neuromusculares.

- Entrenar cadenas cinéticas y patrones de movimiento.

- Determinar optimización del movimiento y aplicación contextos específicos.

- La readaptación tiene un componente preventivo, ya que hay que disminuir la posibilidad de caer en una lesión recidiva.

- Una vez restaurada la funcionalidad iremos caminando hacia la especificidad de sus gestos deportivos.

Por lo que pueden observar, continuamos con un cambio de pensamiento y perspectiva en referencia a los modelos tradicionales de rehabilitación. Estos cambios se agotan en los pilares fundamentales:

- Cambio de foco del readaptador, deja de pensar en la estructura lesionada, para pensar en la función analítica de esa estructura, luego en la función global y después en el movimiento integrado.

- Se tienen en cuenta otros componentes del aprendizaje motor: diseñar tareas de forma adecuadas (utilización de indicaciones y feedback adecuados a la tarea y su objetivo), así como diseñar y controlar el entorno (cerrado o abierto).

En definitiva se debe perseguir el objetivo final que el judoka esté totalmente preparado para ejecutar movimientos con eficiencia, cuyo progreso pasará trabajando los siguientes elementos:

- Movilidad:

    - Del ROM anatómico hacia el funcional.
    - Eliminar restricciones articular-capsular-tejido blando.
    - Centramiento articular.
    - Emparejamiento funcional.
    - Rehabilitación-Movilidad Pasiva > Asistida > Activa.
    - Readaptación-Movilidad "Funcional" en el Contexto Real.

- Estabilidad:

    - Control Propioceptivo-Motor.
    - Objetivo Primario: Búsqueda de ROM máximos resistidos.
    - Objetivo Secundario: Aumento del control de la carga sin compensaciones distales/proximales.
    - Estabilidad Estática-Estabilidad Dinámica.
        - Control Proximal-Distal.
        - Emparejamiento Funcional-Creación Cadena Eficiente.

- Tolerancia a la Carga:

    - Desarrollo Progresivo Fuerza Absoluta > Fuerza Relativa.
    - Integración Estructura en la Cadena de Movimiento.
    - Variación en el Manejo de las Cargas externas.

- Componente de "Estabilización de la Carga".
  - Variación en Función del Tejido.
    - Muscular-Conectivo-Óseo.
- Aplicación de Velocidad:
  - Máxima Tolerancia a la Máxima Carga.
  - Especificidad Vectorial: Habilidades de Movimiento.
  - Comprobación Eficiencia Cadena Cinética.
  - Desarrollo de Aspectos Fisiológicos.
  - "Pliometría"-Fuerza Útil Vectorial.
- Integración en Patrones Fundamentales.
  - Influencias Programación Neuro-Motora.
  - Reeducación Global del Patrón.
  - Primario: Patrones Fundamentales -Habilidades de Locomoción.
    - Marcha-Carrera.
    - Saltos.
    - Desplazamientos específicos: laterales-circulares-cruzados.
  - Sinergia con Programas de Rendimiento.

El sistema de trabajo, consistirá en tres fases, correspondientes con las descritas anteriormente en el proceso de enseñanza-aprendizaje.

- Fase inicial o de Aprendizaje: Primera fase a posteriori del trabajo de rehabilitación, es una fase que comienza cuando el judoka va finalizando la intervención con el fisioterapéuta y equipo médico, y empieza a tener cierta independencia de movimiento sin soportes y con cierta seguridad. El objetivo de esta fase es empezar a manejar la estructura lesionada fuera del contexto de peligro o lesión asociada y eliminar los movimientos asociados que aparecen durante el proceso de rehabilitación. Los componentes de esta fase son:
  1. Movilidad Estática.

2. Estabilidad Estática (bajo carga controlada o resistencias manuales).

3. Mejora del control motor analítico (evitar compensaciones o movimientos parasitarios).

4. Re-estableces los fundamentos biomecánicos de los diferentes gestos que componen el Judo.

- Fase Intermedia o de Asociación: Tras consolidar un reaprendizaje y control de la estructura toca avanzar hacia la creación de cadenas musculares apoyados en los subsistemas naturales de movimiento del cuerpo humano. Si el objetivo de la primera fase era ir empezando a adaptar la estructura analítica al movimiento, ahora empezamos a "crear movimiento":

    1. Movilidad Dinámica.

    2. Estabilidad Dinámica.

    3. Generación cadenas eficientes.

    4. Introducción de varios contextos (tareas) de refuerzo sobre la cadena que fijen los aspectos básicos del movimiento bajo diferentes propuestas (por ejemplo, en lesión de LCA, mejorar los apoyos monopodales en todas las direcciones mientras se mantiene un agarre isométrico).

- Fase Final o de Integración: Fase de "comprobación", en la cual exponemos al judoka a multitud de estímulos y propuestas, y donde vamos a comprobar las "deficiencias" o aciertos de la programación en las 2 fases anteriores.

    1. Utilización del propio gesto (uchikomi) como propuesta de movilidad y estabilidad.

    2. Exposición de las diferentes cadenas a estímulos de fuerza variados (isométricos, isoinerciales, resistencias neumáticas, cargas de contraste...).

    3. Utilización del propio contexto (randori) como elemento de comprobación que el Judoka no presenta reticencias, miedos o restricciones (de manera progresiva).

    4. Finalmente, el proceso de Readaptación se funde con el de Preparación Física antes de la lesión.

3. Componentes del proceso de Readaptación

MOVILIDAD

La movilidad (no confundir con la elasticidad o flexibilidad) es la capacidad de alcanzar los diferentes rangos de movimiento que la técnica necesita sin riesgo o sin compensaciones. A esto lo llamamos "movilidad funcional" diferente de la "movilidad anatómica". La movilidad funcional hace referencia a los rangos durante el gesto específico y en relación a las fuerzas intervinientes en la ejecución de ese gesto (generadas-resistidas-estabilizadas), la movilidad anatómica o ROM anatómico es la movilidad de esa articulación aislada del gesto sin tener en cuenta las fuerzas que intervienen en el mismo.

Para la mejora de la movilidad existen determinadas metodologías de ganancia de rango, muy relacionadas con los "estiramientos", pero no son una solución exclusiva, es decir, un problema de movilidad no siempre se soluciona con un estiramiento (estático pasivo, el tradicional estiramiento), si no que es un proceso que requiere de la sinergia de varias de estas metodologías.

- Sistemas Facilitación Neuromuscular Propioceptivo (PNF): los sistemas PNF se basan en la sinergia de movilidad activa y pasiva por parte del judoka. Es necesaria la participación del entrenador durante el ejercicio y requiere de un control total por parte del readaptador. Dentro de este grupo las dos corrientes más conocidas son: PNF y PNF "CRAC" en las que se efectúan de manera alterna estiramiento y contracción isométrica para la regulación del tono muscular de tensión e ir progresivamente ganando rango de movimiento en los grupos musculares sobre los que queremos trabajar.

- Sistemas Active Isolated Stretching (AIS): Los sistemas AIS derivan de los PNF, con la peculiaridad de que no existe contracción isométrica en contra del movimiento por parte del grupo muscular sobre el que actuamos, si no que directamente utilizamos la movilidad activa junto con una asistencia externa que ayuda a la contracción voluntaria activa para aumentar el rango.

- Metodología Centramiento Articular. En este grupo englobamos aquellos ejercicios que trabajan a nivel propioceptivo sobre la cápsula articular mediante la aplicación de una tensión que genere una "decoaptación" de la articulación, lo cual genera una respuesta del organismo en dirección opuesta a la fuerza que actúa. Este tipo de ejercicios son muy recomendados en casos de "pinzamientos" articulares (sobre todo muy frecuentes en la cadera del judoka)

- Movilidad Asistida (Resistencia Elástica). Metodología derivada del AIS en el que una resistencia elástica que previamente ha sido vencida nos aumenta la velocidad de contracción y estiramiento, y el judoka debe controlar esa velocidad para no generar una respuesta brusca que lo limite.

ESTABILIDAD

Una de las principales características es que no debemos confundir el trabajo de estabilidad con el de equilibrio, caracterizado principalmente por la utilización de materiales desestabilizantes (tipo fitball o BOSU$^{(R)}$) en pro de la mejora de la "propiocepción". La estabilidad va más allá de la utilización de esos materiales en "desequilibrio" y tiene más relación con cómo el cuerpo es capaz de resistir las fuerzas que se aplican contra él, o las que él mismo genera. Por lo tanto, para la mejora de la estabilidad el trabajo sobre esas superficies no es necesario, o al menos no exclusivamente necesario. Principalmente nos tenemos que centrar en la aplicación de fuerzas y la observación de cómo el cuerpo se mueve o bien de manera analítica (primeras fases) o global (fases intermedias y finales), vigilando que no aparezcan movimientos compensatorios, que no se pierda la alineación de los segmentos articulares (como ocurre en el valgo de rodilla). En este caso, la utilización de materiales de suspensión, deslizantes o inerciales (como las kettlebells) son muy recomendados por la interacción entre la generación y la resistencia de fuerzas.

TOLERANCIA A LA CARGA

En definitiva, este elemento consiste en ir poco a poco adaptando la estructura-cadena al trabajo de fuerza. Entendida esta en una primera parte como "fuerza absoluta", es decir, que el cuerpo sea capaz de producir la mayor cantidad de fuerza posible. Para ello generamos una progresión que debe abarcar:

- Trabajos Mixtos.
    - Isométricos.
    - Excéntricos Velocidad Controlada-Variación Tempos.
    - Concéntrico Velocidad Controlada-Variación Tempos.
    - Sobrecarga Excéntrica-Trabajo con "isoinerciales".
- Alta y Baja Velocidad-Concepto CEA (ciclo estiramiento-acortamiento).

Un aspecto importante de este punto es que según vayamos consiguiendo ser fuertes, tenemos que empezar a trabajar sobre el siguiente paso, que es la "funcionalización" de la fuerza, es decir, aprender a aplicar fuerza en el contexto del gesto. El tipo de apoyo (1 o 2 pies), la dirección, la colaboración o no del hemisferio superior, etc.

Y dentro de esa "funcionalización" se encuentra el punto siguiente.

APLICACIÓN DE VELOCIDAD

No es suficiente con "ser fuerte" o ser capaz de generar fuerza, ahora nuestro judoka debe ser capaz de generarla a la mayor velocidad posible, en los ángulos correspondientes y en las direcciones que los diferentes gestos técnicos necesitan (la mayor parte de las técnicas de Judo exigen la rotación monopodal). Con lo que debemos salir del trabajo tradicional de pesas (asociado al culturismo) e incluso del trabajo de nuevas tendencias (tipo crossfit) para ir más allá y entender las verdaderas necesidades de aplicación-resistencia de fuerzas, entendiendo a la vez que imperativamente el Judoka necesita "ser fuerte" y "ser fuerte para ejecutar el gesto", que no son lo mismo pero si son complementarios.

INTEGRACIÓN EN PATRONES FUNDAMENTALES

Quizás este sea el apartado más desconocido por parte de la readaptación ya que uno de los principales errores de la "funcionalización" del entrenamiento es que se ha confundido ese término con el de imitación. Existe esa tendencia a efectuar gestos específicos del Judo mientras se resisten gomas, o poleas, o a generar esas tareas en desequilibrio, con el riesgo que conlleva. Sin embargo, a la hora de trabajar la integración de todos los componentes anteriores se deben considerar los siguientes aspectos:

- Cuidado con las tareas que prescribimos como entrenadores, sobre todo por la aplicación de fuerzas. Si planteamos un ejercicio donde aparecen fuerzas que en el contexto real no aparecerían puede dar una falsa sensación de "mejora" del mismo, pero en realidad, el judoka está alterando el comportamiento de la cadena de movimiento, llegando a generar una "perversión" del mismo, es decir, generando técnicos.

- No nos interesa que nuestros judokas apliquen fuerzas no reales en un contexto no real, y que luchen contra la ejecución natural del movimiento, porque esto aumentará el componente lesivo (precisamente por el punto anterior), con lo cual estamos yendo en contra de nuestros propios intereses.

- Siempre debemos de trabajar lo fundamental, como los desplazamientos básicos con/sin carga pero con la carga posicionada y en la dirección correcta (vector de fuerza), antes que lo específico (randori).

- No hay nada más específico que el propio gesto, no necesita carga sobre él que no sea la que tiene que vencer en el contexto real, y todo supeditado a que la cadena cinética no tenga compensaciones adquiridas.

En definitiva, lo que pretenderemos siempre es evitar "hacer fuerte a la disfunción" (Cook, 2014) porque el cuerpo empiece a trabajar bajo cargas no "reales del contexto" y se empiece a adaptar negativamente, lo cual llevará inevitablemente a aumentar el riesgo de padecer una recidiva de la lesión, o una lesión secundaria, y a reducir el rendimiento efectivo, con lo que nos costará más llegar al nivel pre-lesivo.

4. El trabajo de FUERZA

Merece una especial consideración hablar del trabajo de fuerza en la Readaptación, puesto que si bien hemos hablado de progresiones desde tolerancia a la carga hacia la aplicación de velocidad, tenemos que detenernos a plasmar eso en nuestras sesiones.

Si queremos realmente generar una cadena de movimiento eficiente, que sea capaz de aplicar-resistir-estabilizar fuerzas, tenemos que entender que bajo la premisa de los mecanismos lesionales (los aspectos intervinientes en la lesión, cómo y cuándo se lesiona). Ya que el trabajo de fuerza no sólo va encaminado hacia regresar a los niveles pre-lesivos de actuación, si no también a evitar futuras lesiones fruto de la falta de estabilidad o movilidad bajo carga (es decir, cuando el judoka aplica el gesto específico). Con esta idea, debemos generar una estructura para que los diferentes ejercicios de Fuerza tengan su relevancia, no centrándonos en el entrenamiento analítico propio del culturismo o del fitness (cuyo objetivo es la estética), tampoco abusar del mal llamado "entrenamiento funcional" (utilización de materiales concretos que predican sobre el movimiento real del cuerpo), y por último no caer en el "no pain no gain" de los circuitos con carga centrados en responder exclusivamente a cumplir un tiempo.

Necesitamos contextualizar y organizar esa funcionalización del trabajo de fuerza, para lo que te proponemos la siguiente clasificación (tabla 1).

1. Ejercicios principales de fuerza: destinados a generar fuerza absoluta, caracterizados por la utilización de cargas elevadas con el objetivo primero de moverlas y después de moverlas a la mayor velocidad. Normalmente implica la utilización de bases y agarres fuertes.

2. Ejercicios auxiliares de fuerza: la "funcionalización" real del entrenamiento de fuerza, variar bases de sustentación, tipos de agarres, direcciones de trabajo, etc. Donde no se pretende manejar la mayor carga posible, si no aplicar fuerza en una dirección, con un apoyo y con un agarre concreto, y sobre todo que el cuerpo al aplicar esa fuerza sea totalmente estable.

3. Ejercicios complementarios de fuerza: dado que el cuerpo se mueve como una cadena, y la cadena es tan fuerte como su eslabón más débil, debemos trabajar un porcentaje del tiempo en ese eslabón débil. Es la introducción del entrenamiento analítico, pero variando el material y el tipo de contracción en base a cómo actúa ese músculo en la cadena cinética que estamos recuperando, ya que no todo es concéntrico.

Tabla 1: Propuesta de una clasificación de ejercicios para el entrenamiento de fuerza.

	Clasificación	Principales	Auxiliares
Hemisferio Superior	Empujes	Press de Hombro con barra	Press de Hombro con Mancuerna
	Tirones	Todo tipo de remos	Remos variando las bases (1 pierna, base alterna...)
Hemisferio Inferior	Grupo "sentadilla"	Sentadilla Frontal	Goblet Squat, Box Squat, Single leg squat
	Grupo "peso muerto"	Peso muerto rumano/olímpico	Pesos muertos a una pierna o con mancuernas a una mano
Global	Olímpicos	Movimientos derivados de las progresiones halterófilas (aplicando velocidad)	Variar agarres y bases

Este sería un cuadro resumen en base a la clasificación de cómo entender el trabajo de fuerza en readaptación con la mente puesta en la mejora de la habilidad del judoka, es decir, su aplicación de fuerza, y con la intención de prevenir una segunda lesión (o lesión asociada) por falta de especificidad en la aplicación de cargas.

5.- Ejemplos de Tipos de Trabajo de Readaptación en base a un Sistema de trabajo.

La etiología lesional de judo difiere ligeramente entre practicantes y competidores, basicamente por la intensidad del entrenamiento y por los condicionantes en que las lesiones se producen, pudiendo diferenciarlo claramente. En practicantes está principalmente relacionada con lesiones en el hemisferio inferior tales como esguinces de tobillo y con el hemisferio superior con luxaciones de hombro (37% y 17%) debidos a traumas directos o como resultado de malas ejecuciones técnicas (Gil Manzano, 2017).

Si nos vamos al competidor nos encontramos con que la prevalencia de las lesiones de tobillo y hombro sigue siendo elevada, pero un 11% de las lesiones que aparecen en competición son consideradas como de "alto nivel" (Pierantozzi, 2011) refiriéndose a rotura de ligamentos de la rodilla (Cruzado anterior-posterior, Lateral interno-externo). Con estos condicionantes vamos a exponer un pequeño ejemplo del sistema de trabajo con esas lesiones.

También queremos recordar que el proceso de Readaptación va posterior al de Rehabilitación con lo que los trabajos que difieran en el tipo de lesión (no es lo mismo un esguince grado I o II de tobillo, o una distensión o rotura del ligamento cruzado) irán encaminados en esa fase. En la readaptación generamos "un cuello de embudo" y trabajamos por encima de las miras de las primeras fases interventivas.

ESGUINCES DE TOBILLO

En la lesión de tobillo (sobre todo en el Grado I, que es el más olvidado por su levedad) nos tenemos que centrar en que no se pierdan rangos de movimiento en el tobillo, que se mantengan los apoyos correctamente, y sobre todo, no confundir ni priorizar el trabajo en "inestabilidad" sin antes haber asegurado una estabilidad en terreno seguro (tabla 2).

Tabla 2. Propuesta general de readaptación de esguince de tobillo en judokas.

	Movilidad	Estabilidad	Tolerancia a la carga	Aplicación de Velocidad	Integración en el Patrón fundamental
Fase de Aprendizaje	Dorsiflexión	Apoyos monopodales sin carga	Musculatura estabilizadora del tobillo		Marcha y Carrera Eficientes
		Apoyos monopodales hacia el mecanismo de lesión con resistencia	Musculatura de la cadera analítico		Introducir movimiento multidireccional
Fase de Asociación	Estiramientos Globales	Apoyos monopodales con carga en diferentes direcciones	Zancadas, Sentadilla, Peso Muerto	Inicio a la pliometría: Foco en los aterrizajes bipodales	Desplazamientos laterales asistidos y resistidos
		Inestabilidad de baja intensidad, control global	Trabajo de Fuerza unilateral (auxiliares)	Progresión hacia aterrizajes monopodales en diferentes ángulos	Desplazamientos cruzados asistidos y resistidos
Fase de Integración		Inestabilidad de alta intensidad en sinergia con desplazamientos		Pliométricos bipodales	Introducir el Randori progresando de baja a media intensidad
				Pliométricos unipodales en diferentes direcciones	

LUXACIONES DE HOMBRO

El hombro es una de las lesiones más complejas que existen puesto que es un complejo articular que por si mismo ya es complicado por la definición de la estructura y porque guarda muchísima relación con el tórax y su movilidad-posicionamiento. Por lo que debemos ser muy cautelosos de garantizar que cuando trabajemos con el hombro, el tórax está posicionado correctamente (tabla 3).

Tabla 3. Propuesta general de readaptación de luxaciones de hombro en judokas.

	Movilidad	Estabilidad	Tolerancia a la carga	Aplicación de Velocidad	Integración en el Patrón fundamental
Fase de Aprendizaje	Rangos conservados	Resistencia manual controlado en diferentes rangos	Movimiento Concéntrico de baja media		
	Variar posición del tórax	Variar posición del tórax	Resistencia elástica controlando el rango lesional		
Fase de Asociación	Estiramientos Globales	Introducción al Turkish Get Up	Press de hombro y variantes	Introducción a los lanzamientos a dos manos	Ejercicios de tirones (pulls) unilaterales en diferentes ángulos poleas
				Recepción de lanzamientos en rangos lesivos en baja velocida	Desplazamientos más tirón con resistencias elásticas
Fase de Integración			Introducción movimientos olímpicos	Lanzamientos en diferentes posiciones y direcciones	Desplazamientos cruzados asistidos y resistidos
				Recepciones en alta velocidad	Introducir el Randori progresando de baja a media intensidad

LESIONES DE RODILLA

Las lesiones en la rodilla siempre tienen un condicionante psicológico muy importante para el judoka, puesto que son lesiones de larga duración y que además existe la leyenda de que "merman" la capacidad de volver a los niveles prelesivos.

Como punto importante es que para trabajar sobre esa lesión debemos ampliar el espectro a trabajar también con el pie (puedes usar la tabla sobre el esguince) pero también desde la cadera, es decir, aunque la lesión es muy relevante sobre la rodilla, el éxito de la readaptación va a depender de que sepamos incorporar a esas dos zonas, por lo que la tabla resumen irá hacia la cadera (tabla 4). Tabla 4. Propuesta general de readaptación de lesiones de rodilla en judokas.

	Movilidad	Estabilidad	Tolerancia a la carga	Aplicación de Velocidad	Integración en el Patrón fundamental
Fase de Aprendizaje	Rangos óptimos de movimiento de la cadera en diferentes posiciones	Complejo lumbopélvico estable al aplicar carga analítica	Trabajo de fuerza analítico de la musculatura de la cadera-rodilla / Enfatizar en musculatura extensora de cadera		
Fase de Asociación	Estiramientos Globales	Apoyos monopodales con carga en diferentes direcciones	Zancadas, Sentadilla, Peso Muerto	Inicio a la pliometría: Foco en los aterrizajes bipodales	Ejercicios de tirones (pulls) unilaterales en diferentes ángulos poleas
		Inestabilidad de baja intensidad, control global	Trabajo de Fuerza unilateral (auxiliares)	Progresión hacia aterrizajes monopodales en diferentes ángulos	Desplazamientos más tirón con resistencias elásticas
Fase de Integración			Introducción movimientos olímpicos y lanzamientos de balón medicinal en rotación	Pliométricos bipodales	Desplazamientos cruzados asistidos y resistidos
				Pliométricos unipodales en diferentes direcciones	Introducir el Randori progresando de baja a media intensidad

6.- Resumen

Las intenciones de este capítulo han sido principalmente dos:

- Generar una primera aproximación hacia la nueva perspectiva de la preparación física, incluyendo la importancia de trabajar y entrenar la calidad de movimiento.

- Plantear un sistema de trabajo sobre uno de los campos más novedosos de la preparación física en el Judoka, que es la readaptación. Además de mostrar interés por diferenciarla totalmente de la "rehabilitación" o de la fase de "retorno a la competición", que si bien son fases en continuidad desde el momento de la lesión, tienen que tener una identidad propia.

Somos conocedores de la importancia de una buena formación de base para llevar este proceso a cambio, por lo que te animamos a que investigues más y no te tomes nuestras recomendaciones al pie de la letra, esas tablas están basadas en el conocimiento del trabajo mediante sistemas organizados, pero te tienen que servir para entender que aplicar "ejercicios" por el mero hecho de que sean "buenos" no garantiza que vayamos a tener éxito o que estemos realizando una buena labor.

La preparación física y la readaptación como cualquier otro proceso se tiene que hacer en sinergia con el resto de los intervinientes en la lesión, como son el fisioterapeuta y el médico, y siempre bajo su supervisión (nos remitimos al punto anterior).

Y lo último, lo más importante, es que la fase de readaptación tiene un valor añadido "oculto", es el momento de que el judoka vuelva a coger confianza sobre su lesión, sobre la mecánica lesional, y que crea que puede volver a ser quien era antes de lesionarse, ningún proceso de recuperación que no contemple este paso está completo.

REFERENCIAS

Amtmann, J., & Cotton, A. (2005). Strength and conditioning for judo. Strength and Conditioning Journal, 27(2), 26-31.

Boyle, M. (2016). New functional Training for Sports. Editorial: Human Kinetics.

Burns, A., Callan, M. (2017). Strength and Conditioning for Judo. Editorial: Crowood Press.

Cook, G., Burton, L., Hoogenboom, B. J., & Voight, M. (2014). Functional movement screening: The use of fundamental movements as an assessment of function. International journal of sports physical therapy (9): 549.

Poceco, E., Ruedl, G, Stankovic, N., Sterkowich, N. (2013): Injuries in Judo: A systematic literatures review including suggestions for prevention. British Journal Sports Medicine, 47:1139–1143.

Gil Manzato, A.L., Parra de Camargo, H., Das Gracas, D., Martinez, P.F., Assis de Oliveira, S. (2017). Musculoskeletal injuries in judo practitioners. Fisioterapia e Pesquisa, 24 (2): 127-134.

Gusi, N., Rodriguez, L.P. (2002). Manual de prevención y rehabilitación de lesiones deportivas. Editorial: Síntesis, España.

Hernández, R., Torres, G (2011). Preparación física integrada en deportes de combate. E-Bm.como Revista de Ciencias del Deporte, (7): 31-38.

McGill, S. M., Andersen, J. T., & Horne, A. D. (2012). PREDICTING PERFORMANCE AND INJURY RESILIENCE FROM MOVEMENT QUALITY AND FITNESS SCORES IN A BASKETBALL TEAM OVER 2 YEARS. Journal of Strength and Conditioning Research, 26(7), 1731-1739.

Pierantozzi, E., Muroni, R. (2009). Judo high level competitions injuries. Medicine Journal Muscle Surve, 17: 26, 29.

Stradijot, F., Pittorru, G. M., & Pinna, M. (2012). The functional evaluation of lower limb symmetry in a group of young elite judo and wrestling athletes. Isokinetics and Exercise Science, 20(1), 13-16.

Sudén, A., Ekdahl, C., Horstman, V., Gyllensten, A.L. (2016). Analyzing Movements Development and Evaluation of the Body Awareness Scale Movement Quality (BAS MQ). Physiotherapy Research International, 21: 70-76.

ENTRENAMIENTO DE LA POTENCIA MUSCULAR EN JUDO

Juan Bonitch Góngora
Filipa Almeida

Durante los combates, los judokas tratan de ganar una ventaja competitiva proyectando a su adversario al suelo sobre la espalda. Así, se considera que el desarrollo de altos niveles de potencia muscular es necesario durante la ejecución de las acciones que resultan en puntuación, que involucran tanto a la musculatura de los miembros inferiores como a la de los miembros superiores (Bonitch-Domínguez et al, 2010). Varios autores afirman que la potencia muscular y la fuerza explosiva son componentes que discriminan entre judokas de diferentes niveles competitivos, siendo los judokas de élite los que desarrollan niveles más elevados de estas variables tanto en piernas (Fagerlund & Hakkinen, 1991; Franchini et al, 2005a) como en brazos (Monteiro, 2013). Además, los judokas realizan una media de 15±5 ataques por combate (Franchini et al, 2005b) y varios combates en una sola jornada, por lo que deben mantener esta capacidad a lo largo del enfrentamiento y de toda la competición.

Al mismo tiempo, la naturaleza intermitente y de alta intensidad de los combates de judo hace que la participación del metabolismo anaeróbico láctico sea elevada, lo que se corrobora por los altos niveles de lactato sanguíneo encontrados tras combates reales o simulados, casi siempre >10 mmol/l y a menudo >14 mmol/l (Bonitch-Domínguez et al, 2010; Bonitch-Góngora et al, 2012; Mickiewitz et al, 1991; Obminski et al, 1999; Serrano et al, 2001; Sikorski et al, 1987; Detanico et al, 2014; Sbriccoli et al, 2007). Aunque la contribución del lactato a la fatiga y la correspondiente reducción en el pH parece mínima (Allen et al, 2008), otros factores periféricos asociados, como la acumulación de fosfato inorgánico (P_i), de acumulación de potasio (K^+) en el intersticio muscular, la depleción del glucógeno o la deshidratación, se han asociado con la reducción de la fuerza y la potencia (Knicker et al, 2011).

Llegados a este punto, cabe hacernos las siguientes preguntas: ¿afecta esta situación supuestamente desventajosa para la contracción muscular a las acciones de fuerza durante los combates de judo?, ¿lo hace por igual en todos los grupos musculares? Durante este capítulo, trataremos de responder a estas preguntas y proporcionar estrategias sencillas a entrenadores y deportistas para el diseño de los entrenamientos encaminados a la mejora de la potencia muscular en judokas.

Concepto de potencia muscular y factores que afectan a su desarrollo.

Actualmente, aún continúan difundiéndose conceptos erróneos y equívocos terminológicos que limitan la comprensión y el análisis de los fenómenos relacionados con el entrenamiento de la fuerza en el deporte. Sin duda, los conceptos de fuerza explosiva y potencia muscular son dos de los ejemplos más comunes de la falta de rigor y acotamiento entre ambas manifestaciones de fuerza. Es por esta razón que creemos importante aclarar ambos conceptos.

A pesar de que ambas son manifestaciones de la denominada fuerza rápida, cada una estará influenciada por factores diferentes ya que tienen características distintas. A diferencia de la fuerza máxima, que es el "valor más elevado que el sistema neuromuscular es capaz de producir independientemente del tiempo necesario para hacerlo" (Schmidtbleicher, 1992), la aplicación de fuerza en la gran mayoría de las actividades deportivas va a estar condicionada por el tiempo disponible. **Con frecuencia el punto clave es cuánto de rápido es capaz el atleta de expresar su máxima fuerza**. Desde ese momento, ya estamos hablando de fuerza rápida. Existe un gran espectro de posibilidades que, en función de la **resistencia a vencer**, del **tiempo** disponible para desarrollar la fuerza y de la **velocidad** de ejecución alcanzada, nos va a permitir identificar diferentes expresiones de la fuerza rápida (González-Badillo et al, 2002).

La fuerza explosiva, también llamada en la literatura científica como *rate of force development* **(RFD),** está vinculada a la curva fuerza-tiempo (C.f-t) y puede ser definida como "la producción de fuerza por unidad de tiempo", siendo expresada en Newtons/segundo. La fuerza explosiva podrá medirse desde el inicio hasta cualquier punto de la C.f-t, por lo que un individuo tendrá tantos valores de fuerza explosiva como mediciones se realicen en su C.f-t. El valor máximo de fuerza explosiva o fuerza explosiva máxima hace referencia a la mejor relación fuerza-tiempo de toda la curva y viene expresada por la máxima pendiente alcanzada en la C.f-t.

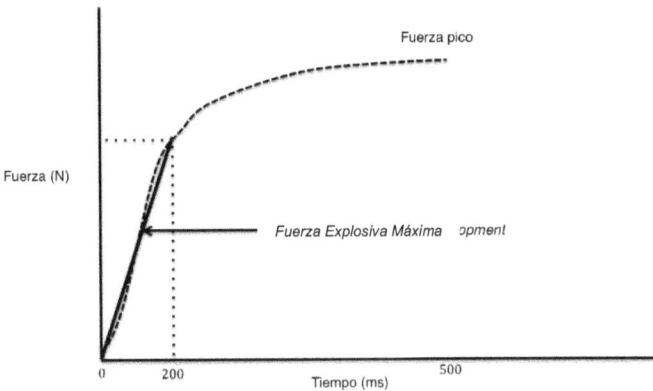

Zona de máxima pendiente de la C.f-t, donde se alcanza la máxima producción de fuerza por unidad de tiempo.

Un aspecto muy importante a tener en cuenta es el hecho de que la fuerza explosiva máxima se suele alcanzar antes de los 100-200 primeros milisegundos de la ejecución, y sólo se consigue con cargas superiores al 30% de la fuerza isométrica máxima. ¿Qué quiere decir esto?, muy sencillo: no sólo significa que es falso que la fuerza explosiva sólo haga referencia a acciones realizadas a altas velocidades con cargas minúsculas, como los saltos, sino que **la fuerza explosiva máxima sólo se consigue con cargas superiores al 30% de la fuerza isométrica máxima**. Por lo tanto, siendo rigurosos con la definición, se alcanzan mayores niveles de fuerza explosiva en una repetición máxima (1RM) en sentadilla que realizando dicho ejercicio sólo con la barra. Por tanto, la producción de fuerza por unidad de tiempo puede ser independiente de la velocidad del movimiento (Young, 1993). Así, se puede considerar que los movimientos explosivos no son necesariamente los que se producen a gran velocidad, pero si son aquellos en los que se alcanza la máxima o casi máxima producción de fuerza por unidad de tiempo (Schmidbleicher, 1992). Aun así, tanto la fuerza explosiva como la fuerza explosiva máxima tienen obviamente una pequeña relación con la velocidad del movimiento, ya que una mayor o menor velocidad depende precisamente de la capacidad de producir fuerza rápidamente. Si queremos desarrollar fuerza de manera rápida, no cabe duda de que la velocidad del movimiento será la máxima o casi máxima para una resistencia dada, y que cuanto mayor es el grado de desarrollo de la fuerza inicial (producida en la fase estática o isométrica) más rápidamente se va a poder ejecutar la fase de aceleración, fase que empieza precisamente con el inicio del movimiento (Verkhoshansky, 1996).

Por otro lado, la potencia mecánica puede ser definida como el "producto de la fuerza aplicada por la velocidad del movimiento" (Knuttgen & Kraemer, 1987). Como el trabajo es igual a la fuerza por la distancia (Garhammer, 1993), y la velocidad es la distancia dividida por el tiempo, la potencia mecánica puede ser expresada como el trabajo desarrollado por la unidad de tiempo.

$$W = F \times d$$
$$V = d/t$$
$$P = F \times V$$
$$P = F \times d/t = W/t$$

P: potencia, W: trabajo, F: fuerza, d: distancia, t: tiempo, V: velocidad.

El concepto de potencia está asociado a la curva fuerza-velocidad (C.f-v). La potencia mecánica no es más que el producto de la fuerza por la velocidad en cada fracción de tiempo (Sale, 1992). La manifestación máxima de la potencia o potencia máxima en el deporte, nunca se alcanza con cargas pesadas desplazadas a una velocidad reducida, o con cargas ligeras a velocidades altas de contracción, pero si a través de la mejor relación entre ambas. Así, tanto la velocidad como la carga deben ser intermedias para que se pueda alcanzar el valor de la potencia máxima (González-Badillo, 2000). La C.f-v lleva aparejada una curva de potencia, para la cual Tihany (1988) describió 3 zonas:

- **Zona 1**: donde se desplazan cargas elevadas a una velocidad baja (potencia media/baja).
- **Zona 2**: donde se desplazan cargas relativamente ligeras a una gran velocidad (potencia media/baja).
- **Zona 3**: donde se desplazan cargas intermedias a una velocidad media (potencia máxima).

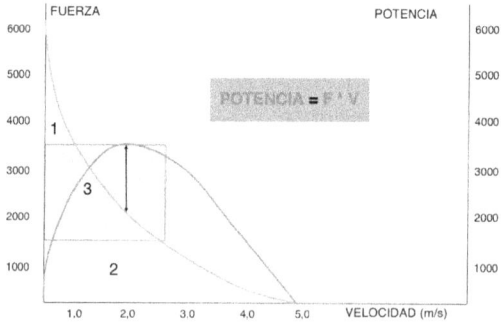

Curva de potencia y su relación con la C.f -v (Adaptado de Tihany, 1988)

Situándonos en un contexto deportivo, la inmensa mayoría de los expertos consideran a la potencia muscular como una cualidad decisiva durante las acciones técnicas de la mayoría de los deportes (lanzamientos, saltos, sprints, golpeos, etc.). Como hemos visto en la imagen anterior, **la potencia pico o máxima se da en la zona intermedia de la curva**, con valores medios de fuerza y velocidad. Por lo tanto, si la potencia máxima se alcanza a porcentajes de entre el 30-60% de la fuerza máxima (1RM) (dependiendo del ejercicio), cabe hacernos la siguiente pregunta ¿por qué necesitan los judokas ser fuertes si el pico de potencia se alcanza a cargas relativamente ligeras?. Cuando analizamos la ecuación: potencia = fuerza x velocidad, es obvio pensar que los incrementos de fuerza máxima son importantes para el desarrollo de la potencia muscular. El aumento de cualquiera de estos dos componentes (fuerza o velocidad) es susceptible de mejorar el rendimiento del deportista en cuanto a esta capacidad, a pesar de que el otro permanezca constante (Turner, 2009). Será el entrenador el que decidirá en cuál de las dos variables tiene el atleta más necesidad de mejorar, si en los componentes de fuerza o en los de velocidad. Sabiendo que existe una relación lineal y positiva entre la fuerza máxima y la potencia muscular, el judoka no alcanzará los más altos niveles de potencia muscular sin antes alcanzar altos niveles de fuerza (Cormie et al, 2011a; Cormie et al, 2011b). Esto se ha corroborado en estudios transversales que revelan que los individuos más fuertes manifiestan mayor potencia muscular que los más débiles (Cormie et al, 2009; Cormie et al, 2010; Stone et al, 2003; Ugrinowitsch & Barbanti, 1998). Aun así, es importante saber que lo programas de entrenamiento de la fuerza mejoran el rendimiento de la potencia muscular principalmente en individuos no entrenados o moderadamente entrenados. Sin embargo, esa influencia entre la fuerza y la potencia muscular parece disminuir cuando el atleta ya está altamente entrenado en esa capacidad física (Kraemer & Newton, 2000). Es decir, cuanto más entrenado está el atleta, menos "entrenable" será. Esto se debe a que existen límites biológicos para la adaptación del organismo y, en consecuencia, para el desarrollo de la potencia muscular (Fray & Newton, 2004). Como estos atletas han alcanzado su potencial máximo (o están muy cerca) de desarrollo de fuerza, los entrenamientos basados en cargas altas a velocidades bajas tendrán menos impacto sobre su habilidad de producir movimientos potentes. El desarrollo de la potencia muscular en estos casos debería empezar a tender hacia acciones más específicas. Los judokas de élite necesitarán, por tanto, dedicar más tiempo al entrenamiento con cargas intermedias que los judokas noveles, que pasarán periodos de tiempo más largos desarrollando su fuerza máxima. Estos últimos necesitarán alcanzar niveles de fuerza máxima suficientes antes de centrarse en un entrenamiento basado en la potencia muscular. Esta información es vital cuando se trata de planificar el entrenamiento de fuerza de los judokas a medio y largo plazo, y es la razón por la cual a veces el hecho de que los atletas jóvenes inviertan tiempo para desarrollar fuerza en lugar de prepararse específicamente para la competición puede ser beneficioso. Es importante encontrar un equilibrio entre el éxito a corto plazo y la correcta planificación a largo plazo.

El entrenamiento con cargas ligeras mejorará la potencia ante resistencias ligeras y viceversa. Esta es una premisa básica de la especificidad. Las acciones de ataque en judo son muy variadas, por lo tanto, el rango de resistencias a vencer es amplio dependiendo del movimiento (por ejemplo *deashi-harai* vs. *ura-nage*), el momento de ataque, etc. En cualquier caso, la resistencia a vencer es siempre alta (el peso del adversario) y el tiempo disponible muy limitado (200-700 ms) (Awazu 2001, citado en Nakanishi 2003). Por lo tanto, los judokas deben alcanzar su pico de potencia en las zonas media y alta de la C.f-v preferentemente, buscando una muy buena relación entre fuerza, velocidad y tiempo, aunque un programa de entrenamiento de la potencia muscular en judokas deberá cubrir un amplio espectro del perfil f-v para proveer un completo rango de capacidades de potencia.

Las C.f-t y C.f-v son formas diferentes de expresar la relación de la fuerza, el tiempo y la velocidad (González-Badillo & Gorostiaga, 1995). Cualquier modificación que se produzca en la C.f-t, vendrá reflejada en la C.f-v y viceversa. La C.f-t puede utilizarse tanto para mediciones estáticas como dinámicas, mientras que la C.f-v sólo para mediciones dinámicas, y tiene asociada una curva de potencia. Ambas curvas constituyen una herramienta básica en la valoración del efecto del entrenamiento. En la siguiente figura se muestran los cambios más usuales acontecidos a lo largo de la preparación de un deportista. El caso A representa la adaptación de un sujeto que ha entrenado con cargas pesadas, el B con cargas submáximas y el C con cargas ligeras. Existe la posibilidad de que toda la curva se desplace a la derecha, esto ocurre con atletas principiantes fundamentalmente (modificado de Zatziorsky, 1995).

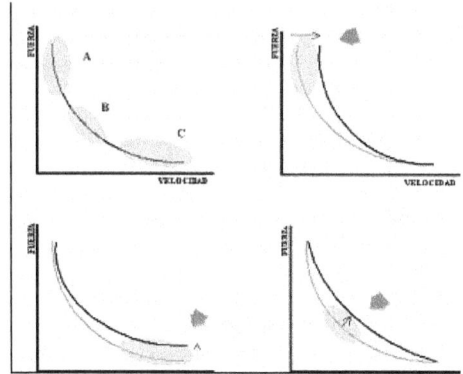

En la figura de más abajo, se comprueba como las modificaciones positivas se producen cuando:

A. La C.f-t se desplaza hacia la izquierda, lo cual significa que:

   a. Para producir la misma fuerza se tarda menos tiempo.

   b. En el mismo tiempo se alcanza más fuerza.

B. La C.f-v se desplaza hacia la derecha, y lo que ocurre es que:

   a. La misma carga se desplazaría a mayor velocidad.

   b. A la misma velocidad se desplazaría más carga.

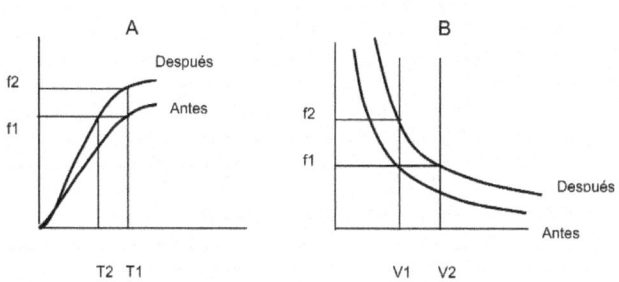

Los cambios producidos en la C.f-t son equivalentes a los producidos en la C.f-v al evaluar situaciones dinámicas, ya que los efectos recogidos en los apartados Aa-Ba y Ab-Bb se refieren respectivamente a una misma mejora.

Además de los factores descritos hasta ahora que afectan a la *potencia muscular* (la **relación entre la fuerza y la velocidad**, o el **RFD**), existen otros que contribuirán al desarrollo de esta capacidad y que son de gran importancia a la hora de diseñar el entrenamiento. Uno de ellos es el patrón que siguen muchas de las acciones consideradas "explosivas", realizándose una acción de tipo concéntrico precedida de una fase excéntrica. Este doble ciclo es llamado **ciclo estiramiento-acortamiento** (CEA). Las acciones llevadas a cabo de esta manera producen alrededor de un 20% más de potencia muscular que aquellas realizadas solo con una fase concéntrica. Por ejemplo, si usted compara la altura de un salto realizado desde una posición flexionada a 90º (salto sin contramovimiento o SJ) y otro comenzando desde una posición de pie (para doblar seguidamente las rodillas, tobillos y caderas lo más rápido posible y entonces saltar lo más alto que posible - salto con contramovimiento o CMJ-), comprobará que el segundo salto le permitirá saltar más alto. Una explicación simple puede ser imaginarse que la musculatura de las piernas es una goma elástica. Cuanto más pre-estiramiento se coloque en la "goma" muscular, más fuerza se generará en su rebote. Este mecanismo se utiliza en la mayoría de los deportes, cuando salta un jugador de baloncesto, corre un "sprinter" o hace un *seoi-nage* un judoka. El método de entrenamiento más documentado para mejorar el CAE es el "entrenamiento pliométrico", y conlleva la habilidad de la musculatura de absorber la carga excéntrica y "encadenarla" lo más rápidamente posible con una contracción de tipo concéntrico.

Otro aspecto de particular importancia en judo y que afecta al desarrollo de potencia, es el factor de la **coordinación** y la **habilidad motriz**. El judoka debe tener la capacidad física de producir fuerza de manera explosiva, pero sin la coordinación muscular y motriz necesarias, no podrá ejecutar movimientos potentes. El rendimiento de la potencia muscular está condicionado por la interacción de los músculos agonistas, antagonistas y sinergistas. El entrenamiento específico debe aumentar la habilidad del cuerpo para activar los músculos correctos cuando son requeridos, así como incrementar la coordinación neuromuscular. La aplicación específica en el entrenamiento de judo requiere que los judokas practiquen las técnicas con el objetivo de participar en la competición, de manera progresiva. Por ejemplo, para conseguir ser eficaz en la técnica de *uchi-mata*, el judoka primero debe ganar competencia en movimientos pliométricos con dos piernas, para progresar hacia movimientos con una pierna. Una vez que se ha desarrollado la capacidad de producir movimientos potentes a una sola pierna, entonces la técnica deportiva puede ser entrenada de esa manera, progresando desde una situación lenta y controlada hacia una rápida y potente. Por tanto, lo que nos interesa es la fuerza que podemos aplicar a través del gesto deportivo, a la velocidad y en el tiempo requerido por la modalidad (fuerza útil). La capacidad de aplicar las técnicas con una mayor potencia muscular, incrementa las oportunidades de marcar *ippon,* y por lo tanto, es un aspecto en el que merece una inversión de tiempo significativa durante el entrenamiento del judoka.

Desarrollo de la potencia muscular en judokas.

Judokas élite vs. no-élite.

En general, los perfiles condicionales y técnico-tácticos de los judokas campeones difieren significativamente de los de aquellos que, por unas u otras razones, deben conformarse con puestos cercanos a las medallas (García-García et al, 2007). Centrándonos en las capacidades de fuerza, cabría preguntarnos: **¿qué manifestaciones de la fuerza diferencian a un gran campeón de aquel que no lo es?** En caso de existir tales diferencias, **¿se traducen a los gestos específicos?** Conociendo las respuestas a estas preguntas podremos poner en marcha los medios necesarios para diseñar el entrenamiento.

En la actualidad existen muy pocos estudios que aporten datos de potencia muscular en judokas y que además establezcan una comparación entre judokas de diferentes niveles competitivos. Los estudios disponibles hasta el momento con ejercicios generales evidencian que los judokas de élite vs. judokas no-élite, desarrollan:

- Valores más altos de tasa de producción de fuerza en el SJ (Monteiro, 2013).

- Valores más altos de tiempo hasta el pico de velocidad en CMJ (Monteiro, 2013).

- Mayor altura de salto, niveles de fuerza de reacción vertical contra el suelo en la fase de empuje y menores tiempos en alcanzar ese pico en el SJ, CMJ y DJ20 (Zaggelidis & Lazaridis 2012. Plataforma fuerza) en judokas hombres y mujeres. Es decir, aplican más fuerza, y tardan menos en alcanzar su pico.

- Mayores niveles de potencia pico y media en press-banca (Monteiro, 2013). También mayor 1RM y tasa de producción de fuerza (N/s).

- Mayores niveles de potencia pico y media en remo prono (Monteiro, 2013). También 1RM y tasa de producción de fuerza (N/s).

Por otro lado, teniendo en cuenta lo comentado en líneas superiores respecto a la transferencia hacia los gestos específicos y el concepto de *fuerza útil*, los estudios disponibles hasta el momento con ejercicios específicos evidencian que los judokas de élite vs. no- élite desarrollan:

- Mayores valores de potencia en el *hikite* (Iteya et al, 2005. Poleas) en judokas femeninas japonesas de élite vs. universitarias de nivel regional.
- Mayores niveles de fuerza de reacción vertical contra el suelo y menores tiempos en alcanzar ese pico en *uchi-mata*, *harai-goshi* y *hane-goshi* (Zaggelidis & Lazaridis 2012. Plataforma fuerza).

Aunque no han estudiado específicamente la *potencia muscular*, una serie de estudios han analizado velocidades de los diferentes segmentos corporales de *tori* durante la ejecución de una de las técnicas más ejecutadas en competición (*seoi-nage*). Ya que uno de los componentes de la potencia es la velocidad, y la fuerza se vería reflejada en el análisis del *uke*, nos interesan estos datos aunque debamos tratarlos con cautela:

- Mayor velocidad en el *hikite* (Ishii & Mishiyoshi, 2014. Cámaras)
- Mayor velocidad del COM (centro de masa) antero-posterior de *tori* en *seoi-nage* (Ishii el al. 2016)
- Mayor velocidad de la cadera de *tori* en el plano digital en *seoi-nage* (Ishii & Mishiyoshi, 2014).

Los estudios que analizan el comportamiento de *uke* son muy interesantes debido a que podemos conocer cómo transmite fuerza el *tori* a *uke*, cómo de rápido es capaz de mover la masa (cuerpo de *uke*). Un estudio analizó los valores cinemáticos del *seoi-nage* desde esta perspectiva. Los resultados fueron:

- Los judokas de más nivel consiguieron desplazar el torso de *uke* a una mayor velocidad angular (Ishii & Mishiyoshi, 2014).

Comportamiento de la potencia muscular y otras manifestaciones de fuerza durante los combates.

Durante los combates de judo se suceden periodos de esfuerzo intenso de 30 segundos y pausas de 10 segundos de duración media, hasta que el tiempo reglamentario de 4 minutos finaliza (Miarka et al., 2012). Este tipo de ejercicio intermitente de alta intensidad se realiza normalmente por encima del umbral anaeróbico, es decir, la intensidad a partir de la cual el lactato comienza a acumularse en la musculatura esquelética (Menzies et al., 2010), indicando una importante participación del metabolismo anaeróbico láctico de los judokas. Este hecho se ve reflejado en las altas concentraciones de lactato registradas después de uno o varios combates (Bonitch-Domínguez et al., 2010; Bonitch-Góngora et al., 2012; Mickiewitz et al., 1991; Obminski et al., 1999; Serrano et al., 2001; Sikorski et al., 1987; Detanico et al., 2014; Sbriccoli et al., 2007). Más que el lactato en sí, algunos factores concomitantes como la acumulación de fosfato inorgánico (Pi), la acumulación de potasio (K+) en el intersticio muscular, la depleción de glucógeno o la deshidratación, se han relacionado con la reducción de la fuerza y la potencia durante este tipo de actividades. Adicionalmente, en una investigación reciente (Detanico et al, 2014) se ha encontrado un incremento significativo de las enzimas creatin-kinasa (CK) and lactato-deshidrogenasa (LDH) en el plasma sanguíneo después de tres combates de judo. El incremento en el plasma de estos marcadores bioquímicos se ha considerado una evidencia del daño muscular (Brown et al, 1997; Byrne et al, 2002; Twist et al, 2005), y ocurre cuando las fibras musculares están metabólicamente exhaustas. Por estas razones, y teniendo en cuenta que los judokas medallistas deben soportar este escenario de elevada demanda energética durante varios combates, podríamos anticipar una respuesta afirmativa a las preguntas que nos hacíamos al comienzo de este capítulo: ¿afecta esta situación metabólica aparentemente desventajosa al rendimiento de la contracción muscular durante los combates de judo? ¿lo hace por igual en todos los grupos musculares? Sin embargo, la respuesta no es tan sencilla y la realidad es bastante más compleja de lo que podría parecer en un principio.

Hasta la fecha son escasas las investigaciones que han estudiado el rendimiento de los diferentes grupos musculares en situación real o simulada de competición. Sin embargo, nos han aportado información muy valiosa para la comprensión de los procesos de fatiga durante los combates y de cómo ésta afecta o no a la musculatura protagonista de las diferentes acciones. Estos estudios han encontrado resultados dispares, ya que algunos de ellos describieron un descenso de la capacidad de aplicar fuerza durante los combates, y otros no hallaron pérdidas o incluso registraron un aumento de rendimiento en la capacidad estudiada. Bonitch-Domínguez et al (2010) registraron un pequeño aumento en la potencia muscular del ½ squat concéntrico después de cuatro combates de 5 minutos de duración con 15 minutos de descanso pasivo entre cada uno, aunque estos cambios no fueron estadísticamente significativos.

Detanico et al (2014) tampoco encontraron cambios en la potencia del salto (CMJ) después de tres combates, aunque si un descenso en la altura de salto. Por otro lado, no se encontraron diferencias significativas en la altura del CMJ después de uno (Carballeira et al, 2007) y dos (Iglesias et al. 2003) combates. Otros estudios publicaron pérdidas de un 15% en la fuerza isométrica máxima de prensión manual después de cuatro combates (Bonitch-Góngora et al., 2012) y de un 5% y un 15% después del primer y el segundo combate respectivamente (Iglesias et al, 2003). Una investigación registró pérdidas en la fuerza de rotación externa e interna del hombro (Detanico et al, 2014) después de 3 combates. Un estudio (Carballeira et al, 2007) analizó los ejercicios de pres-banca y remo en tabla ejecutados de manera isométrica en una angulación de 90º, encontrando una reducción significativa después de un combate solo en el pres-banca. Por otro lado, Bonitch-Góngora et al. (2007) registraron un aumento de la potencia muscular generada en el ejercicio de press-banca solo concéntrico en las medidas tomadas después de cuatro combates.

Como podemos ver, los estudios analizados muestran que los combates afectan de manera diferente a cada grupo muscular, lo que puede explicarse por la naturaleza del esfuerzo de las distintas acciones técnico-tácticas. Una de ellas, el agarre, es prácticamente permanente durante todo el enfrentamiento involucrando a la musculatura prensora de los antebrazos de manera isométrica para sujetar al adversario, y a la de los hombros de manera dinámica, trabajando continuamente para evitar el control del adversario. Como consecuencia, ambos grupos musculares se ven afectados por la fatiga. Por otro lado, las acciones de carácter explosivo tienen lugar de forma puntual activando la musculatura de piernas y brazos cuando se realiza un ataque, al parecer con suficiente tiempo entre cada una de ellas para que se produzca una recuperación de los sustratos energéticos y para que la fatiga se disipe más rápidamente, no produciéndose cambios significativos en la potencia de extensión de las piernas, y manifestándose una potenciación en la extensión de los brazos. El predominio de la fatiga o de la potenciación durante los combates dependerá de múltiples y complejos factores como el número de contracciones, el tiempo entre cada contracción, la intensidad, el tipo (dinámica vs. estática), entre otros (Hodgson et al., 2005). Por ejemplo, se sabe que las contracciones isométricas responden de manera diferente a la fatiga que las dinámicas (Babault et al. 2006), dificultando la eliminación de metabolitos así como el suministro de oxígeno para permitir la resíntesis de Pcr (Babault et al. 2006), como ocurre en la musculatura de los antebrazos durante los combates.

Metodología para el entrenamiento de la potencia muscular en judo.

Elección de los ejercicios.

La elección de los ejercicios que compondrán las sesiones de entrenamiento de la potencia muscular envolverá muchas decisiones. Cuando un músculo no es activado, no sufrirá ningún tipo de adaptación, y consecuentemente no contribuirá a la mejora del rendimiento. Por ese motivo, la elección de los ejercicios debe pasar por un análisis exhaustivo de las necesidades del atleta en base a las exigencias de la modalidad y las suyas propias.

A continuación, analizaremos la idoneidad para el desarrollo de la potencia muscular de los diferentes ejercicios de entrenamiento de la fuerza disponibles:

1) **Tradicionales**: muy utilizados en el entrenamiento de fuerza (aunque cada vez menos), son interesantes en las fases iniciales de un programa de entrenamiento o para individuos con bajos niveles de fuerza, pero presentan algunas carencias para el desarrollo de la potencia muscular. El principal problema de este tipo de ejercicios es que existe una "desaceleración" en la fase final del movimiento (Newton et al, 1996), lo que es contrario a lo que sucede durante la aplicación de una proyección en judo, cuando el movimiento es acelerado al final, siendo que la mayoría de las veces el judoka se proyecta al suelo para poder conseguir completar la proyección.
Estos ejercicios son la sentadilla (*squat*), el press-banca (*bench-press*) o el remo en tabla (*row*).

2) **Balísticos**: se resuelve el problema de la desaceleración en la fase final del movimiento; se obtienen mayores rendimientos en la ejecución de un ejercicio de manera balística respecto al mismo ejercicio ejecutado de manera tradicional (pres-banca vs. pres-banca lanzado) (Newton et al., 1996); mayor activación muscular media durante todo el recorrido (Newton et al., 1996); en un estudio se analizaron las diferencias en la capacidad de salto de dos grupos, uno que entrenaba con el ejercicio de salto sin contramovimiento (SJ) y otro que entrenó con el ejercicio de prensa atlética: el grupo que entrenó con el SJ mejoró más el salto vertical (Newton et al., 1999).

Estos ejercicios son el salto sin contramovimiento (SJ), el pres-banca lanzado o los multilanzamientos con balón medicinal u otros elementos.

3) **Pliométricos**: Ciclo CEA, transición de la fase excéntrica a la concéntrica lo más rápido posible; se alcanza más altura de salto en un CMJ que en un SJ. Tradicionalmente, los ejercicios pliométricos son realizados con poca o ninguna sobrecarga externa. Sin embargo, las acciones pliométricas en judo son fundamentales en las piernas durante los ataques, cuando el judoka realiza la fase excéntrica sin carga y la concéntrica con carga. Por lo tanto, siempre que el deportista esté preparado, se podrán utilizar saltos sobrecargados. Predominantemente los ejercicios pliométricos se entrenarán en las piernas, ya que los judokas no realizan este tipo de contracción con los brazos.

Estos ejercicios son el salto con contramovimiento (CMJ), el CMJ sobrecargado, el salto desde una superficie elevada o *drop-jump* (DJ), saltos a una pierna, saltos con componente horizontal, el pres-banca pliométrico o las flexiones con palmada continuas, sin pausa.

4) **Olímpicos**: generan valores máximos de potencia a %1RM más elevados que los ejercicios tradicionales (Newton et al, 1994; Storey et al, 2012) debido a la aceleración alcanzada durante la fase propulsiva (Garhammer & Gregor, 1992; Schilling et al., 2002); gran solicitación de fibras musculares tipo II; patrones motrices más cercanos a los movimientos de judo, con la transmisión de fuerza de los miembros inferiores a los superiores.

Estos ejercicios son: cargada de fuerza (*power-clean*), arrancada (*power-snach*), envión con split de piernas (*jerck*).

5) **Complejos o de contraste**: mejoran simultáneamente la fuerza y la potencia; consiste en la combinación cargas altas (85-100% 1RM) y cargas bajas/medias (40-60% 1RM) (Cometti, 1998); las cargas altas incrementan excitabilidad motoneuronas y el reflejo de potenciación (PAP) (Sale, 2002). Quizá, los métodos de **contraste pliométrico** y **contraste específico** (de los que aportamos ejemplos más adelante) sean los de más interés para el entrenamiento de potencia muscular del judoka, ya que el efecto potenciador de la carga precedente maximiza el rendimiento del ejercicio posterior. La manipulación de diferentes intensidades hace que el judoka mejore su potencia muscular ante un espectro mayor de cargas, necesario para enfrentarse a los diferentes tipos de acciones y resistencias que se darán durante el combate. Además, la posibilidad de combinar diferentes tipos de contracción muscular,

adecuándola a la realidad del judo en cada grupo muscular, así como la combinación de ejercicios generales con específicos, hace que el grado de transferencia sea alto.

Estos ejercicios son: <u>sentadilla + sentadilla, sentadilla + CMJ, pres-banca + pres-banca, pres-banca + pres-banca lanzado, pres-banca + lanzamiento balón medicinal, remo en tabla + remo en tabla, sentadilla + *nage-komi*</u>, etc.

6) **Específicos**: no problemática de transferencia, pero difícil de cuantificar la intensidad y evaluar.

Estos ejercicios son: *uchi-komi*, *nage-komi*, *nage-komi* con resistencia.

Intensidad de la carga.

La mayor controversia en el diseño de entrenamientos encaminados a la mejora de la potencia muscular ha sido respecto a la intensidad de la carga que maximiza los resultados. Las recomendaciones varían entre los que recomiendan un rango entre cargas bajas y medias, los que recomiendan cargas alrededor del 80% de 1RM y los que recomiendan que sólo se utilicen cargas altas. Los defensores de la utilización de cargas más elevadas se basan en el "principio de tamaño" (Bird et al, 2005), que hace referencia a el tamaño de la motoneurona, y sugiere que la movilización de cargas más altas supone mayor reclutamiento de unidades motoras con mayor umbral de activación de las fibras musculares rápidas, que generan más potencia que las lentas. El entrenamiento con ese tipo de cargas resulta en repeticiones con una velocidad más baja. Sin embargo, el atleta debe tener siempre la intención de mover la carga a la mayor velocidad posible, aunque no sea posible. La simple intención de producir fuerza rápidamente conllevará importantes adaptaciones neuromusculares, como el aumento la frecuencia de disparo de la motoneurona, que aumentarán la capacidad de producir potencia. El musculo "aprende" a "disparar" más rápido. Por otro lado, los que defienden la utilización de cargas más ligeras, se basan en el "principio de especificidad", que sugiere que se podrá alcanzar una mejor relación f-v, potencias máximas o cercanas a la máxima (aunque depende el ejercicio), y por tanto mejores adaptaciones. Un tercer grupo defiende la utilización de cargas con mayor amplitud (10-80% 1RM) (Cormie et al 2007; Kawamori et al. 2005), lo que aumenta la posibilidad de realizar una mayor variedad de ejercicios, lo que a su vez conlleva una mejora de la potencia en un rango mayor de intensidades. Por ejemplo, el entrenamiento sin carga mejoraría la potencia de salto, y con cargas de 50-70-80% 1RM mejoraría el rendimiento en el squat, la cargada y la arrancada, respectivamente.

Un aspecto muy importante a tener en cuenta es el hecho de que el pico de potencia se alcanza a porcentajes de la fuerza máxima muy diferentes en cada ejercicio. Los estudios han demostrado que los ejercicios de levantamiento olímpico, como la arrancada (entre 90-95% 1RM) y la cargada (entre 80-90% 1RM) son los que más potencia muscular desarrollan, en comparación con la sentadilla (entre 60-70% 1RM) o el pres-banca (entre 40-50% 1RM). Debido al elevado % de 1RM al que desarrollan el pico de potencia los ejercicios olímpicos y a la elevada sobrecarga ortopédica que producen sobre las articulaciones, será el entrenador quién valore si merece la pena entrenarlos con pesos tan elevados, lo que dependerá del nivel de ejecución e historial de lesiones del deportista. Lo que debe tenerse en cuenta a la hora de escoger la intensidad utilizada, es la naturaleza de las cargas que movilizan los judokas y la fase de periodización en que se encuentra el judoka. Así las modificaciones en la C.f-v y la curva de potencia serán específicas de la carga con la que se haya trabajado. De cualquier manera, debido a que la potencia muscular es dependiente de la integración de la fuerza y la velocidad, es necesaria la utilización de diferentes tipos de cargas a lo largo de la temporada.

Como vemos, la referencia más utilizada en el entrenamiento de fuerza en general es la Repetición Máxima o 1RM. La 1RM es la cantidad de kg que un sujeto puede desplazar una, y sólo una vez en un ejercicio determinado. Así, las intensidades relativas de entrenamiento se expresan en % de la 1RM según el grado de esfuerzo al que se desee trabajar. Sin embargo, y a pesar de que aún en la actualidad es el principal estándar en la programación del entrenamiento de fuerza, el paradigma RM presenta algunos inconvenientes importantes que deben tenerse muy en cuenta (Barsalobre & Jiménez-Reyes, 2018): **1)** Medir la 1RM conlleva un protocolo muy exigente a nivel físico que solo los deportistas muy entrenados en fuerza pueden realizar por el alto riesgo de lesión; **2)** la medición de la 1RM puede ser imprecisa puesto que para alcanzarla se necesita la máxima voluntad por parte del sujeto, que debe estar suficientemente preparado psicológicamente. De lo contrario, es muy probable que el valor que se obtenga sea inferior al real; **3)**, en sujetos poco entrenados, la 1RM puede variar tras pocas sesiones de entrenamiento. Sin embargo, a medida que los deportistas con los que trabajamos son más experimentados, estos tres inconvenientes se verán reducidos y la valoración de la 1RM y el cálculo de sus respectivos % será más fiable. Un cuarto inconveniente es: **4)** al igual que la 1RM, la intensidad relativa a la misma también se utiliza como variable que van a definir el estímulo o la carga de entrenamiento (3RM, 6RM ó 10RM). El número máximo de repeticiones por serie realizadas al fallo genera un grado de fatiga metabólica y mecánica excesiva (Izquierdo et al., 2006a), provocando que la velocidad de ejecución sea muy lenta (pues se pierde mucha velocidad de la primera a la última repetición), este tipo de entrenamientos podría producir una transición hacia fibras lentas, lo cual significaría una menor capacidad de producir fuerza explosiva y potencia.

Por estas razones, en los últimos años varios autores han defendido la utilización de la velocidad como la variable más fiable para la programación de la intensidad de la carga, evaluada a través de dispositivos capaces de medir esta y otras variables, como los transductores lineales de posición y velocidad, plataformas de fuerza, o incluso aplicaciones para móviles o tabletas que son cada vez más accesibles y fiables. Es el llamado "entrenamiento basado en la velocidad", que ha demostrado una estrecha relación entre el porcentaje de la 1RM y la velocidad media (VM) (García-Ramos et al., 2017) o la velocidad media propulsiva (VMP) (González-Badillo & Sánchez-Medina, 2010) a la que los sujetos movilizaron cada carga. Así, conociendo el valor de VM o el de la VMP a la que un sujeto moviliza una determinada carga, podemos conocer con exactitud a qué intensidad (%RM) está trabajando sin tener que realizar nunca más un test de RM. A pesar de estos interesantes resultados, en este capítulo utilizaremos ejemplos de metodologías clásicas de programación de las cargas de entrenamiento de potencia muscular a través del % de 1RM, ya que el entrenamiento basado en la velocidad necesita aún de más trabajos científicos que identifiquen qué variables y métodos concretos son los más fiables para cada ejercicio, y a que somos conscientes de la dificultad que la mayoría de los entrenadores tienen para interpretar estas variables y adquirir el material necesario para aplicarlo con garantías. Aun así, queremos hacer hincapié en que el lector conozca y explore la posibilidad de prescribir el entrenamiento basado en la velocidad de ejecución, si tiene posibilidades de llevarlo a cabo.

Series, repeticiones, descanso.

La producción de potencia muscular está asociada a la calidad con la que se realiza la repetición. Tradicionalmente ha recomendado la realización de 3 a 6 series de 1 a 8 repeticiones con descansos prolongados entre series de aproximadamente 5 minutos, pero se ha observado que el aumento del número de repeticiones continuas en la serie puede producir un aumento de la fatiga y una reducción en la calidad de la ejecución, ya que realizaríamos menos repeticiones en el rango de velocidad deseado.

Una solución para mejorar la calidad del entrenamiento de potencia muscular es utilizar el **método "clúster"**. Estudios recientes (Hardee et al, 2012; Moreno et al, 2014) sugieren que la realización de intervalos de recuperación entre las repeticiones o entre agrupamientos de repeticiones, puede mejorar el rendimiento de la potencia muscular más que la metodología clásica, además de aumentar el número de repeticiones realizadas en un rango de velocidad máximo o cercano al máximo. Por ejemplo, si a través de una metodología tradicional de 6 series de 6 peticiones, realizaríamos 36 repeticiones en total, y probablemente las últimas repeticiones de cada serie serían de peor calidad que las primeras. Por el contrario, si planteamos entrenar el mismo ejercicio con un *clúster*, realizaríamos 6 series de 2+2+2 repeticiones con 20'' a 30'' de descanso entre cada bloque de 2 repeticiones, con lo que conseguiríamos mejorar la calidad de ejecución debido a la reposición de energía (Izquierdo et al, 2006b; Moreno et al, 2014) y, por otro lado, realizar un mayor volumen de entrenamiento. Las posibilidades de manipulación de las variables son muy amplias, pudiendo aumentar el intervalo de descanso entre repeticiones o bloques de repeticiones en función del objetivo de entrenamiento.

Intervalo inter-repeticiones	Objetivo
5-15 segundos	Resistencia a la potencia muscular
15-30 segundos	Potencia muscular
30-45 segundos	Potencia muscular máxima

Sugerencia de intervalo inter-repeticiones de acuerdo con el objetivo de entrenamiento (adaptado de Haff, 2014)

A continuación, se presentan algunos ejemplos de sesiones de entrenamiento encaminadas al desarrollo de la potencia muscular, teniendo en cuenta todo lo expuesto en las páginas precedentes. Antes, queremos hacer hincapié en dos aspectos:

1) La importancia de que el deportista tenga la intención y esté mentalizado de que debe ejecutar los ejercicios a la **MÁXIMA VELOCIDAD POSIBLE**, independientemente de la carga que se movilice.
2) **Las distintas metodologías pueden aplicarse a través de la utilización de ejercicios diferentes**. **Los ejercicios** utilizados en los modelos de sesiones que presentamos a continuación **son ejemplos** y podrían utilizarse otros en función de las necesidades del deportista y las preferencias del entrenador.

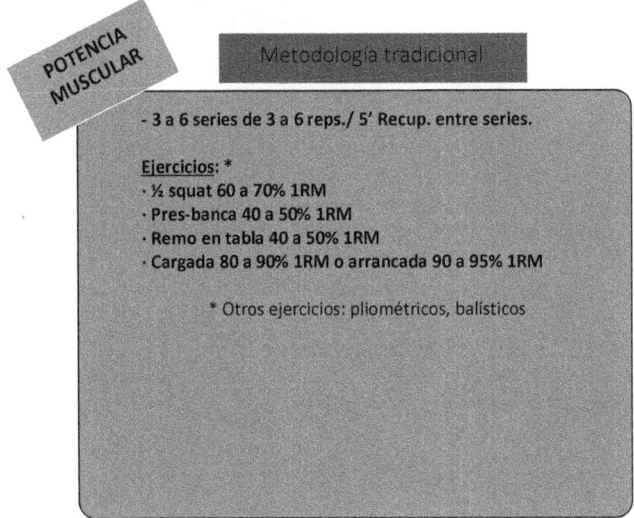

POTENCIA MUSCULAR

Metodología "clúster"

Clúster

- 3 a 6 series de 2+2+2+2 reps. con 20" recup. entre cada bloque de 2 reps./ 5' Recup. entre series.

Ejercicios/intensidad: *
- ½ squat 60 a 70% 1RM
- Pres-banca 40 a 50% 1RM
- Remo en tabla 40 a 50% 1RM
- Cargada 80 a 90% 1RM o arrancada 90 a 95% 1RM

Clúster creciente

- 3 a 6 series de 2+2+2 reps. con 35" recup. entre cada bloque de 2 reps./ 5' Recup. entre series.

Ejercicios/intensidad (aumentar carga cada bloque):*
- ½ squat 60-65-70% 1RM
- Pres-banca 40-45-50% 1RM
- Remo en tabla 40-45-50% 1RM
- Cargada* 80-85-90% 1RM ó arrancada* 85-90-95% 1RM

Clúster decreciente

- 3 a 6 series de 2+2+2 reps. con 35" recup. entre cada bloque de 2 reps./ 5' Recup. entre series

Ejercicios/intensidad (disminuir carga cada bloque): *
- ½ squat 70-65-60% 1RM
- Pres-banca 50-45-40% 1RM
- Remo en tabla 50-45-40% 1RM
- Cargada* 90-85-80% 1RM ó arrancada* 95-90-85% 1RM

Clúster ondulatorio

- 3 a 6 series de 1+1+1+1 rep. con 30" recup. entre cada rep./ 5' Recup. entre series.

Ejercicios/intensidad (ondular carga cada serie): *
- ½ squat 60-70-60-70% 1RM
- Pres-banca 40-50-40-50% 1RM
- Remo en tabla 40-50-40-50% 1RM
- Cargada* 80-90-80-90% 1RM o arrancada* 90-95-90-95% 1RM

Clúster piramidal

- 3 a 6 series de 2+2+2 reps. con 35" recup. ente cada bloque de 2 reps./ 5' Recup. entre series.

Ejercicios/intensidad (aumentar carga hasta el máximo y volver a la inicial): *
- ½ squat 65-70-65% 1RM
- Pres-banca 45-50-45% 1RM
- Remo en tabla 45-50-45% 1RM
- Cargada* 85-90-85% 1RM o arrancada* 90-95-90% 1RM

* Otros ejercicios: pliométricos, balísticos

POTENCIA MUSCULAR

Métodos pliométricos

Métodos pliométricos sin carga

- **PLIOMETRÍA SIMPLE:** 8 a 20 series de 10 a 15 saltos con una y dos piernas, <u>sin altura, a ras de suelo</u>/1' a 3' Recup. entre series.

- **PLIOMETRÍA MEDIA:** 6 a 15 series de 10 saltos con una y dos piernas, <u>20 a 40 cm altura</u>/1' a 3' Recup. entre series.

- **PLIOMETRÍA INTENSA *:** 6 a 12 series de 6 a 10 saltos, <u>80 a 120 cm hombres y 60 a 80 cm mujeres</u>/1' a 3' Recup. entre series.

* También incluye ejercicios como el drop-jump desde 20 a 60 cm de altura.

Métodos pliométricos con carga

- 4 a 8 series de 6 a 10 saltos/3' Recup. entre series

Ejercicios/intensidad:
· CMJ 30-70% 1RM *

* El salto libre con cargas pesadas incrementa el riesgo de lesión. Con cargas >50% 1RM recomendamos la utilización de una smith-machine (pórtico guiado). También se podrán utilizar % del peso corporal (25,50,75 y 100% del pc).
Los chalecos lastrados proporcionaran una mayor movilidad y posibilidades de realizar saltos de diferente naturaleza.

¡IMPORTANTE!

- La pliometría puede provocar una fatiga significativa. Es necesario tener precaución, reduciendo el nº de ejercicios y aumentando los periodos de descanso para permitir la recuperación mecánica y neural y reducir así el riesgo de lesión.

- Antes de comenzar el entrenamiento pliométrico, el judoka debe tener un buen acondicionamiento general, con ciertos niveles de fuerza. En general, para entrenar la pliometría media, al menos debe ser capaz de mover la carga equivalente a su peso corporal en sentadilla, y para la pliometría intensa, dos veces su propio peso corporal (Padial & Feriche 2017).

- Progresividad: en la pliometría media e intensa, es recomendable comenzar con los saltos más simples que contienen solo la fase concéntrica, como los box-jumps (saltos al cajón), para ir incrementando la dificultad incluyendo la parte excéntrica, como los saltos con vallas o los drop-jumps (saltos en caída desde el cajón).

- Variedad: combinar en los saltos diferentes despegues y aterrizajes (con una o dos piernas). Además, realizarlos con componente vertical, horizontal o lateral.

- Atendiendo al principio de especificidad del entrenamiento, los judokas trabajarán la pliometría principalmente en los miembros inferiores, ya que las acciones de los brazos durante los combates no se llevan a cabo a través de un ciclo CEA.

POTENCIA MUSCULAR

Métodos de contraste

Contraste en la sesión

- 3 a 5 series de 2 a 4 reps. con el 80-95% 1RM/5' Recup. entre series. Después, realizar otras 3 a 5 series de 6 a 8 reps. con el 40-60% 1RM/5' Recup. entre series.

Ejercicios:
· ½ squat
· Pres-banca
· Remo en tabla
· Cargada o arrancada.

- 3 a 5 series de 2 a 4 reps. con el 80-95% 1RM + 3' recup. + 6 a 8 reps. con el 40-60% 1RM/5' Recup. entre series.

Ejercicios/intensidad:
· ½ squat 80-95% 1RM + 3' recup. + ½ squat 40-60% 1RM
· Pres-banca 80-95% 1RM + 3' recup. + pres-banca 40-60% 1RM
· Remo en tabla 80-95% 1RM + 3' recup. + remo en tabla 40-60% 1RM
· Cargada 80-95% 1RM + 3' recup. + Cargada 40-60% 1RM

Contraste en la serie

- 3 a 5 series de 1 a 3 reps. con el 85-95% 1RM + 6 a 8 reps. con el 30-50% 1RM/5' Recup. entre series.

Ejercicios/intensidad:
· ½ squat 80-95% 1RM + ½ squat 30-60% 1RM
· Pres-banca 80-95% 1RM + pres-banca 30-60% 1RM
· Remo en tabla 80-95% 1RM + remo en tabla 30-60% 1RM
· Cargada 80-95% 1RM + Cargada 30-60% 1RM

Contraste específico

- 3 a 5 series de 1 a 3 reps. con el 85-95% 1RM + 6 a 8 nage-komi/5' Recup. entre series.

Ejercicios/intensidad:
· ½ squat 80-95% 1RM + *nage-komi*
· Pres-banca 80-95% 1RM + *nage-komi*
· Remo en tabla 80-95% 1RM + *nage-komi*
· Cargada 80-95% 1RM + *nage-komi*

- 5 a 8 series de 3 *nage-komi* con resistencia + 6 a 8 *nage-komi*/5' Recup. entre series (difícil de cuantificar la intensidad de ambas cargas -pesada y ligera-, pero muy específico).

Contraste pliométrico (en la serie)

"En los ejercicios pliométricos es muy importante realizar los ejercicios sin pausa entre fase excéntrica y concéntrica. El deportista debe realizar esta transición lo más rápido posible"

- PLIOMÉTRICO-PLIOMÉTRICO: 4 a 8 series de 3 reps. pliom. con carga pesada + 6 reps. pliom. con carga ligera o sin carga/5' Recup. entre series.

Ejercicios/intensidad:
· CMJ 70-80% 1RM + CMJ 30% 1RM*
· pres-banca pliom. 70-80% 1RM + pres-banca pliom. 30% 1RM **

- CONCÉNTRICO-PLIOMÉTRICO: 4 a 8 series de 2 a 4 reps. conc. 80-95% 1RM + 6 reps. pliom. con carga ligera o sin carga/5' Recup. entre series.

Ejercicios/intensidad:
· Sentadilla solo concéntrico 80% 1RM + CMJ 30% 1RM*
· pres-banca solo concéntrico 70% 1RM + pres-banca pliom. 30% 1RM **

- ISOMÉTRICO-PLIOMÉTRICO: 4 a 8 series de isometría máxima de 6'' a 10'' con carga pesada + 6 reps. pliom. con carga ligera o sin carga/5' Recup. entre series.

Ejercicios/intensidad:
· isometría en sentadilla 90º 80-90% 1RM + CMJ 30% 1RM*
· isometría en pres-banca 90º 80-90% 1RM + pres-banca pliom. 30% 1RM **

* Otros ejercicios pliométricos "ligeros" de piernas: saltos a vallas, saltos a gradas, saltos horizontales, saltos frontales alternos a 1 pierna, saltos en diagonal alternos a 1 pierna.
** Otros ejercicios pliométricos y balísticos "ligeros" de brazos: pres-banca lanzado, flexiones con palmada, flexiones con salto al cajón de 20 cm, lanzamientos balón medicinal (desde el pecho, desde la nuca, con rotación de tronco, etc.).

Referencias bibliográficas

Allen DG, Lamb GD, Westerblad H. Skeletal muscle fatigue: cellular mechanisms. Phys Review 2008; 88: 287–332.

Babault N, Desbrosses K, Fabre MS. Neuromuscular fatigue development during maximal concentric and iso- metric knee extensions. J Appl Physiol 2006; 100: 780-785.

Barsalobre C, Jiménez-Reyes P. Entrenamiento de fuerza: nuevas perspectivas metodológicas. iBooks Store, 2018.

Bird SP, Tarpenning KM, Marino FE. Designing resistance training programmes to enhance muscular fitness: a review of the acute programme variables. Sports Med 2005; 35:841-851.

Bonitch-Domínguez J, Bonitch-Góngora J, Padial P, Feriche B. Changes in peak leg power induced by successive judo bouts and their relationship to lactate production. J Sports Sci 2010; 28:1527–1534.

Bonitch-Góngora J, Bonitch-Domínguez J, Padial P, Feriche B. The effect of lactate concentration on the handgrip strength during judo bouts. J Strength Cond Res 2012; 26:1863–1871.

Bonitch-Góngora, J. (2007). Evolución de la fuerza muscular de los brazos en sucesivos combates de judo. Tesis, University of Granada, Granada (España).

Brown SJ, Child SH, Donnelly AE. Exercise-induced skeletal muscle damage and adaptations following repeated bouts of eccentric muscle contractions. J Sports Sci 1997; 15: 215–222.

Byrne C, Eston R. Maximal-intensity isometric and dynamic exercise performance after eccentric muscle actions. J Sports Sci 2002; 20:951–959.

Carballeira E, Iglesias E. Acute effects of judo combat: multiparametric analysis. Eur J Hum Mov 2007; 19:117–144.

Cometti, G. Los métodos modernos de musculación. Barcelona: Paidotribo, 1998.

Cormie P, McBride JM, McCaulley GO. Power-time, force-time, and velocity-time curve analysis of the countermovement jump: impact of training. J Strength Cond Res 2009; 23:177-186.

Cormie P, McCaulley GO, McBride JM. Power versus strength-power jump squat training: influence on the load-power relationship. Med Sci Sports Exerc 2007; 39:996-1003.

Cormie P, McGuigan MR, Newton RU. Developing maximal neuromuscular power: Part 1 - Biological basis of maximal power production. Sports Med 2011a; 41:17-38.

Cormie P, McGuigan MR, Newton RU. Developing maximal neuromuscular power: Part 2 – training considerations for improving maximal power production. Sports Med 2011b; 41:125-146.

Cormie P, McGuigan MR, Newton RU. Influence of strength on magnitude and mechanisms of adaptation to power training. Med Sci Sports Exerc 2010;42:1566-1581.

Detanico D, Dal Pupo J, Franchini E, Dos Santos SG. Effects of successive judo matches on fatigue and muscle damage markers. J Strength Cond Res 2014;29: 1010–1016.

Fagerlund R, Hakkinen H. Strength profile of Finnish judoists: measurement and evaluation. Biol Sport 1991; 8 (3): 143-149.

Franchini E, Del Vecchio FB, Romano R, et al. Performance responses to a periodized judo program. Annals of the 4th World Judo Research Symposium. Cairo: International Judo Federation, 2005a: 24-25.

Franchini E, Takito MY, Bertuzzi RCM. Morphological, physiological and technical variables in high-level college judoists. Arch Budo 2005b; 1: 1–7.

Fray AC, Newton RU. Uma breve história do treinamento de força, princípiosb´sicos e conceitos. In Kraemer WJ, Häkkinen K. Treinamento de força para o esporte, Artmed 2004. Porto Alegre: 15-32.

García-García JM, Navarro F, González JM, Calvo B. Paradigma experto-novato: Análisis diferencial de la pérdida de consistencia del tokui-waza en judo bajo situación específica de fatiga. Revista Internacional de Ciencias del Deporte 2007; 9:12-29.

García-Ramos A, Pestaña-Melero FL, Pérez-Castilla A, Rojas FJ, Haff, GG. Mean velocity vs. mean propulsive velocity vs. peak velocity. Journal of Strength and Conditioning Research 2018; 32:1273-1279.

Garhammer J, Gregor R. Propulsion forces as a function of intensity for weight lifting and vertical jumping. J Appl Sport Sci Res 1992; 6: 129-134.

Garhammer, J. A Review of power output studies of olympic and powerlifting: methodology, performance prediction, and evaluation tests. J Strength Cond Res 1993; 7: 76-89.

González-Badillo J, Sánchez-Medina L. Movement Velocity as a Measure of Loading Intensity in Resistance Training. Int J Sports Med 2010;31:347-352.

González-Badillo JJ, Gorostiaga E. Fundamentos del entrenamiento para el desarrollo de la fuerza. Barcelona (España): INDE; 1995.

González-Badillo JJ, Ribas-Serna JJ. Bases de la programación del entrenamiento de fuerza. Rendimiento deportivo. España: INDE; 2002.

González-Badillo, JJ. Concepto y medida de la fuerza explosiva en el deporte. Posibles aplicaciones al entrenamiento. Entrenamiento Deportivo 2000; 24:5-15.

Haff, GG. Hot topics: cluster sets a novel method or introducing additional variation into a resistance training program. Part I. www.nsca.com 2014.

Hardee JP, Lawrence MM, Utter AC, Triplett NT, Zwetsloot KA, McBride JM. Effect of inter-repetition rest on ratings of perceived exertion during multiple sets of the power clean. Eur J Appl Physiol 2012; 112:3141-7.

Hodgson M, Docherty D, Robbins D. Post-activation potentiation: underlying physiology and implications for motor performance. Sports Med 2005; 35:585-95.

Iglesias E, Clavel I, Dopico J, Tuimil JL. Acute effect of judo-specific effort on different types of strength and his relationship with heart rate during the combat. RendimientoDeportivo.Com 2003; 6: 1–13.

Ishii T, Michiyoshi AE, Koshida S, Fujii N. The centre of mass kinematics for elite women judo athletes in seoi-nage. 34th International Conference on Biomechanics in Sports 2016. Tsukuba (Japan):18-22.

Ishii T, Mishiyoshi AE. Biomechanical factors of effective seoi-nage in judo. 32th International Conference on Biomechanics in Sports 2014. Johnson City (TN, USA).

Iteya M, Yanagisawa H, Watanabe R, Kimura M, Deguchi T, Kaneko K, Saito S, Takeu-Chi Y. Characteristics of hikite power in elite women judo players. Bull 391 Associ Sci Stud Judo 2005; 10:57-64.

Izquierdo M, González-Badillo JJ, Häkkinen K, Ibáñez J, Kraemer WJ, Altadill A, Eslava J, Gorostiaga EM. Effect of loading on unintentional lifting velocity declines during single sets of repetitions to failure during upper and lower extremity muscle actions. Int J Sports Med. 2006b; 27:718-724.

Izquierdo M, Ibañez J, González-Badillo JJ, Häkkinen K, Ratamess NA, Kraemer WJ, Gorostiaga EM. Differential effects of strength training leading to failure versus not to failure on hormonal responses, strength, and muscle power gains. J Appl Physiol 2006a; 100:1647-1656.

Kawamori N, Crum AJ, Blumert PA, Kulik JR, Childers JT, Wood JA, Stone MH, Haff GG. Influence of different relative intensities on power output during the hang power clean: identification of the optimal load. J Strength Cond Res 2005; 19:698-708.

Knicker AJ, Renshaw I, Oldham ARH, Cairns SP. Interactive Processes Link the Multiple Symptoms of Fatigue in Sport Competition. Sports Med 2011; 41:307-328.

Knuttgen HG, Kraemer WJ. Terminology and measurement in exercise performance. J Appl Sports Sci Res 1987; 1:1-10.

Kraemer WJ, Newton RU. Training for muscular power. Phys Med Rehabil Clin N Am 2000;11: 341-368.

Menzies P, Menzies C, McIntyre L, Paterson P, Wilson J, Kemi OJ. Blood lactate clearance during active recovery after an intense running bout depends on the intensity of the active recovery. J Sports Sci 2010; 28:975-982.

Miarka B, Panissa VLG, Julio UF, Del Vecchio FB, Calmet M, Franchini E. A comparison of time-motion performance between age groups in judo matches. J Sports Sci 2012; 30: 899–905.

Mickiewitz G, Starczenska J, Borkowski L. Judo, ovvero sforzo breve di grande intensità. Athlon 1991; 4:42–46.

Monteiro, L. Análisis de las diferencias de los indicadores de fuerza explosiva, potencia y resistencia a la fuerza explosiva en judokas de élite y sub-élite. Tesis Doctoral. Facultad de Ciencias del Deporte, Toledo. Universidad de Castilla la Mancha, 2013.

Moreno SD, Brown LE, Coburn JW, Judelson DA. Effect of cluster sets on plyometric jump power. J Strength Cond Res 2014; 28:2424-2428.

Nakanishi, H. Abstract de las III Jornadas Internacionales de Judo. Instituto Andaluz del Deporte: Junta de Andalucía. 2003, Málaga.

Newton RU, Kraemer WJ, Häkkinen K, Humphries BJ, Murphy AJ. Kinematics, Kinetics, and Muscle Activation During Explosive Upper Body Movements. J Hum Kinetics 1996; 12:31-43.

Newton RU, Kraemer WJ, Häkkinen K. Effects of ballistic training on preseason preparation of elite volleyball players. Med Sci Sports Exerc 1999; 31:323-30.

Newton RU, Kraemer WJ. Developing Explosive Muscular Power: Implications for a Mixed Methods Training Strategy. Strength Cond J 1994; 16:20-31.

Obminski Z, Borkowski L, Lerczak K, Rzepkiewicz M. Blood lactate dynamics following a judo contest. In Proceedings of The Second Coach's Professional Activities-Managing. The training process in combat sports. Department of Combat Sports of the Academy of Physical Education, Cracow, Poland 1999; 6.

Sale D. Neural adaptations to strength training. Strength and power in sport. Blackwell 1992; 249-266.

Sale DG. Postactivation potentiation: role in human performance. Exerc Sport Sci Rev 2002;30:138-143.

Sbriccoli P, Bazzucchi I, Di Mario A, Marzattinocci G, Felici F. Assessment of maximal cardiorespiratory performance and muscle power in the italian olympic judoka. J Strength Cond Res 2007; 21:738–744.

Schilling BK, Stone MH, O'Bryant HS, Fry AC, Coglianese RH, Pierce KC. Snatch technique of collegiate national level weightlifters. J Strength Cond Res 2002; 16:551-555.

Schmidtbleicher, D. Training for power events. In Komi, P. (ed). Strength and power in sport. Oxford, Blackwell Science 1992; 381-395.

Serrano MA, Salvador A, González-Bono EG, Sanchís C, Suay F. Relationships between recall of perceived exertion and blood lactate concentration in a judo competition. Percept Motor Skills 2001; 92:1139–1148.

Sikorski W, Mickiewicz G, Majle B, Laksa C. Structure of the contest and work capacity of the judoist. In Proceedings of the International Congress on Judo, "Contemporary Problems of Training and Judo Contest". Spala, Poland 1987, 9th-11th November; 58–59.

Stone, Stone MH, O'Bryant HS, McCoy L, Coglianese R, Lehmkuhl M, Schilling B. Power and maximum strength relationships during performance of dynamic and static weighted jumps. J Strength Cond Res 2003; 17:140-147.

Storey A, Smith HK. Unique aspects of competitive weightlifting: performance, training and physiology. Sports Med 2012; 42:769-90.

Tihany J. Prinzipien individualisierter trainings protokolle auf der basis der muskelfaserzusammensetzung und mechanischer merkmal. Leistungssport 1988; 2: 41-45.

Turner A. Training of power: principles and practice. Uk Strength and Conditioning Association 2009; 14: 20-32.

Twist C, Eston, R. The effects of exercise-induced muscle damage on maximal intensity intermittent exercise performance. Eur J Appl Physiol 2005; 94:652–658.

Ugrinowitsch C, Barbanti VJ. O ciclo de alongamento e encurtamento e a performance. Rev Paul Educ Fis 1998; 12:85-94.

Verkhoshansky, Y. Todo sobre el método pliométrico. España: Paidotribo; 1996.

Young W. Resistance training: training for speed/strength: heavy vs. light loads. Nat Strength Cond Ass J 1993; 5: 34-43.

Zaggelidis G, Lazaridis S. Muscle activation profiles of lower extremities in different throwing techniques and in jumping performance in elite and novice greek judo athletes. J Hum Kinet 2012; 37: 63-70.

Zatsiorsky VM. Science and Practice of Strength Training. Human Kinetics, 1995.

ENTRENAMIENTO DE LA RESISTENCIA EN JUDO

Juan Bonitch Góngora
Filipa Almeida

La resistencia es una cualidad determinante para el judoka. De hecho, realizar de 5 a 7 combates durante toda la jornada de una competición, o simplemente soportar la intensidad y la duración de una sesión de entrenamiento, son ejemplos de la capacidad de "mantener en el tiempo un esfuerzo o repetirlo de manera continuada".

Es habitual entre los judokas, sean competidores o no, abandonar regularmente el *tatami* para realizar su sacrosanto entrenamiento de carrera larga (entre 30 y 45 minutos) con el objetivo, según ellos, de aumentar su "fondo", de mejorar su capacidad de esfuerzo. Este enfoque es totalmente disociado o inespecífico (de hecho, si la carrera se convierte en el principal medio de entrenamiento de la resistencia en el judoka, no es un buen augurio). Aun así, la necesidad del entrenamiento de la resistencia, así como de la pérdida o mantenimiento del peso de competición, lleva a muchos judokas a dejar un lugar en su preparación a la carrera de tipo continuo y prolongado. Pero ¿puede ser eficaz la carrera si se aplican de forma correcta algunos principios? ¿es necesario correr durante largos periodos de tiempo para mantenerse en la categoría de peso deseada o luchar con éxito de manera prolongada? ¿se puede o se debe entrenar la resistencia exclusivamente a través de ejercicios específicos como el *randori*? En este capítulo responderemos a estas y otras preguntas. Trataremos de ofrecer a entrenadores y judokas información clara y sencilla que les permita comprender los conceptos teóricos más básicos del entrenamiento de resistencia para el judo, así como ejemplos de sesiones y consejos prácticos para la mejora de la eficacia en este moderno deporte olímpico.

Concepto y definición de resistencia.

En el deporte, se puede conceptualizar a la resistencia como la "capacidad psicobiológica del Sistema Deportista de aportar la energía necesaria para realizar un ejercicio con la intensidad requerida durante el mayor tiempo posible" (Padial, 1993). Esta definición nos sugiere que la resistencia va a depender de la capacidad del organismo de aportar la energía necesaria para producir las contracciones musculares que posibilitan el movimiento, y no solo de los sustratos energéticos, sino de todos los elementos necesarios para que el metabolismo muscular cumpla su función.

El punto de partida para conocer el mecanismo de la resistencia es conocer las vías de obtención de energía por el músculo, que satisface sus demandas energéticas durante el ejercicio a través de sustratos que provienen tanto de las reservas del organismo como de la ingesta de nutrientes. Esta energía se obtiene fundamentalmente de las grasas y los hidratos de carbono, teniendo poca relevancia las proteínas desde el punto de vista energético. Estos sustratos no se utilizan directamente por el músculo, sino que deben ceder la energía que tienen en sus enlaces químicos para mantener los niveles adecuados de ATP (adenosíntrifosfato), el cual sí puede ser utilizado directamente por las células del organismo, siendo la única energía utilizable por el músculo durante la contracción muscular. La célula muscular dispone de tres mecanismos para resintetizar el ATP, mecanismos que desde el punto de vista bioenergético son procesos exergónicos que liberan la energía necesaria para para conseguir sintetizar ATP a partir del adenosín difosfato (ADP). Estos mecanismos son: **1)** la resíntesis de ATP a partir de la fosfocreatina (PCr) (*sistema de los fosfágenos o anaeróbico aláctico*). Actividades muy intensas de entre 8-12 segundos de manera predominante, aunque su agotamiento total puede extenderse hasta los 30 segundos; **2)** mediante el proceso de la glucólisis anaeróbica con la transformación del glucógeno muscular en lactato (*sistema glucolítico o anaeróbico láctico*). Actividades intensas durante 2-3 minutos; y **3)** a partir de la fosforilación oxidativa (*sistema oxidativo o aeróbico*). Los dos mecanismos citados en primer lugar tienen como característica común llevarse a cabo en condiciones anaeróbicas (en el citosol celular), es decir, sin la presencia del oxígeno molecular procedente del aire atmosférico. Por el contrario, la fosforilación oxidativa (en las mitocondrias) es un proceso complejo en el cual es imprescindible la presencia de oxígeno, es decir, es un proceso al que consideramos aeróbico (López-Chicharro & Fernández-Vaquero, 2006).

Sin embargo, en condiciones fisiológicas es prácticamente imposible la participación única de uno de estos sistemas, **ocurriendo en realidad un metabolismo mixto en el que <u>predominará</u> un tipo de sistema energético sobre el resto en función de las circunstancias de cada momento** (López-Chicharro & Fernández-Vaquero, 2006). Como en un motor híbrido, el organismo utiliza todos los sistemas para producir energía prácticamente desde el inicio del ejercicio debido al solapamiento continuo que ocurre entre ellos. En función de la intensidad y la duración del esfuerzo, uno de los sistemas participará más en la producción energética total. La literatura científica sugiere que la transición de la predominancia de los sistemas energéticos anaeróbico láctico y aeróbico ocurre antes de los 120 segundos. Además, parece que la glucólisis anaeróbica comienza prácticamente desde el inicio de la contracción muscular.

Por último, es importante hacer referencia a que en los últimos años se ha situado al comportamiento muscular en el centro del proceso metabólico. La fuerza se convierte en la cualidad física central, y el "continuo energético" se pone a su disposición según la duración e intensidad del esfuerzo (Cometti 1998, Seirul·lo 1998, Padial 1993). Esta perspectiva nos lleva a concluir que la solicitación energética, y por ende los porcentajes de participación de unas u otras vías metabólicas, dependen de aspectos musculares como la cantidad de masa muscular implicada, el nivel de exigencia de las contracciones, la duración de las mismas, y la posibilidad o no de recuperarse entre ellas.

Consideraciones sobre la preparación física orientada e integrada.

Cuando utilizamos la preparación física en nuestros entrenamientos no lo hacemos para volvernos más fuertes, rápidos o resistentes. La preparación física en judo persigue un solo propósito: HACER QUE SEAMOS MEJORES JUDOKAS. Por tanto, se trata de la transferencia, o cómo orientar, o integrar al máximo los ejercicios para que las ganancias se hagan sentir inmediatamente en el tatami.

Normalmente se consideran dos grandes modelos de entrenamiento. El primero, clásico, es el *entrenamiento disociado*. Se llevan a cabo sesiones de judo por un lado, y sesiones para trabajar cada cualidad física de acuerdo con modelos copiados del atletismo y el culturismo o la halterofilia, por otro. La fuerza con barras, y el "cardio" sobre la pista de atletismo. El segundo modelo, es el llamado *entrenamiento integrado*, que trata de reproducir lo que normalmente se hace fuera del tatami, en el tatami. Así, el entrenamiento de la potencia muscular, la velocidad, o la resistencia se trabajan en la misma sesión a través de circuitos en los que se incluyen gestos "específicos" de la disciplina, "integrados" en la práctica. Si bien todos los métodos presentan limitaciones y es posible entrenar a los judokas de otra manera – de hecho, el método disociado ha demostrado su eficacia -, nosotros creemos que el método integrado posee ventajas considerables, y en particular, puede conseguir más en menos tiempo. Aun así, en función de las necesidades (tipo y nivel del deportista, momento de la temporada, situaciones especiales como períodos de vacaciones o de recuperación de una lesión), se podrá entrenar la resistencia a través de la utilización del modelo más adecuado, como veremos más adelante.

> **P.F. DISOCIADA** Los contenidos son externos a la disciplina. Es el caso del entrenamiento "cardio" en un ergómetro (máquina de remo, bicicleta estática, etc.), o el entrenamiento de fuerza con pesas.
>
> **P.F. ASOCIADA** Durante la sesión se alternan contenidos propios de la disciplina con aquellos externos a la misma. Por ejemplo, la alternancia de un reforzamiento muscular con pesas y *nage-komi*.
>
> **P.F. INTEGRADA** La actividad de apoyo a la preparación es la disciplina en sí misma. Así, el judoka utiliza el *tandoku-renshu*, el *uchi-komi*, o el *kakari-geiko* para entrenar su resistencia cardiovascular.

En este sentido, la lógica nos indica que el método más específico, el que integra casi todos los aspectos condicionales y técnico-tácticos del judo, es el *randori*. Será, por tanto, el método de entrenamiento más utilizado por el judoka en general, más a medida que aumenta su edad y nivel. Sin embargo, respecto a su utilización para el desarrollo de la resistencia, presenta algunos problemas que el entrenador deberá tener en cuenta a la hora de cuantificar la carga de entrenamiento. Esto es debido a la dificultad de estandarizar las variables de rendimiento, ya que existe imposibilidad de utilizar dispositivos que aporten información sobre el esfuerzo al que se someten los judokas durante los *randoris* (analizadores de gases, extracciones de sangre, frecuencímetros), así como de controlar y reproducir con exactitud aspectos importantes que influyen directamente sobre la magnitud del mismo (nivel y grado de oposición que ofrece el rival, número de ataques que realizan ambos, tipo de ataque, tiempos de trabajo y pausa, etc.). Un error frecuente es no cuantificar correctamente la intensidad de la carga de las sesiones de entrenamiento específicas de *randori*, que sumadas a las de las sesiones de entrenamiento condicional, someten al judoka a una carga total de entrenamiento que puede sobrepasar con facilidad la que el deportista está preparado para soportar. En entrenador deberá disponer todos los medios posibles para calcular, con la mayor exactitud posible, la carga de las sesiones de *randori*, utilizando herramientas sencillas y fiables, algo que no es tarea fácil. De entre ellas, la utilización de la percepción subjetiva del esfuerzo (RPE) debería tratarse con cautela ya que ha demostrado correlaciones moderadas con la frecuencia cardiaca (FC) y bajas con el lactato sanguíneo durante los *randoris* (Branco et al, 2013). Por otro lado, como explicaremos más adelante, la respuesta de la FC presenta un atraso en relación a la respuesta del VO_2 en esfuerzos por encima de la velocidad asociada al $VO_{2máx}$, por lo que en este tipo de esfuerzos la FC tampoco es una herramienta muy fiable. Y, como hemos dicho, la determinación del lactato sanguíneo y el $\%VO_2$ son poco prácticas y muy costosas. Por tanto, el entrenador podrá cuantificar de manera más fiable el esfuerzo al que se verá sometido el judoka a través de ejercicios más reproducibles y medibles al entrenar la resistencia, pero a su vez deberá tener en cuenta la carga sumatoria que aportarán las sesiones de *randori*, a través de las cuales el judoka estará también trabajando su resistencia.

Para la cuantificación de la carga de las sesiones de *randori* proponemos la siguiente tabla adaptada de la de autores como Issurin (2012), que establecen la intensidad de la carga de la sesión de 1 a 5, siendo 1 la carga de una sesión de regeneración y 5 la de una sesión de intensidad máxima.

OBJETIVOS DE LA SESIÓN	INTENSIDAD DE LA CARGA	MEDIOS	TIEMPO DE RECUPERACIÓN	VALORACIÓN DE LA CARGA
- Nivel de exigencia máximo. - Capacidad anaeróbica láctica - Potencia anaeróbica láctica	- **MÁXIMA.** - Por encima VO_{2max}. - 8-12 mmol/l (CAP.ANAE.LAC). - +12 mmol/l (POT.ANAE.LAC). - 100% FC.Max (no fiable) - RPE: 9-10	- 5-8 *randoris* de corta duración (2-3 min) con descansos largos (3-5min) para la CAP.ANAE.LAC. - 6-12 *randoris* de muy corta duración (45s-1.5 min) con descansos largos (5-7 min) para la POT.ANAE.LAC.	> 72 h	5
- Nivel de exigencia cercano al competitivo. - Potencia aeróbica.	- **SUB-MÁXIMA.** - 90-100% VO_{2max}. - 95-100% FC.Max - 5-8 mmol/l - RPE: 7-8	- 6-8 *randoris* de duración media (5 min) con descansos también medios (1-2 min).	De 48 a 72 h	4
- Perfeccionamiento técnico-táctico, siempre con oposición. - Capacidad aeróbica. - Grado del esfuerzo importante.	- **ELEVADA.** - En torno al Umbral Anaeróbico - 75-90% FC.Max - 3-5 mmol/l - RPE: 4-6	- *Randoris* largos (7-10 min) con descansos cortos (30s-1min). Volumen de los *randoris* a esta intensidad 1h aprox.	De 24 a 48 h	3
- Aprendizaje y perfeccionamiento técnico-táctico, con carga condicional baja. - Recuperación activa.	- **MODERADA.** - En torno al Umbral Aeróbico. - 60-75% FC.Max - 2-3 mmol/l - RPE: 2-3	En este tipo de sesiones no se realizará *randori*, se utilizarán predominantemente el *yaku-soku-geiko*, el *uchikomi* y el *nagekomi*.	De 12 a 24 h	2
- Aprendizaje y perfeccionamiento técnico-táctico. - Sin carga condicional.	- **DÉBIL.** - 50-60% FC.Max - RPE: 1-2		De 6 a 12 h	1

Entrenamiento aeróbico en judokas

Aunque las acciones decisivas del combate son predominantemente anaeróbicas, la aptitud aeróbica es importante para el judoka, puesto que valores elevados de esa variable le permitirán el mantenimiento de altas intensidades durante el combate al retardar el proceso de fatiga y facilitar la recuperación entre combates y en las pausas del combate (Casterlanas & Solé, 1997). Además, se ha descrito un aumento de la contribución del metabolismo aeróbico a lo largo del combate para suministrar la energía necesaria, ya que las reservas de sustratos del metabolismo anaeróbico aláctico son limitadas y existe un acúmulo de metabolitos resultante de la participación del metabolismo anaeróbico láctico, y pueden no ser repuestos durante el combate debido a que los periodos de pausa son cortos (Franchini et al., 2013; Kaneko et al., 1978).

La aptitud aeróbica conlleva el desarrollo dos componentes: potencia y capacidad. La **potencia aeróbica** puede definirse como la "máxima tasa por la cual el oxígeno puede ser utilizado por el organismo durante el ejercicio intenso" (Basset & Howley, 2000). Por otro lado, la **capacidad aeróbica** puede ser definida como la "cantidad máxima de energía que puede generar el sistema aeróbico, es decir, la mayor cantidad de esfuerzo que puede mantenerse por largos periodos de tiempo, siendo que, por encima de esa intensidad la medida del consumo de oxígeno no puede ser responsable de toda la energía necesaria y requerida para la realización del ejercicio" (Svedahl & Mcintosh, 2003). Es decir, dentro de la gama del entrenamiento aeróbico, podemos distinguir entre el trabajo en "duración" o capacidad aeróbica y el entrenamiento en "intensidad" o potencia aeróbica.

Aplicaciones prácticas.

El entrenamiento aeróbico puede ser dirigido hacia la mejora tanto de la potencia como de la capacidad aeróbicas, ya que algunos judokas necesitan mejorar ambas de manera simultánea para mejorar su rendimiento. A continuación, expondremos las premisas fundamentales del entrenamiento de estas cualidades, así como algunos ejemplos prácticos.

*Entrenamiento de la **capacidad aeróbica** en judo.*

Cuando hablamos del desarrollo de la capacidad aeróbica, estamos hablando de la capacidad del organismo para soportar esfuerzos "prolongados" de corte aeróbico. El típico esfuerzo prolongado de carrera (tradicionalmente llevado a cabo por los judokas), aumenta la dimensión de la capacidad de la rama aeróbica. Pero ¿en qué momento el judoka desarrolla un esfuerzo continuo y de intensidad fiable? Este es el primer problema que posee **el entrenamiento de la capacidad aeróbica**, que **no es específico del judo.** Aun así, el esfuerzo continuo y prolongado sigue siendo inevitable, pero para otros objetivos diferentes al de mejorar el rendimiento de un judoka entrenado. Este es el caso particular del objetivo de producir las adaptaciones fisiológicas centrales del sistema en jóvenes y principiantes, como el débito sanguíneo, el volumen plasmático o incluso la eficiencia del ventrículo izquierdo. Estos ajustes, cruciales cuando se trata de un principiante o un judoka desentrenado, ya están desarrollados cuando se hace ejercicio regularmente. **La simple práctica técnica del judo a menudo ayuda a mantenerlos. Si se trata un competidor con experiencia, ya no le interesa consumir tiempo entrenando la capacidad aeróbica**, excepto en situaciones excepcionales. Por ejemplo, la capacidad aeróbica también juega un papel en la regulación del peso, ya que los lípidos reemplazan parcialmente a los carbohidratos como fuente de energía en un esfuerzo prolongado de intensidad muy fiable (desde 45 minutos para un individuo entrenado, hasta la 1h30 para un sedentario). Sin embargo, este argumento también es cada vez más controvertido, ya que muchas investigaciones muestran que el esfuerzo de tipo intermitente también, en atletas entrenados, permite una pérdida significativa de grasa, y además es mucho más específico para el judoka. Pero el efecto más importante de este tipo de trabajo es indudablemente el de la recuperación activa que, al aumentar el flujo sanguíneo, permite atenuar los efectos del esfuerzo intenso más rápidamente, ayuda a la reconstrucción muscular y mejora la reposición de las reservas energéticas. En este caso, el esfuerzo deberá ser entre 15 y 30 minutos y la intensidad será muy moderada para no producir un esfuerzo complementario, sino para optimizar la recuperación. Por todo esto, debido a que la solicitación de la capacidad aeróbica en el judoka es de menor importancia comparada al desarrollo de la potencia aeróbica, el entrenamiento específico para esa capacidad física en judo solamente será necesario en algunas situaciones: **1)** tras un periodo de inactividad (por ej. tras una lesión), **2)** en judokas con niveles muy bajos de esa capacidad física, **3)** durante el periodo precompetitivo (ni siquiera en este periodo si se trata de judokas de nivel medio y alto).

El desarrollo de la capacidad aeróbica implica porcentajes moderados del $VO_{2máx}$ (o volumen máximo de oxígeno consumible). Sin embargo, los combates de judo se desarrollan a porcentajes máximos de este parámetro. Para el entrenamiento de la capacidad aeróbica se recomienda la utilización de ejercicios "por debajo o en torno al umbral anaeróbico". El umbral anaeróbico es un parámetro fisiológico que nos indica el límite superior del sistema aeróbico, es decir, que si aplicamos un estímulo de mayor intensidad la implicación del sistema anaeróbico láctico se producirá de forma exponencial. También se identifica con la última intensidad a la se puede mantener el denominado *steady-state* lactácido. A partir de este punto, la producción de lactato seguirá aumentando de forma constante y su eliminación ya no seguirá el ritmo de su producción. De forma general, esta intensidad de trabajo se ubica sobre 4 mmol/l y comporta que la concentración de lactato se convierta en exponencial y que la ventilación experimente una aceleración adicional. No obstante, existe una ligera variabilidad, por lo que en el contexto del alto rendimiento es importante determinar el umbral anaeróbico individual.

CAPACIDAD AERÓBICA

- **¿QUIENES?**
Principalmente judokas jóvenes, desentrenados o principiantes. Excepcionalmente judokas entrenados* (normalmente no es necesario)

- **¿CUANDO?**
*Pretempodas, periodos de transición y de recuperación, tras una lesión.

- **OBJETIVO/SUSTRATOS:**
Desarrollo adaptaciones centrales. Potenciar la obtención de ATP a partir de la oxidación de glucosa (glucólisis aeróbica) y los ácidos grasos (lipólisis aeróbica)
/
Glucógeno muscular, glucógeno hepático y ácidos grasos.

- **IMPORTANCIA EN JUDO:**
Mejorar los mecanismos de recuperación entre combates en una competición y entre diferentes sesiones de entrenamiento. Soportar grandes volúmenes de entrenamiento.

- **INTENSIDAD APROXIMADA:**
· 75-85% $VO_{2máx}$
· 75-90% $FC_{máx}$
· 3-4 mmol/l lactato.

Ejemplos disociados

- 3 bloques (3' + 3' + 3' + 2' + 3' + 1')/ 2' a 3' Recup. entre bloques.
ó
- 3 bloques (3' + 3' + 2' + 2' + 1' + 1')/ 2' a 3' Recup. entre bloques.

⇩

Alternar periodos de carrera más intensos al 60-75% $VO_{2máx}$ con periodos menos intensos al 75-85% $VO_{2máx}$

- 30' a 45' de carrera, remo o bici con tramos extensivos de 3' (60-75% $VO_{2máx}$) y tramos intensivos de 1'-1'30 (75-85% $VO_{2máx}$).

Ejemplo asociado

- 30' a 60' alternando ejercicios generales y específicos sin descanso:
100 *uchikomi* con goma + 3' carrera + 3' *randori ne-waza* + 3' carrera o remo + 1' *tandoku - renshu* + 3' carrera o remo + 3' *randori tachi-waza* + 3' carrera o remo + 1' salto comba + etc.

Ejemplo integrado

- 10 a 15 *randori* de 5' /15'' a 30'' Recup.
*Difícil de cuantificar la intensidad. Aún así, si se realizan todos los *randoris* sumaremos aprox. 1h continua de trabajo por lo que la intensidad no podrá ser elevada y nos aseguraremos trabajar en capacidad aeróbica.

*Entrenamiento de la **potencia aeróbica** en judo.*

El entrenamiento de la potencia aeróbica se relaciona directamente con intensidades de trabajo próximas o iguales al consumo máximo de oxígeno ($VO_{2máx}$). Como sabemos, el $VO_{2máx}$ se ha descrito como un parámetro que nos proporciona una cierta información sobre el aporte, transporte y utilización del oxígeno en un organismo que realiza un esfuerzo aeróbico máximo. El entrenamiento de la potencia aeróbica puede presentar las siguientes orientaciones en función de las necesidades de resistencia que se requieren en la disciplina deportiva: **1)** Obtener la máxima energía del sistema aeróbico en el mínimo tiempo posible. Este concepto se identifica con el tiempo mínimo requerido para obtener el $VO_{2máx}$ (llegar al $VO_{2máx}$ en el mínimo tiempo posible) y el oxígeno máximo que es capaz de consumir el deportista en un tiempo determinado; **2)** Mantener la intensidad que corresponde al $VO_{2máx}$ el mayor tiempo posible. A este concepto se le asignan diferentes términos como meseta de oxígeno, capacidad de potencia aeróbica máxima o tiempo límite. Esta situación es típica de las disciplinas de resistencia que tienen una duración de entre 5 y 10 minutos, como es el caso del judo.

Los entrenamientos de tipo continuo a intensidades moderadas (como los vistos más arriba para la capacidad aeróbica) no son los más indicados para la mejora de la potencia aeróbica, debido a que tienen poco o ningún efecto sobre la mejora del $VO_{2máx}$ en individuos entrenados. El aumento del $VO_{2máx}$ está asociado con el tiempo mantenido a esa intensidad, lo que solo puede conseguirse realizando ejercicio de alta intensidad (**por encima del 90% del $VO_{2máx}$**) (Buchheit & Laursen, 2013; Midgley et al, 2006). El ser humano es capaz, en el mejor de los casos, de mantener tal intensidad durante unos 7 minutos. Si reanudamos nuestra sesión típica de "footing", que va de 45 minutos a 1 hora, la zona de eficacia rara vez supera los 2 minutos. Por tanto, es necesario que el ejercicio sea realizado de **manera intermitente**, ya que no es posible mantener el esfuerzo en alta intensidad por largos periodos de tiempo.

Dos variables importantes y que permiten el mantenimiento del VO_2 cercano a los valores máximos son la duración del esfuerzo y la pausa, y el tipo de recuperación (activa o pasiva). **Esfuerzos repetidos con una duración inferior a 1 minuto** con una relación de esfuerzo y de pausa **1:1 ó 2:1** se han mostrado más eficaces que protocolos con duraciones más largas de esfuerzo (Billat et al, 2001; Rozenek et al. 2007). Para el tipo de recuperación, se recomienda la realización de una **pausa activa** durante los intervalos de recuperación, especialmente para judokas entrenados aeróbicamente (Buchheit & Laursen, 2013). Estos esfuerzos de corta duración y una recuperación activa, permitirán que el judoka permanezca más tiempo durante la sesión con el VO_2 elevado, ya que durante los periodos de recuperación ocurre la resíntesis de fosfocreatina (Dorado et al, 2004; Panissa et al, 2014).

Otra forma de prescribir el ejercicio intermitente de alta intensidad para la potencia aeróbica son los **protocolos *all out*** (esfuerzos repetidos a la máxima intensidad). A pesar de que existe mucha menos información al respecto, se ha demostrado que también es posible alcanzar valores cercanos al $VO_{2máx}$ a través de este tipo de protocolos (Buchheit & Laursen, 2013). Prescribir el ejercicio de manera *all out* puede ser una estrategia interesante y ventajosa ya que no se necesitan test previos para identificar índices de intensidad máxima, aparte de aproximarse a la estructura temporal del combate de judo. Considerando la especificidad del entrenamiento, una estrategia interesante para la prescripción de este tipo de esfuerzo sería utilizar la relación esfuerzo-pausa observada en judo, realizando movimientos a la máxima intensidad (*all out*). En este sentido, recientemente se han encontrado mejoras en el rendimiento aeróbico y anaeróbico tras un periodo de entrenamiento con un protocolo *all out* (2 bloques de 10 series de 20 segundos de *uchikomi "all out"* + 10 segundos de descanso pasivo) realizado dos veces por semana durante 4 semanas (Franchini et al, 2016).

POTENCIA AERÓBICA	Ejemplo entrenamiento asociado	Ejemplo protocolo *"all out"*
- OBJETIVO/SUSTRATOS: Potenciar la obtención de ATP a partir de la oxidación de glucosa (glucólisis aeróbica) / Glucógeno muscular y hepático. - IMPORTANCIA EN JUDO: Mejorar los procesos de recuperación entre las acciones de alta intensidad durante el combate (*mattes*, detenciones por *judogi*- - INTENSIDAD APROXIMADA: · 95-100% $VO_{2máx}$ · 90-100% FCmáx · 5-8 mmol/l lactato.	- 4 a 8 series de 5' a 8' (30" trabajo + 15"a 30" descanso activo (carrera o *yaku-soku-geiko*). /3' Recup. entre series. Ejercicios: *uchikomi* + descanso activo + cargada de fuerza con barra al 40% 1RM + descanso activo + *nagekomi* + descanso activo + burpees con salto + descanso activo + *kakari-geiko* + descanso activo + subida & bajada cuerda + descanso activo + *nagekomi* + descanso activo + lanzamientos balón medicinal contra el suelo (repetir secuencia si es necesario). ¡IMPORTANTE!: - Asegurarse de que la intensidad es, al menos, del 90% del $VO_{2máx}$, de lo contrario no se producirán mejoras de este parámetro en judokas entrenados. Se debe mantener alto el VO_2 durante los descansos activos. - Utilizar ejercicios que involucren más del 70% de la masa corporal (si no se tratará más bien de un entrenamiento de resistencia a la fuerza local) y que tengan una estructura similar a las acciones de judo, como los movimientos olímpicos o los balísticos (los saltos, lanzamientos) y los propios de la disciplina (*uchikomi, nagekomi*)	- 2 ó 3 bloques de 10 series de 20" a 30" trabajo *all out* de *uchikomi, nagekomi* o *yaku-soku-geiko* + 10" descanso pasivo/3' Recup. entre bloques.

Entrenamiento anaeróbico en judokas

Como se ha referido, durante el combate de judo, el metabolismo anaeróbico aláctico es responsable de la provisión de energía para la realización de las acciones técnicas en alta intensidad, y el anaeróbico láctico de la energía necesaria para las acciones de alta intensidad llevadas a cabo durante largos períodos de tiempo (lucha por el agarre, lucha en suelo), mientras que el metabolismo aeróbico actúa en los procesos de recuperación entre las acciones de alta intensidad (*mattes*, interrupciones de arbitraje) y entre los combates (Franchini et al, 2013).

Como en la gama aeróbica, la aptitud anaeróbica se subdivide en capacidad y potencia, las cuales están relacionadas con un mejor rendimiento en actividades intermitentes, como es el caso del judo. La **capacidad anaeróbica** se define como la "cantidad total de energía que puede ser proporcionado por el metabolismo anaeróbico" (Noordhof et al, 2010), mientras que la **potencia anaeróbica** se define como "el máximo de energía liberada por unidad de tiempo" (Matsushigue et al, 2009).

La concentración de lactato sanguíneo es una medida utilizada para estimar la participación del metabolismo anaeróbico durante el ejercicio. Generalmente se clasifican los niveles de la concentración de lactato como bajos (< 3 mmol/l), moderados (> 6 mmol/l), altos (> 10 mmol/l), y muy altos (> 14 mmol/l). En judo, se han registrado valores de entre 5.7 ± 2.2 y 19.2 ± 2.3 mmol/l después de uno o varios combates en competición real (Mickiewitz et al, 1991; Obminski et al, 1999; Serrano et al, 2001; Sikorski et al, 1987), y entre 7.1 ± 2.0 y 18.1 ± 4.4 mmol/l en competiciones simuladas (Bonitch-Domínguez et al, 2010; Bonitch-Góngora et al, 2012; Detanico et al, 2015; Sbriccoli et al, 2007). Estas concentraciones de lactato sanguíneo durante los combates de judo, demuestran una demanda glicolítica de moderada a alta, especialmente durante la primera parte del combate. Aunque la contribución a la fatiga del lactato y la correspondiente reducción en el pH parece mínima (Allen et al., 2008), otros factores periféricos asociados, como la acumulación de fosfato inorgánico (P_i), de acumulación de potasio (K^+) en el intersticio muscular, la depleción del glucógeno o la deshidratación, se han asociado con la reducción de la fuerza y la potencia (Knicker et al., 2011).

Aplicaciones prácticas.

La variedad de acciones propias del judo y su naturaleza intermitente y de media duración hacen necesario el entrenamiento tanto de la potencia como de la capacidad anaeróbicas de manera simultánea.

*Entrenamiento de la **capacidad anaeróbica** láctica en judo.*

El entrenamiento de la capacidad anaeróbica láctica se identifica con la "tolerancia a la acidez", que es la capacidad de poder continuar la contracción muscular un determinado tiempo a pesar de su sobreacidez. Como hemos visto, estas situaciones son frecuentes en judo, teniendo que soportar los deportistas una concentración de lactato elevado.

El poder realizar esfuerzos de estas características depende de la capacidad de amortiguación que tiene el organismo para contrarrestar el efecto del ácido láctico y de su facilidad de eliminación. La capacidad de amortiguación depende en gran parte de sustancias como el bicarbonato plasmático, la hemoglobina y determinadas proteínas del plasma sanguíneo. Un objetivo que pretende este tipo de entrenamiento es aumentar dichas sustancias tamponadoras o *buffer*, sobre todo, el bicarbonato y la hemoglobina, ya que la cantidad total de sangre se incrementa y esto comporta un retraso de la modificación del valor de pH, o sea, un retraso de la sobreacidez.

La capacidad de eliminación de lactato se realiza en gran parte después del esfuerzo. El lactato sanguíneo se elimina a través de su oxidación en el miocardio, en el hígado, riñones y musculatura no implicada, para su posterior resíntesis en glucógeno (Zintl, 1991).

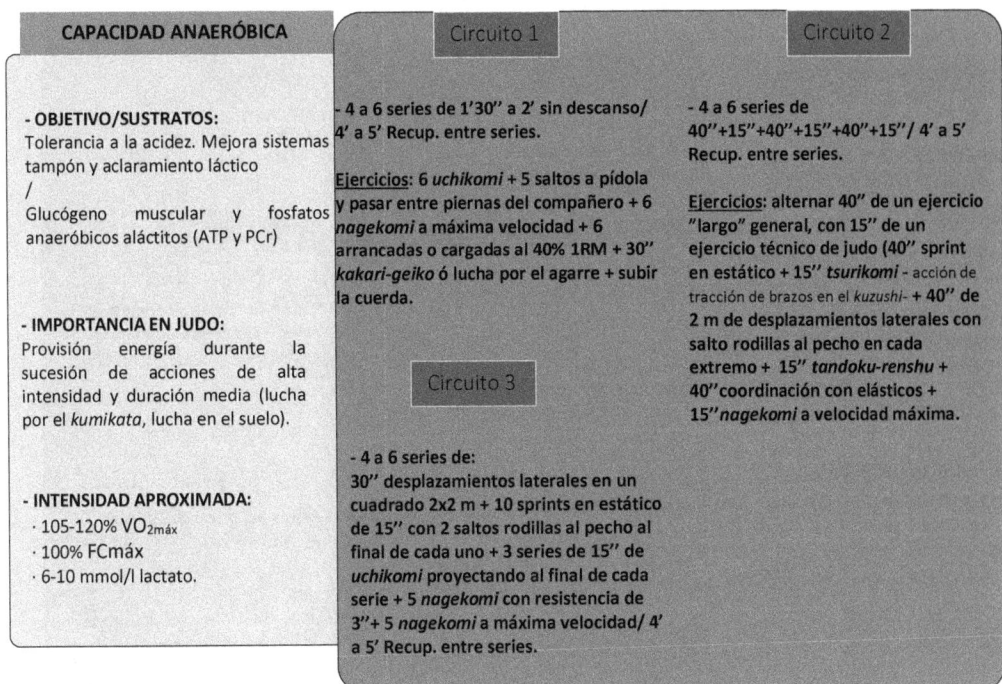

*Entrenamiento de la **potencia anaeróbica** láctica en judo.*

Las acciones realizadas a la máxima intensidad que oscilan entre 20'' y 40'' son las que más predominan en judo. Como indica Saltin (1989), el objetivo principal del entrenamiento de la potencia anaeróbica láctica es elevar la velocidad de la glucólisis anaeróbica.

La resistencia de un judoka se puede expresar de varias maneras. Pasados los primeros 15''-30'' de esfuerzo, el judoka debe poder continuar desarrollando altos niveles de potencia muscular. El combate entra en una sucesión de paradas. Esta primera fase se expresa en plena potencia anaeróbica hasta aproximadamente 1 minuto. Ésta es la etapa que trataremos de mejorar con el entrenamiento de la potencia anaeróbica láctica.

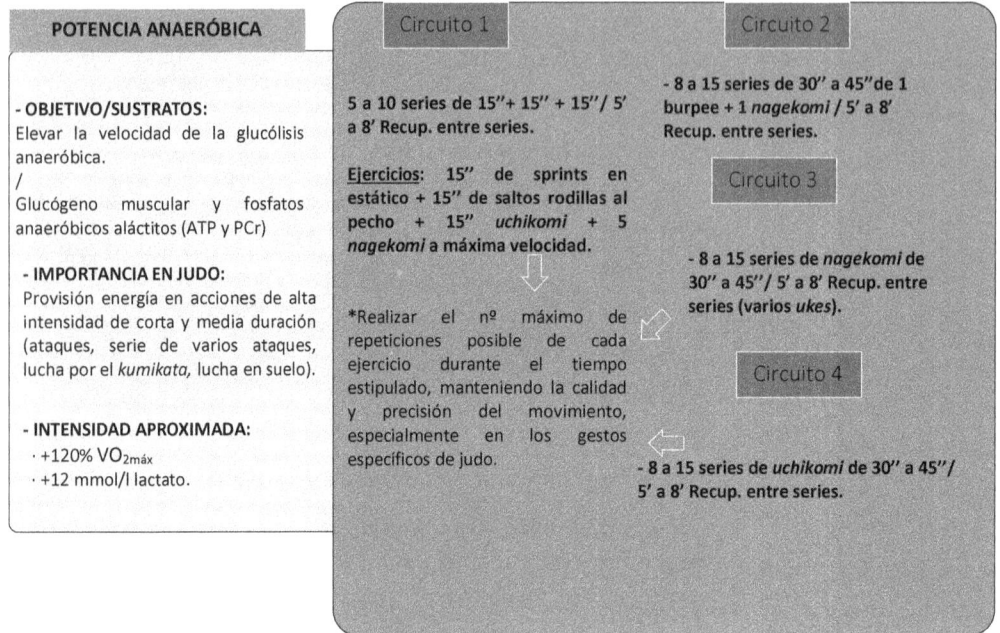

Consideraciones a tener en cuenta sobre el entrenamiento anaeróbico láctico.

Para el entrenamiento tanto de la capacidad como la potencia anaeróbica se necesita estar "fresco", por lo que debemos entrenarlas directamente después del calentamiento. La frecuencia de reposo entre dos sesiones de naturaleza láctica debe ser, por lo general, de 72h.

Otro aspecto importante a tener en cuenta es el hecho de que en actividades submáximas, la frecuencia cardiaca (FC) y el VO_2 presentan un comportamiento lineal con el aumento de la intensidad. Así, a pesar de las limitaciones que presenta, la FC puede ser utilizada por los entrenadores para la prescripción del ejercicio aeróbico. Sin embargo, en esfuerzos por encima de la velocidad asociada al $VO_{2máx}$, la respuesta de la FC presenta un atraso en relación a la respuesta del VO_2 (Seiler & Hetledid, 2005; Seiler & Sjursen, 2004). Esto es un hecho muy importante a la hora de utilizar la FC como parámetro de control de la intensidad del esfuerzo, especialmente en esfuerzos realizados por encima de la velocidad asociada al $VO_{2máx}$, ya que a tales intensidades no hay linealidad de las respuestas de la FC y el VO_2.

Por otro lado, es posible convertir estos circuitos "lácticos" en circuitos de "velocidad" (alácticos) modificando algunos aspectos. Para ello, realiza ejercicios de no más de 15 segundos de duración, repitiendo el máximo de gestos durante este período de tiempo. Entre cada ejercicio, tómate de 2' a 3' de recuperación.

Planificando el desarrollo de la resistencia.

Planificar el proceso de entrenamiento consiste en manipular las variables de entrenamiento con el objetivo de alcanzar el mejor estado de forma en el momento oportuno de la temporada. Este tipo de manipulación es con frecuencia llamada *periodización*, gracias a las innovaciones que aportaron los científicos del deporte desde los países del este desde la mitad del S.XX, aunque se pueden encontrar referencias más primitivas desde los tiempos de la Grecia antigua.

El principal objetivo de la periodización del entrenamiento es el de aprovechar la ventaja que proporcionan las capacidades adaptativas del organismo para preparar a los deportistas para alcanzar su mejor nivel en los eventos más importantes. La mayoría de los modelos de periodización se dividen en tres fases o periodos diferenciados: **1) Fase preparatoria**. Esta fase se puede subdividir en una fase de *preparación general* (construcción de sólidos fundamentos físicos y técnicos que permitan al deportista afrontar esfuerzos más intensos y específicos en fases posteriores. Normalmente el volumen el alto y la intensidad baja) y otra de *preparación específica* (integra un entrenamiento más específico y orientado a la competición. Disminuye el volumen y aumenta la intensidad de entrenamiento, con tareas orientadas al desarrollo de aquellas cualidades necesarias para alcanzar las medallas en los torneos); **2) Fase competitiva**. El objetivo es el de mantener aquellos atributos que se han desarrollado en fases anteriores. Generalmente el volumen se ve aún más reducido y la intensidad alcanza valores máximos para mantener el rendimiento competitivo; **3) Fase transitoria**. Es la fase en la que se usa el descanso activo para permitir la recuperación de la fatiga y el estrés a los que se ha visto sometido el deportista. Tanto volumen como intensidad se ven reducidos por un periodo que se adapta a las necesidades del deportista (de nuevo, dependiendo de su nivel).

La duración y el contenido de estas fases varía en gran medida dependiendo de múltiples factores como el nivel del deportista, el calendario de competiciones, o el número de años de entrenamiento, entre otros, dando lugar a diferentes modelos de periodización que manipulan estos aspectos de la manera más adecuada a cada caso. A su vez, estas fases se subdividen en estructuras cada vez más reducidas para gestionar las cargas de trabajo y aportar una visión a largo plazo más clara del proceso de entrenamiento del deportista (macrociclos, mesociclos y microcilos). Existen múltiples estrategias de manipulación de la intensidad y el volumen de las cargas de entrenamiento. Por regla general, los deportistas jóvenes o poco entrenados necesitarán tomarse suficiente tiempo para desarrollar cada cualidad, lo que hará que se alargue en el tiempo el entrenamiento de las mismas y se puedan trabajar varias a la vez. Sin embargo, se podrá alcanzar el pico de forma pocas veces en la temporada y consecuentemente competir en menos ocasiones con las máximas garantías. Para estos deportistas se utilizarán cargas de tipo regular, es decir, éstas estarán más diluidas. Por el contrario, aquellos judokas más entrenados, posiblemente ya no experimenten mejoras con este tipo de cargas y necesitarán concentrarlas más, es decir, aplicar cargas altamente especializadas durante un periodo de tiempo más corto, lo que aumentará la intensidad y supondrá un mayor estímulo. Se podrán trabajar menos cualidades a la vez y, al completarse todo el ciclo en menos tiempo, el deportista estará en disposición de competir más veces a lo largo de la temporada.

A continuación, se pueden observar dos ejemplos de ambos modelos.

MACROCICLO			
PERIODO PREPARATORIO (15-25 semanas)		PERIODO DE COMPETICIONES (2-3 meses)	PERIODO DE TRANSICIÓN (2-3 semanas)
ET. GENERAL (10-13 semanas)	ET. ESPECÍFICA (9-12 semanas)		
- Cap. aeróbica ++ - Pot. aeróbica ++	- Pot. aeróbica +++ - Cap. anaerob. ++	- Cap. anaerob. +++ - Pot. Anaerob. +++ - Pot. aeróbica ++	- Recup. activa * Sesiones "cardio" de media-baja intensidad de tipo continuo variable "largo" (p.ej.: 10' calentamiento + 10' carrera al 60-70% $VO_{2máx}$ + 3 series de carrera de 3' de esfuerzo al 70-85 $VO_{2máx}$ alternados con 3' de recup. activa + 10' de carrera ligera).

Ejemplo de entrenamiento de resistencia en una periodización de corte tradicional (lineal, cargas regulares)

MACROCICLO 1			MACROCICLO 2			MACROCICLO 3			MACROCICLO 4		
A (8 sem.)	T (4 sem.)	R (2 sem.)	A (6 sem.)	T (6 sem.)	R (3 sem.)	A (3 sem.)	T (6 sem.)	R (3 sem.)	A (3 sem.)	T (63 sem.)	R (3 sem.)
- P.A. +++ - C.A.+	- C.AN +++ - P.AN.. ++ - P.A. +	- P.AN. +++	- P.A.+ ++	- C.AN +++ - P.AN. ++ - P.A. +	- P.AN. +++	- P.A.+ ++	- C.AN +++ - P.AN. ++ - P.A. +	- P.AN. +++	- P.A.+ ++	- C.AN +++ - P.AN. ++ - P.A. +	- P.AN. +++

Ejemplo de entrenamiento de resistencia en una periodización por bloques de 4 macrociclos (lineal, cargas concentradas). A = acumulación, T = Transformación, R = realización, P.A. = potencia aeróbica, C.A. = capacidad aeróbica, P.AN. = potencia anaeróbica, C.AN. = capacidad anerobica.

Referencias bibliográficas

Allen DG, Lamb GD, Westerblad H. Skeletal muscle fatigue: cellular mechanisms. Phys Review 2008; 88: 287–332.

Bassett DR, Howley ET. Limiting factors for maximum ogygen uptake and determinants of endurance performance. Med Sci Sports Exerc 2000; 32:70-84.

Billat VL, Slawinksi J, Bocquet V, Chassaing P, Demarle A, Koralsztein JP. Very short (15s-15s) interval-training around the critical velocity allows middle-aged runners to maintain VO2 max for 14 minutes. Int J Sports Med 2001; 22:201-2018.

Bonitch-Domínguez J, Bonitch-Góngora J, Padial P, Feriche B. Changes in peak leg power induced by successive judo bouts and their relationship to lactate production. J Sports Sci 2010; 28:1527–1534.

Bonitch-Góngora J, Bonitch-Domínguez J, Padial P, Feriche B. The effect of lactate concentration on the handgrip strength during judo bouts. J Strength Cond Res 2012; 26:1863–1871.

Branco BHM, Massuça LM, Andreato LV, Marinho BF, Miarka B, Monteiro L, Franchini E. Association between the rating perceived exertion, heart rate and blood lactate in successive judo fights (randori). Asian J Sports Med 2013;4:125-30.

Buchheit M, Laursen PB. High-intensity interval training, solutions to the programing puzzle: Part I: cardiopulmonary emphasis. Sports Med 2013;43: 313-338.

Castarlenas JL, Solé J. El entrenamiento de la resistencia en los deportes de lucha con agarre: una propuesta integradora. Apunts: Educ Fis Deportes 1997; 1:87-88,

Cometti G. Los métodos modernos de musculación. Barcelona: Paidotribo, 1998.

Detanico D, Dal Pupo J, Franchini E, Dos Santos SG. Effects of successive judo matches on fatigue and muscle damage markers. J Strength Cond Res 2014; 29: 1010–1016.

Dorado C, Sanchis-Moysi J, Calbet JA. Effects of recovery mode on performance, O2 uptake, and O2 deficit during high-intensity intermittent exercise. Can J Appl Physiol 2004; 29(3):227-244.

Franchini E, Julio UF, Panissa VL, Lira FS, Gerosa-Neto J, Branco BH. High-Intensity Intermittent Training Positively Affects Aerobic and Anaerobic Performance in Judo Athletes Independently of Exercise Mode. Front Physiol 2016; 7:268.

Franchini E, Panissa VLG, Julio UF. Physiological and performance responses to intermittent uchi-komi in judo. J Strength Cond Res 2013; 27: 1147-1155.

Issurin V. Entrenamiento deportivo. Periodización en bloques. Badalona: Paidotribo, 2012.

Kaneko M, Iwata M, Tomioka S. Studies on the oxigen uptake and heart rate during judo practice. Bulletin of the Association for the Scientific Studies on Judo Kodokan1978; 19-30.

Knicker AJ, Renshaw I, Oldham ARH, Cairns SP. Interactive processes link the multiple symptoms of fatigue in sport competition. Sports Med 2011; 41:307-328.

López-Chicharro J, Fernández-Vaquero, A. Fisiología del ejercicio. Ed. Médica Panamericana, 2006.

Matsushigue KA, Hartmann K, Franchini E. Taekwondo: Physiological responses and match analysis. J Strength Cond Res 2009; 23:1112-1117.

Mickiewitz G, Starczenska J, Borkowski L. Judo, ovvero sforzo breve di grande intensità. Athlon 1991; 4:42–46.

Midgley AW, McNaughton LR, Wilkinson M. Is there an optimal training intensity for enhancing the VO2max of distance runners? Empirical research findings, current opinions, physiological rationale and practical recommendations. Sports Med 2006; 36:117-132.

Noordhof DA, de Koning JJ, Foster C. The maximal accumulated oxygen deficit method: a valid and reliable measure of anaerobic capacity? Sports Med 2010; 40:285-302.

Obminski Z, Borkowski L, Lerczak K, Rzepkiewicz M. Blood lactate dynamics following a judo contest. In Proceedings of The Second Coach's Professional Activities-Managing. The training process in combat sports. Department of Combat Sports of the Academy of Physical Education, Cracow, Poland 1999; 6.

Padial P, Feriche B. Manual de entrenamiento deportivo. Ed. Fleming. Universidad de Granada, 2017.

Padial P. El sistema deportista y sus capacidades. Ed. Stadium, 159: 13-16, 1993.

Panissa VL, Julio UF, Pinto-E-Silva CM, Andreato LV, Schwartz J, Franchini E. Influence of the aerobic fitness on time spent at high percentage of maximal oxygen uptake during a high-intensity intermittent running. J Sports Med Phys Fitness 2014; 54:708-714.

Rozenek R, Funato K, Kubo J, Hoshikawa M, Matsuo A. Physiological responses to interval training sessions at velocities associated with VO2max. J Strength Cond Res 2007;21:188-192.

Saltin B. La capacidad aeróbica y anaeróbica. Red 1989; 2:35-45.

Sbriccoli P, Bazzucchi I, Di Mario A, Marzattinocci G, Felici F. Assessment of maximal cardiorespiratory performance and muscle power in the italian olympic judoka. J Strength Cond Res 2007; 21:738–744.

Seiler S, Hetlelid KJ. The impact of rest duration on work intensity and RPE during interval training. Med Sci Sports Exerc 2005; 37:1601-1607.

Seiler S, Sjursen JE. Effect of work duration on physiological and rating scale of perceived exertion responses during self-paced interval training. Scand J Med Sci Sports 2004; 14:318-325.

Seirul·lo F. En: Cometti G. La pliometría, 11 – 13. Barcelona: Inde, 1998.

Serrano MA, Salvador A, González-Bono EG, Sanchís C, Suay F. Relationships between recall of perceived exertion and blood lactate concentration in a judo competition. Percept Motor Skills 2001; 92:1139–1148.

Sikorski W, Mickiewicz G, Majle B, Laksa C. Structure of the contest and work capacity of the judoist. In Proceedings of the International Congress on Judo, "Contemporary Problems of Training and Judo Contest". Spala, Poland 1987, 9th-11th November; 58–59.

Svedahl K, Mcintosh BR. Anaerobic threshold. The concept and methods of measurement. Can J Appl Physiol 2003; 28:299-323.

Zintl F. Entrenamiento de la resistencia. Barcelona: Martínez Roca, 1991.

ESTRATEGIAS MOTIVACIONALES EN JUDOKAS

Yolanda Soler

Introducción.

Toda mi vida he estado vinculada al deporte, podría decir que una de las cosas que mas me motivaban era "practicar deporte". En el mundo del Judo me inicié con seis años y con quince mi entrenador, Young Lee, ya había conseguido que el judo formara parte de mi vida. A día de hoy este deporte sigue siendo algo que me apasiona y a lo que me dedico profesionalmente.

Si hago balance de mi carrera deportiva, resultados y día a día, no tengo ninguna duda lo que mas me motivaba era entrenar, esforzarme, la satisfacción del trabajo bien hecho. Las medallas y los resultados fueron algo que vinieron después, no era lo que me movía, no era el motivo por el que yo iba cada día al tatami.

Voy a hablar de motivación desde un punto de vista teórico, pero también desde un punto de vista experiencial. Y que estrategias motivacionales son las que indicen realmente en el rendimiento de los deportistas.

En el mundo del deporte mucho se habla y se escribe sobre motivación, sin embargo, es un término que a veces se utiliza de una forma en la que parece que la motivación es un gen que se puede inyectar, o el motivo por el cual nos salen temporadas o campeonatos impresionantes o que la falta de motivación es la causa de todos los males deportivos.

"La motivación consiste en la elección consciente o inconsciente de la alternativa más deseable para satisfacer las necesidades planteadas".

Aunque realmente la motivación no es la única causa del éxito o del fracaso deportivo indiscutiblemente es una variable que influye en el rendimiento, por lo tanto a los entrenadores deportivos les interesa saber qué aspectos o variables de la motivación están interviniendo en el rendimiento deportivo, debemos conocerlos y de alguna manera manejarlos para hacerlos consciente en el demandante, o estudiarlos para saber como interactuar junto con otras variables psicológicas que influyen en el rendimiento del deportista como identidad, autoestima...

Intentaré acercaros al concepto motivación y ver las variables que inciden en el rendimiento deportivo, y cuales son las confusiones o los mitos sobre este término.

Motivos y Motivación.

Una cosa son los motivos ¨lo que nos mueve o tiene eficacia para mover y otra la motivación ¨la acción o el efecto de motivar¨.

Los motivos hacen referencia a las causas o razones específicas que, en cada caso particular, explican por qué se inicia, cambia o se detiene una conducta, así como la intensidad de la misma.

Estos suelen ser algunos de los motivos por los cuales hacemos deporte:

- Diversión, disfrute...
- Interacción social.
- Competitividad.
- Condición física.
- Imagen corporal.
- Salud.
- Dinero.
- Reconocimiento social.

Pondríamos por ejemplo un deportista que practica judo porque con ello consigue un buen tono físico y además pasa un rato divertido con sus amigos, esto serían los motivos (sociales y de salud), pero estos motivos no explican porque va cada día al tatami, entrena mañana y tarde, intenta ganar competiciones o porque su rendimiento a caído o aumentado a lo largo de la temporada.

Si pienso en mi misma, eso serían los motivos por los que siendo niña iba cada tres días a practicar judo, me divertía y físicamente me encontraba muy bien, pero eso no explica porque con veintiún años cambie de ciudad, me dedique en cuerpo y alma a este deporte, entrenaba mañana y tarde y tenía como objetivo conseguir el mayor rendimiento posible en mi deporte.

Por otro lado, la motivación es un término genérico que se emplea para referirse a los procesos motivacionales, dimensiones, modelos y constructos teóricos que intentan explicar la dinámica psicológica. Define aspectos del comportamiento como la dirección que tomamos, la implicación del esfuerzo en la actividad, la persistencia y continuidad y la energía que ponemos en ello.

Antes de profundizar mas en el tema me gustaría esclarecer algunas de las confusiones que genera el concepto motivación.

a) La motivación no puede confundirse con la activación. A muchos deportistas cuando les preguntan que les motiva antes de una competición su respuesta es: ¨escuchar música¨. Los niveles de activación hacen referencia a la intensidad de un momento dado, no es un indicador de la motivación de un deportista, ya que esta se desarrolla a distintos niveles (cognitivo, sentimental y físico), Por lo tanto, escuchar música antes de un combate puede servir para activarnos, pero nunca para motivarnos a dar el máximo que seamos capaces, o para intentar ganar una competición.

b) Por otra parte, la motivación no es el resultado del dicho ¨querer es poder¨, la voluntad es un rasgo o virtud muy apreciable en un deportista y en nuestra sociedad en general, pero con buena voluntad no se llega a conseguir méritos deportivos, aunque ayude, se necesita sumar y añadir cosas como objetivos, planificación, autoconocimiento personal...

c) La motivación tampoco es un rasgo estable de la personalidad, estar motivado o no depende de variables que actúan en diferentes dimensiones y si, es cierto que la identidad juega un papel importante pero no es definitivo. Por lo tanto, los niveles de motivación de un deportista pueden variar de una temporada a otra o inclusive dentro de la misma temporada. Los seres humanos podemos tener tendencia a ser más o menos optimistas, a ser mas o menos alegres...pero estos son aspectos emocionales que dependerán de otras variables y nunca rasgos estables de nuestra personalidad. Afirmar ¨soy optimista¨ es mucho decir, lo correcto sería ´me siento optimista´. Hay que tener mucho cuidado con eso ya que podemos incidir en la personalidad de nuestros jóvenes.

d) Tampoco podemos confundir las mejoras de logro con mejoras motivacionales. Cuando un deportista consigue mejora en algún aspecto que incide en el rendimiento de su deporte, no siempre es gracias a la motivación. Muchas veces observamos mejora en nuestros deportistas y erróneamente lo achacamos a los niveles de motivación, pero como veremos mas adelante las mejoras de logro también influyen.

Variables motivacionales en el deporte.

Las variables motivacionales son las que posibilitan el aumento del rendimiento en los deportistas.

En este terreno hay una parte teórica que no podemos evitar, es más no tenemos mas que poner variables motivacionales en el deporte y tendremos toda la información necesaria, o no, porque como todos podemos intuir la teoría es una cosa y el día a día es otra. Si queremos ser buenos entrenadores no solo tendremos que ser conocedores de las variables motivacionales que influyen en nuestro deporte, además tendremos que saber como aplicarlas.

Motivación intrínseca.

Es la motivación que nace desde dentro. Se compone de una mezcla de curiosidad, placer y competencia. La motivación intrínseca es aquella que se realiza por interés y placer por realizarla.

Siento que, a día de hoy en nuestro deporte, el Judo, hay una falta enorme de motivación intrínseca, hoy en día muy pocos practican este deporte por el simple placer de realizarlo. Que los tatamis se van vaciando según va avanzando la temporada y disminuyen los objetivos cercanos es una realidad que afecta a gran parte de los entrenadores de este deporte. Se ha perdido la motivación de practicar este deporte por el simple interés y placer de realizarlo.

Tantas y tantas veces me han preguntado si lo que mas me gustaba era ganar y haciendo un guiño a uno de mis deportistas favoritos, Rafa Nadal, mi respuesta era siempre la misma, claro que me gustaba ganar, pero sin ninguna duda lo que mas me gustaba es entrenar. Una vez terminada mi carrera deportiva una de las cosas que recuerdo con mas cariño y nostalgia a la vez, es esa sensación en los bancos del vestuario del judo club Alicante después de entrenar en las que me dolían hasta las pestañas y mi cuerpo se inundaba de satisfacción por el esfuerzo, por el trabajo realizado. Después de cada entrenamiento no había medallas, no había premios tan solo el placer de disfrutar, de hacer lo que mas me gustaba. Entrenar.

Motivación extrínseca.

Se basa en tres conceptos principales: recompensa, castigo e incentivo.

Este sistema de motivación extrínseca ha perdurado mucho en el tiempo, de hecho, está tan arraigado en nuestras vidas que apenas reparamos en ello. Bajo este solido supuesto: ¨la forma de mejorar el rendimiento, aumentar la productividad, alcanzar la excelencia es premiar a los buenos y castigar a los malos¨. Sin embargo, como dice Daniel H, Pink este tipo de motivación a la que llama 2.0 no es precisamente ennoblecedora, ya que poca diferencia a los humanos de los caballos, es decir, la manera de hacernos avanzar, y esforzarnos es mostrándonos una zanahoria crujiente o blandir un palo más duro. Aun así, este sistema funcionaba muy bien, hasta que dejo de hacerlo, o no tuvo el resultado esperado.

Aunque sin ninguna duda este tipo de motivación sigue funcionando en algunos casos parece que es menos sostenible a lo largo del tiempo. Una vez me contaron una historia que no puedo citar la fuente de donde salía porque realmente no me acuerdo, pero si del trasfondo y como me parece muy significativa y muy interesante no puedo dejar de compartirla aquí.

La historia era mas o menos así:

Un grupo de niños con pocos recursos económicos y con unas realidades sociales duras, al salir de clase recorrían cada tarde un montón de kilómetros para ir a casa de un señor adinerado que les dejaba un balón y su terreno para jugar al futbol, iban cada día, no fallaban mi una tarde, para ellos pese a sus circunstancias personales era lo mas preciado del día, hacer lo que mas les gustaba, jugar al futbol. Eso les hacia olvidar su realidad, su día a día, la dureza de sus vidas...por unas horas eran felices. Jugaban al fútbol, no necesitaban nada mas.

Pasado un tiempo al dueño de la casa se le ocurrió que, si estos chavales hacían eso cada día a cambio de nada, si les daba una recompensa por hacer lo que mas les gustaba su rendimiento aumentaría e igual con ello podría sacar beneficios. Decidió empezar a recompensar económicamente a los que mas iban a los que mejor lo hacían pensado que así mejorarían mas y su interés aumentaría. Nada más lejos de la realidad, lo que pasó es que cada vez acudían menos y tenían menos motivación.

¿Qué pasó? Estos chavales cambiaron la motivación intrínseca, el gusto por la tarea, el placer por el simple hecho de realizar una tarea que les gustaba por la motivación extrínseca hago una actividad a cambio de una recompensa.

Motivación de logro.

La teoría de ¨Motivación de logro¨ fue presentada por McCelland. D.C y colaboradores (1953), tomando como antecedentes las ¨Exploraciones en personalidad¨ hechas por Murray.

La motivación de logro es la fuerza o el impulso que nos lleva a alcanzar una meta.

Solamente los seres humanos disponemos de la capacidad de planificar y de proyectarnos hacia el futuro, por eso podemos establecer propósitos, proponernos metas y sentir éxito cuando las alcanzamos,

Tenemos dos tipos de orientación motivacional:

1. Orientación motivacional a la tarea: Cuando el deportista considera que lo importante es mejorar cada día, hacer algo que antes no era capaz de hacerlo comparado consigo mismo.
2. Orientación motivacional al ego: Cuando el deportista considera que lo más importante es ganar a los demás, hacer algo mejor que los otros, comparándose con ellos, es decir, con los demás.

Uno de los grandes expertos en Alto Rendimiento, Josean Arruza y de quien yo he aprendido gran parte de lo que se y gran participe de mi éxito deportivo, creó la siguiente tabla.

Orientación motivacional a la tarea	Orientación motivacional al ego
- Compromiso con el esfuerzo. - Persistencia frente a las adversidades. - Implicación personal. - Competencia percibida. - Elección de situaciones difíciles. - Menor ansiedad frente a los errores. "Lo importante es mejorar cada día"	- Compromiso con el esfuerzo. - Persistencia a la adversidad. - Implicación personal. - Competencia percibida. - Elección de situaciones difíciles. - Ansiedad frente a los errores. "Lo importante es ser mejor que los demás"

Y nosotros como entrenadores, ¿cómo podemos aumentar la motivación en nuestros judocas?

Al final, como vengo diciendo a lo largo del todo el capítulo una de las cosas más importantes es lo que se siembra en el día a día, por ello uno de los aspectos que tenemos que cuidar si queremos tener judocas motivados a lo largo de la temporada es facilitar experiencias de éxito en el día a día (los entrenamientos) y evitar el fracaso. Potenciar casi siempre los refuerzos positivos, aplicando la regla del tres uno, tres cosas positivas y una a mejorar. Disminuir y ajustar el empleo del castigo, lo importante y lo que realmente tiene un efecto positivo es "aprender a reparar". Y por último aumentar el auto-refuerzo, autoconocimiento y connotación positiva. Es importante que el deportista conozca sus puntos fuertes y sus puntos a mejorar.

Por lo tanto, uno de los grandes retos de los entrenadores es conseguir **deportistas competitivos** para ello dichos deportistas deberían tener una alta disposición motivacional personal, alta asertividad y tolerancia a la adversidad. Deberíamos conseguir que nuestros deportistas se diviertan con lo que hacen.

'La finalidad de un maestro debería ser conseguir que el alumno quiera hacer lo que tiene que hacer" (Daniel Goleman).

Aquí voy a hacer otro guiño a uno de mis entrenadores favoritos, Toni Nadal, cuando dice que lo que tenemos que conseguir en que nuestros deportistas se diviertan con el deporte que practican y no buscar cambiar de tercio para que no se aburran, el decía lo que quiero conseguir y lo que es realmente importante es que mis alumnos se diviertan juagando al tenis. Pues nosotros como entrenadores de judo lo que debemos conseguir es que nuestros judocas se diviertan haciendo el deporte que han elegido, Judo.

Aquí recalco la importancia y la influencia que tuvo mi entrenador sobre mi, cuando yo era niña en los entrenamientos sólo y exclusivamente hacíamos Judo, tan solo los viernes hacíamos algún juego y recuerdo algo que para algunos puede ser, como poco sorprendente, con gran cariño un mes de julio en que entrenábamos por las mañanas que me pase horas y horas haciendo largos en el tatami para ver si me salía una técnica "yoko tomoe nague". Ahora no se muy bien si me parecía divertido, interesante o útil en un futuro, lo que se es que no faltaba ni una mañana. Mi entrenador me enseñó a amar el judo, haciendo judo. Por cierto, esa técnica nunca me salió en competición.

¿Cuántos entrenadores somos hoy en día capaces de esto?, ¿Qué está pasando?, ¿En qué fallamos?, ¿Cuántos de nosotros somos capaces de que nuestros judocas amen el judo, y digo el judo?

Bajo mi punto de vista el gran reto de los entrenadores es conseguir que nuestros deportistas mejoren cada día y disfruten con lo que hacen.

Entrenador y Motivación.

¡No vale café con leche para todos! Los entrenadores debemos tener recursos que le ayuden a nuestros deportistas a conseguir objetivos, estos recursos deben de ser de forma individualizada y en su justa medida para activar a cada deportista de la forma más adecuada que influya en su rendimiento, se trata en definitiva de saber motivar, de dar a nuestros deportistas motivos. Estar motivado en el deporte es querer obtener un buen rendimiento y hacer lo máximo posible para conseguirlo.

La motivación es un proceso que se crea y se va trasformando, no es algo que se tenga o no, como muchas otras cosas la motivación se puede entrenar.

Siguiendo a Weinberg, R.S. y Gould,D. (1996), el deporte es una actividad física en la que la persona que lo practica pretende obtener el máximo rendimiento posible siguiendo un reglamento, esta persona, para conseguir este objetivo debe en primer lugar tener un mínimo rendimiento en dicha actividad. A partir de ahí, pude entrenar para ir mejorando el rendimiento.

Cómo influir en la motivación de un deportista.

El entrenador ha de influir a la consecución de objetivos que se marque el deportista para que se sienta motivado, por tanto, ha de conseguir que:

- Hacer que el deportista aprenda y que el deportista se de cuenta que esta aprendiendo.
- Que en las competiciones consiga rendir al máximo de sus posibilidades, si esto sucede es más probable que los resultados lleguen.
- Tener una buena comunicación y empatía con sus deportistas.

Por lo tanto, el entrenador debe intentar conseguir no sólo que el deportista aprenda, sino que se de cuenta de que está aprendiendo. Para conseguirlo puede decirle lo que espera de ellos, hablar de los objetivos que se quiere conseguir, que los deportistas se impliquen en ellos y dirijan sus esfuerzos en esa dirección.

Establecimiento de objetivos.

El deportista ha de tener claro los objetivos por los cuales entrena y saber que medios va a utilizar para conseguir su meta. Cuando tenemos los objetivos marcados el trabajo se incrementa en un 50% mas que si no están fijados. Así mismo no ayuda a cambiar el concepto de éxito que dejará de ser única y exclusivamente ganar y pasará a ser intentar conseguir dichos objetivos y en el orden establecido, para ello es interesante proporcionar al deportista medios evaluativos con los que controlar su evolución.

La conducta del entrenador: el reforzamiento.

Es muy importante el refuerzo positivo, una correcta aplicación de los principios de refuerzo tiene una estrecha relación con la motivación y la autoestima del deportista.

Hay que tener en cuenta que cuando damos una recompensa a nuestros atletas, dicha recompensa debe premiar la ejecución más que el desenlace o resultado de la acción, los esfuerzos de los deportistas, más que sus éxitos reales

Y evitar errores como dar recompensas indiscriminadamente ya que estas perderían el efecto deseado, no dar por supuestas conductas positivas, olvidando reforzarlas, tampoco se debería dar recompensas cuando no se merecen. Y lo más importante es no abusar de las recompensas extrínsecas, más bien usarlas como incentivos, y favorecer la motivación intrínseca ya que tiene un efecto mas duradero en el tiempo.

El Entrenador y la Motivación.

Es evidente que la influencia del entrenador puede ser muy positiva pero también devastadora. La variable que más influye en la motivación del entrenador es la autoconfianza (Park,2004). Consideramos que un entrenador debe tener la suficiente preparación técnica y táctica pero también una mayor preparación psicológica a través del autoconocimiento que le lleve a un estado de "empowering" o apoderamiento de la realidad deportiva.

Según Park (2004) la autoconfianza de los entrenadores es determinante porque:

a) La magnitud de la creencia que poseen los entrenadores acerca de su capacidad influye directamente en el rendimiento de sus deportistas.

b) La confianza de los entrenadores es equivalente a la autoeficacia de los deportistas.

Existe también tres dimensiones de la confianza de los entrenadores:

1. Cuanto mayor autoestima mayor confianza.
2. Con locus de control interno, más confianza técnica como entrenadores.
3. Existe una relación negativa entre la confianza como entrenador y la ansiedad.

Park (2004) describe tres subescalas:

a) <u>Confianza técnica</u>: enseñar habilidades, detectar errores, evaluación de las habilidades de los deportistas, organización de los entrenamientos.

b) <u>Confianza interpersonal</u>: comunicación, motivación y habilidades de relación interpersonal con los deportistas.

c) <u>Confianza en la competición</u>: tomar decisiones críticas, entrenar bajo presión y adaptarse a las diferentes situaciones de juego.

Tipos de entrenador:

Indiscutiblemente hay muchos tipos de entrenador y a día de hoy no podemos asegurar cual es el mejor o el que mayor rendimiento tiene ya que variara del grupo que maneje, del momento de la temporada, del propio deportista, del entorno, de tantas y tantas variables que lo importante es saber en que momento se debe ser mas permisivo o más autoritario, mas o menos enérgico o mas o menos democrático.

Pero yo aquí voy a hablar del entrenador Chaman, que quizás sea un conjunto de todo eso, digamos que consigue un estado de 'INSIGHT" de estar dentro y fuera a la vez.

Phil Jackson lo describe así: "(…) cuando liberas a los jugadores para que usen todos sus recursos – mentales, físicos, espirituales – ocurre un interesante cambio en su consciencia. Cuando los jugadores practican lo que se conoce como plena consciencia – simplemente prestan atención a lo que de hecho está ocurriendo – no sólo juegan mejor y ganan más, sino que también llegan a estar más en sintonía con los otros. Y la alegría que ellos experimentan trabajando en armonía es una poderosa fuerza motivadora que proviene de lo profundo de uno mismo, no de un entrenador frenético que se pasa por la línea de la banda, lanzando al aire obscenidades". Esta posición espiritual-chamánica requiere llegar a ser humanos aceptando que el ser humano es básicamente imperfecto, y que la motivación de un deportista o grupo deportivo está directamente relacionada con la auto aceptación. La victoria no es un fin sino la consecuencia de un proceso. (…)" he aprendido que la manera más efectiva para aflorar a un equipo es apelando a la necesidad de los jugadores de conectar con algo más grande que ellos mismos (…)."

Conclusiones:

La motivación no es un concepto sencillo pero que incide en el rendimiento de los deportistas, y que como tantas otras cosas se puede entrenar. Para ello debemos diferenciar entre un motivo y un proceso motivacional, conocer las variables más importantes e influyente en dichos procesos y aplicarlas correctamente.

Como entrenadores debemos ser conocedores de las circunstancias individuales de cada deportista para saber como tenemos que actuar en cada momento, fijar con los objetivos de la temporada y darle la oportunidad que pueda ir evaluando las mejoras que se van produciendo. Quizás una buena opción es intentar convertimos en ese entrenador Chaman que nos propone Phil Jackson y conseguir ese estado ¨insght¨.

Bibliografía:

Cantón, 1999

Deci y Rian, 1985.

McClelland.D.C y colaboradores, 1953

Reeve, 1995.

Weinberg.R.S y Could. D, 1996.

Josean Arruza, Teoria motivacional.

ESTRATEGIAS PARA LA MEJORA DE LA CONFIANZA DEL JUDOKA

Anthony Satizelle

Introducción

Un entrenador, ante un deportista que deja de creer en su capacidad a rendir, sólo se siente frustrado cuando no puede ayudarlo. Por esa razón, le proponemos una estrategia que se desarrolla a través de la teoría de la autoeficacia de Bandura (1997) para fortalecer la autoconfianza del Judoka. Le vamos a explicar métodos y técnicas para que el entrenador mantenga y desarrolle esa confianza con pedagogías adaptadas y una comunicación eficaz. Por otra parte, específicamente para el Judoka vamos a ver cómo mejorar la confianza con la visualización y el discurso interno. Igualmente, veremos cómo los deportistas atribuyen la causa de las derrotas y de los éxitos, y cómo podemos ayudarlos a dar un salto a su rendimiento teniendo una estrategia de atribución causal eficiente.

Concepto de la autoconfianza

Para introducir el concepto de la autoconfianza, el americano Richard H. Cox (2005) y el Francés Christian Target (2016) están de acuerdo en afirmar que tiene una fuerte conexión con la motivación. Una persona con una gran motivación confía en sus capacidades para conseguir su meta. Juntos forman la base de una estrategia mental efectiva. La autoconfianza es un componente de la personalidad que permite que la persona se atreva con numerosos retos propuestos (en cualquier ámbito) sin estar seguro de que lo vaya a conseguir. La autoconfianza específica puede ser diferente de la autoconfianza que tenemos como rasgo de personalidad, siendo la específica la que utilizamos en situaciones concretas como por ejemplo en un combate empatado, donde en el último minuto uno está convencido de que va a ganar. En nuestro caso, vamos a centrarnos en la autoconfianza específica mediante la Teoría de la autoeficacia (Bandura, 1997).

Teoría de la autoeficacia de Bandura (1997)

Para Bandura, la autoeficacia representa "la percepción que una persona tiene de su propia capacidad para realizar satisfactoriamente una tarea" (p. 3). La autoeficacia es tener sentimientos positivos sobre sus propias capacidades al preparar y aplicar estrategias para rendir. La teoría sociocognitiva del mismo Bandura, nos enseña que para desarrollar la autoeficacia, el deportista debe ser consciente de la importancia de sus acciones (Autodominio) y ser el origen de la estrategia (Autogestión). Significa que un Judoka que prepara una estrategia para controlar un combate, tendrá la motivación para cumplir su objetivo y tendrá ganas de que empiece el combate porque está convencido que va a triunfar. Según el autor de la teoría, existen 4 fuentes que permiten desarrollar las expectativas de eficacia y por consecuencia la ejecución deportiva. En judo, las expectativas de eficacia corresponden a lo que puede esperar el Judoka de la calidad de su propia ejecución técnico-táctica (los desplazamientos, el Kumi Kata, las entradas,...). Podemos suponer que si el Judoka establece una estrategia de combate adecuada y que la pueda ejecutar, el rendimiento deportivo será mejor. Así que, para ayudar al Judoka, intentaremos que se centre en su ejecución técnico-táctica.

Las fuentes de la Autoeficacia de Bandura (Figura 1 – Relación entre las fuentes y las expectativas de eficacia según Bandura (1997)):

- ⇨ Los logros de ejecución: El Judoka debe conocer el éxito para fortalecer su autoconfianza. El entrenador tiene la responsabilidad de encontrar situaciones adecuadas que permitan al deportista realizar las tareas marcadas.
- ⇨ Los modelos de conducta: El Judoka copia las técnicas de su profesor, de su entrenador o de un experto que las enseña. El uso del *aprendizaje por observación* y los consejos le ayudan a ver que la tarea es realizable y mejora la autoeficacia al llevarla a cabo.
- ⇨ La persuasión verbal: Las palabras motivadoras del profesor de Judo, como los propios pensamientos del Judoka, son fuentes de autoconfianza, con cuidado con el uso del engaño, ya que podría tener el efecto inverso y debilitar la credibilidad y la confianza en el profesor.
- ⇨ El arousal emocional: el estado de presencia emocional o la activación emocional y sus efectos sobre la activación fisiológica, influyen en fijar la atención en los elementos necesarios para la realización de una tarea, y por consecuencia, puede facilitar el aprendizaje y desarrollar un sentimiento de eficacia.

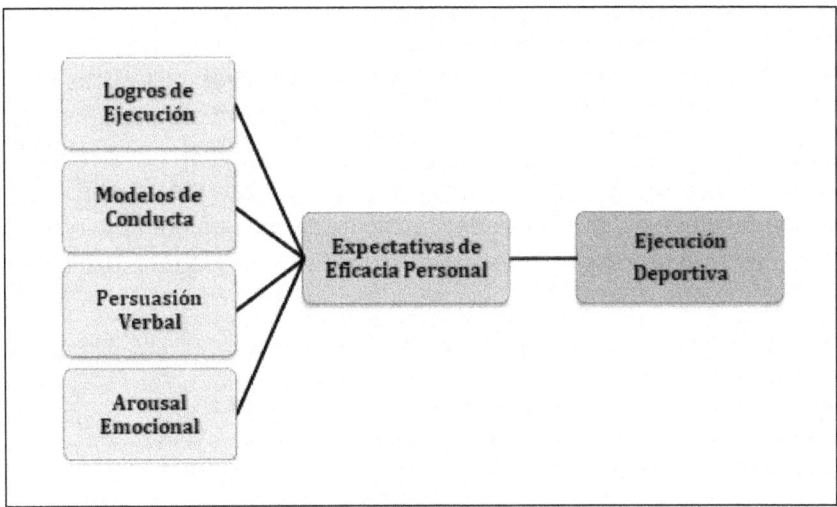

Figura 1 – Relación entre las fuentes y las expectativas de eficacia según Bandura (1997)

Método de desarrollo de la Autoconfianza

En el método que desarrollamos, nos apoyamos en la teoría precedentemente explicada para provocar una mejora de las expectativas de eficacia personal a través de sus fuentes. A medio o largo plazo, esperamos transferir poco a poco, la autoconfianza "específica" a su vida cotidiana. Veamos ahora las herramientas en las que nos podemos apoyar. Por un lado, el entrenador elige pedagogías adaptadas a las situaciones y la edad del grupo y usa estrategias de comunicación para transmitir su mensaje (animador o corrector) a los Judokas. Por otra parte, enseñamos al practicante a tener un discurso interno y una visualización adaptados y eficaces fomentando la autoconfianza.

Pedagogías

Según la edad de los Judocas que llenan nuestras clases, vamos a adaptar una pedagogía que ayuda a desarrollar tanto la competencia técnica como la autoeficacia. En los más jóvenes, nos centramos en las pedagogías de los modelos auto adaptativos y modelos de ejecución. A partir de 12 años podemos empezar a trabajar con la pedagogía por objetivos donde el deportista tendrá el mando de su desarrollo deportivo.

Pedagogía de los modelos auto adaptativos

La pedagogía de los modelos auto adaptativos consiste en un planteamiento en el cual se organiza el medio de acuerdo a la capacidad de los niños de adaptación, como por ejemplo las marcas en el judogui para que los judokas más pequeños sepan donde se puede agarrar. Intentamos desarrollar habilidades técnico-motrices de manera individual, usando tareas diversas, y subiendo la dificultad de cada una, ejercicio tras ejercicio, sesión tras sesión. De este modo, intentamos que nuestros alumnos consigan lograr metas accesibles y mejorar sus expectativas de eficacia.

Ejemplo: **El tema de mi clase de 7-10 años en este ciclo es el estudio de *O GOSHI*:**

Si hoy nos toca centrarnos en el movimiento de las manos, damos la orientación a una parte del trabajo técnico en la ***Creación del desequilibrio.*** Nos podemos organizar de esa manera:

Atamos una cuerda (podemos usar un cinturón) al nudo del cinturón de Uke

1) Empezamos con la cuerda tensa, y a la señal, Tori tira de la cuerda para desequilibrar a Uke hacia delante
2) Repito lo mismo, y ahora Tori tiene que dar vueltas, enrollándose el cinturón en el tronco (el cinturón se queda al nivel del brazo).
3) Repito el 2), con una cuerda más pequeña (podemos simplemente doblar la cuerda)
4) Repito el 3), con el cinturón de Uke al nivel del pecho justo debajo de sus brazos
5) Termino tirando de una manga y pegando el compañero a mi espalda

(Estrategia no exhaustiva)

Pedagogía de los modelos de ejecución

La pedagogía de los modelos de ejecución es la más utilizada y que podemos ver en las clases de Judo. El profesor que enseña una técnica hace la demostración dando unas explicaciones y consejos sobre ella. Nos conviene porque a esa edad se fijan en los demás para copiar, imitar y ver si son capaces de hacerlo también y tan bien como ellos. Demanda que los niños impliquen todas sus capacidades en observar para reproducir un movimiento y apropiárselo, a este hecho lo conocemos como aprendizaje por observación.

Además, aprovechamos la confianza indiscutible que tienen en la competencia del profesor ("si mi profesor lo sabe hace, me lo va a enseñar y lo voy a saber hacer como él").

El modelo es a menudo, el profesor, y de vez en cuando, un alumno de clase que tiene la mejor ejecución en el momento (intentamos ir cambiando de modelo/alumno).

En la explicación de la técnica, para que los jóvenes Judokas puedan acordarse de la tarea a realizar, el modelo se centra en solo 3 elementos importantes, que podrían ser:

- El movimiento de las manos
- La orientación y la altura del pie, de la pierna, de las caderas o de los hombros
- Y por último, la orientación y la posición del (de los) pie(s) de apoyo.

Pedagogía por objetivos

A partir de los 12 años, el niño se acerca a las capacidades de comprensión de un adulto, empieza a ser capaz de realizar hipótesis y razonar de manera deductiva para buscar las respuestas. Por esa razón, sería posible proponer un tiempo de la clase con una pedagogía más abierta donde el Judoka podrá buscar en su propia experiencia o identificándose con un modelo (campeones,...), y trabajar con sus propias creencias para desarrollar y/o crear una estrategia de combate, antes de aplicarla en RANDORI.

Para mejorar la autoconfianza, es preferible poner objetivos de entrenamiento (determinar un número o un tiempo de trabajo) y/o objetivos de proceso (centrado en desarrollar una habilidad técnica) ya que estos objetivos están centrados en el trabajo efectivo del Judoka.

Para ser eficiente, el profesor puede dar orientaciones para ayudar a poner los objetivos (sobre todo con los más jóvenes).

Ejemplos de objetivos:

- Ser capaz de tirar a un compañero en 3 direcciones, con el mismo KUMI KATA
- Levantar mi muñeca al nivel de mi cabeza cuando hago HIKI DASHI
- Hacer 50 UCHI KOMI por semana de MOROTE SEOI NAGE
- Arbitrar 2 combates en cada sesión de entrenamiento
- Hacer 10 minutos de NAGE NO KATA una vez por semana, después del entrenamiento

---

En caso de obtener resultados satisfactorios, respondemos a la fuente de *logros de ejecución* de Bandura y el joven estará orgulloso de desarrollar y/o cumplir su meta por sí mismo. En el caso contrario, es importante ayudar o guiar al Judoka a fijarse objetivos intermedios o aquellos que se puso. Además, ayudando al Judoka a ponerse objetivos personales, estaremos favoreciendo el desarrollo de su personalidad, a ser autónomo y nos permitirá transmitir una enseñanza personalizada según la demanda o la necesidad de nuestros grupos.

Estrategia de comunicación

Para aconsejar o corregir una posición, para motivar o transmitir confianza, el entrenador de Judo tiene que comunicarse con el Judoka. La comunicación se define como un intercambio entre un emisor y un receptor donde el enlace es un mensaje. La dificultad de la comunicación entra en juego cuando entendemos que el mensaje tiene que pasar a través de etapas. Para hacerlo simple, la primera etapa es la codificación usada por el emisor para transmitir su pensamiento (su postura, su actitud, el canal de transmisión, sus palabras, su entonación de voz,....). La segunda etapa es la recepción del mensaje, cómo el interlocutor interpreta el mensaje, en que postura está, cómo lee la comunicación. Lo más importante es lo que entiende el receptor, de hecho para la escuela de Palo Alto, el segundo principio de una comunicación efectiva es "El mensaje es lo que ha sido recibido". En los próximos párrafos vais a poder encontrar métodos o guías para comunicar con sinceridad y poder transmitir conocimientos, emociones, energía de manera eficaz. En primer lugar, vamos a ver los mensajes que tienen un impacto, los signos "STROKE". A continuación, veremos 2 métodos para transmitir un mensaje cuidando la interpretación del receptor.

"STROKE"

En el tatami, solemos comentar actos, eventos, acciones para felicitar, dar reconocimiento, corregir, reñir o a veces sin motivo. Cada uno de los comentarios que hacemos tiene un impacto sobre la energía mental, los sentimientos y por consecuencia la autoconfianza y la autoestima.

El análisis transaccional nos trae una herramienta sencilla que, una vez entendida e integrada, tiene efectos increíbles sobre la energía de los individuos y sus capacidades, el "STROKE". La palabra americana significa a la vez "golpear" y "acariciar". Podemos definir esa palabra como un signo de reconocimiento positivo o negativo, verbal o no verbal, hacia sí-mismo o hacia otra persona. Esos signos de reconocimientos permiten motivar valorando a los Judokas, dándoles confianza en ellos y sus capacidades. Además, puede ayudar a crear un enlace con cada uno y fomentar una cohesión grupal. Nuestra actitud (adaptada o rebelde) depende de los "STROKES" que hemos recibido desde nuestra infancia.

En la hoja técnica I, vamos a ver lo imprescindible sobre el signo de reconocimiento

---

Hoja Técnica I – "Las 12 leyes del STROKE"

El STROKE:

1) es indispensable para la supervivencia biológica y psicológica
2) puede ser fuente de energía positiva o negativa
3) los individuos prefieren un STROKE negativo a la indiferencia
4) puede ser condicional o incondicional
5) incondicional es más intenso que el STROKE condicional
6) Su efecto positivo tiene relación con la calidad del STROKE dado
7) 1 STROKE (+) vale la misma cantidad de energía mental que 10 STROKE (-)
8) Cada individuo tiene un nivel máximo de STROKE que no suele superar
9) Cada individuo tiene un canal preferencial de STROKE
10) Podemos "almacenar a los STROKES"
11) Cada uno tiene filtros a "STROKE"
12) Es una fuente natural, gratuita, inagotable y accesible a todos

---

Indispensable para la supervivencia, muchas experiencias en maternidades demostraron que los bebés "STROKADOS" no solo se portan mejor, sino que también resisten mejor a las enfermedades que los "NO STROKADOS".

Un "STROKE" de calidad, es decir lo más potente, es sincero, apropiado, personalizado, argumentado y dosificado. Un falso signo positivo de reconocimiento o inapropiado, no tendrá efecto, sino que producirá un sentimiento de manipulación e ironía. Un "STROKE" tendrá un efecto diferente según la preferencia del canal (visual, auditivo, kinestésico u olfativo) del Judoka. Una palmada en la espalda, un pulgar levantado o un "bien hecho" pueden tener un impacto diferente.

Cada individuo tiene una capacidad para almacenar los signos de reconocimiento hasta un punto determinado. Con un proceso de ensayo-error podemos evitar la "sobredosis de reconocimiento" que llevara al judoka a una situación incómoda. Además, tenemos la capacidad de rechazar un "STROKE" mediante unos filtros que en cada individuo son diferentes.

Un "STROKE" positivo contiene la misma energía mental que 10 "STROKES" negativos. Aunque un "STROKE" negativo puede ser constructivo si es condicional, es decir que se centra en los actos y no en la personalidad (incondicional). Los judokas podrán tenerlo como una base en su progresión, una línea directriz de lo que se espera de ellos. Puede influir positivamente sobre judokas rebeldes que son más propensos en buscar signos negativos.

Para estar seguro de proponer una corrección técnica o aconsejar de manera apropiada para una correcta interpretación del judoka, vamos a ver una pequeña herramienta de comunicación que se llama el método del "bocadillo".

El método del "Bocadillo"

Este método es muy útil para interactuar de una forma más positiva con nuestros Judokas en el tatami. Nos ayudara a expresar una crítica o decir "NO", disminuyendo su carga negativa mediante la empatía y el refuerzo positivo.

Primero manifestamos un comentario positivo o empático de forma sincera, es la primera rebanada de pan ("Estás mejorando Luca, muy bien el tiro de la manga arriba,..."). Segundo, viene el relleno del bocadillo: la crítica constructiva y condicional si puede ser ("...ahora, gira más en la entrada...". Para finalizar, expresamos empatía, expresiones de refuerzo positivo y/o agradecimiento por la escucha ("...estás trabajando muy bien estos días").

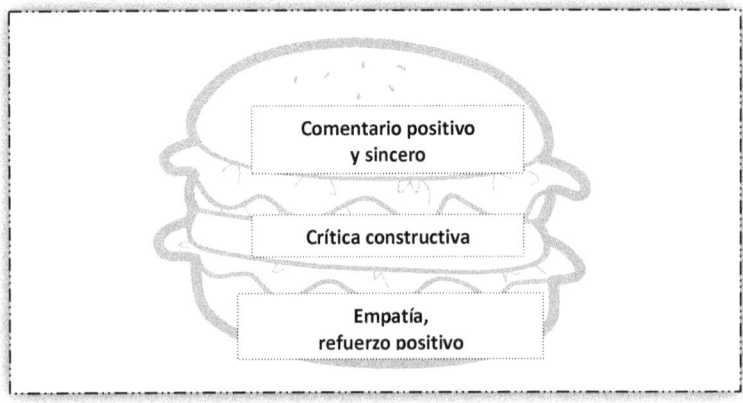

Figura 2 – representación del método del "Bocadillo"

Ahora vamos a ver 2 herramientas extremamente útiles, cuando son usadas de manera autónoma, para ayudar al Judoka a controlar sus emociones, sus esfuerzos, su motivación y para influir sobre su autoconfianza: el Discurso Interno y la Visualización.

Discurso Interno

El discurso interno (o auto hablar) es un método destinado a controlar los pensamientos e influir sobre los sentimientos. En 2001, Zinsser, Bunker, & Williams explican que los pensamientos influyen sobre los sentimientos, que inciden sobre el comportamiento del deportista, y esto a su vez afecta sobre el rendimiento.

Un Judoka puede limitar o aumentar su capacidad para realizar una tarea según la interpretación que hace de una situación o un evento. Su interpretación representa lo que percibe y como lo evalúa. De la evaluación nacen sus pensamientos, sus sentimientos, sus comportamientos.

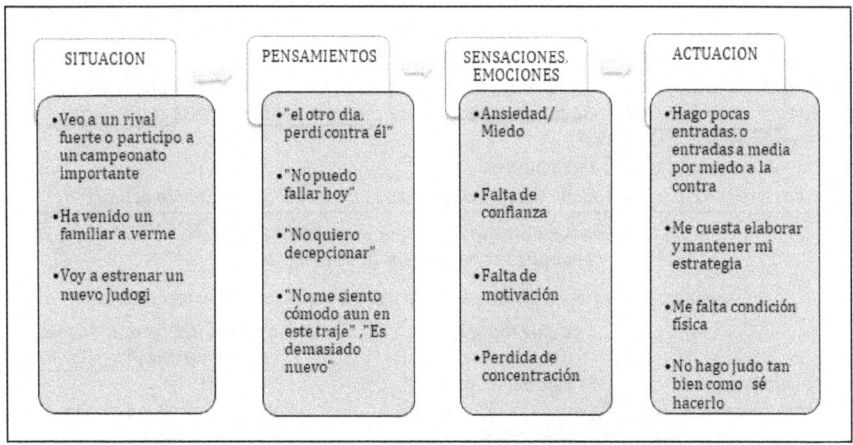

Figura 3 – Ejemplos de interpretaciones negativas (pensamientos y sensaciones) según diferentes situaciones y su resultado (actuación)

Gracias al uso del discurso interno, vamos a influir en la autoconfianza a través de la mejora de la concentración, la adquisición de nuevas destrezas, la gestión del esfuerzo, provocar o modificar emociones y desarrollar la autoeficacia.

En práctica (Hoja Técnica II),

Para mejorar la autoconfianza, vamos a modificar o corregir la interpretación de la situación. Por eso, identificamos los pensamientos limitantes o negativos, es decir los pensamientos que desaniman, que hacen perder la confianza. Intentamos descubrir cuál es el detonante que inicia el proceso de crear pensamientos negativos e identificar las emociones que genera. Una vez hayamos identificado el discurso negativo o limitante, pasaremos a modificarlo para convertirlo en positivo y en nuestro caso para transmitir autoconfianza.

Algunas veces se puede modificar la situación (por ejemplo, "no me siento cómodo con el judogi que llevo", o "tengo sed"), en este caso es más fácil buscar una solución que haga al deportista encontrarse bien (bebo agua, o me pongo un traje más cómodo). En otros casos, la situación no se puede modificar (me toca tal rival en la primera ronda, o al llegar a semifinal), en este caso vamos a interpretar la situación de manera positiva y plantear pensamientos que puedan generar autoconfianza o cualquier emoción o sensación oportuna, un nivel de activación adecuado y motivación. Lo que pretendemos es obtener una situación beneficiosa para el competidor (a través del comportamiento durante el combate) y mejorar el rendimiento.

Hoja Técnica II - El Discurso Interno

1. Identificación de los pensamientos negativos o limitantes

¿Cuáles son los pensamientos? ¿En qué situación tienes esos pensamientos? (el detonante) ¿Qué es lo que te hace sentir incómodo, qué te hace daño? ¿Qué traen esos pensamientos? ¿Cómo actúas con estos sentimientos? ¿Qué haces?

2. Interpretar de manera positiva

¿Qué pensamientos positivos puedo tener? ¿Qué emoción necesito? ¿Cómo quiero actuar?

¿Cuáles son las situaciones que traen pensamientos? ¿Por qué me llegan esos pensamientos?		
Cuando veo que voy a encontrar un competidor que conozco y reconozco		
	Lo que me viene A la mente	¿Cómo puedo interpretar de manera positiva?
¿Cuáles son mis pensamientos?	"Es más bueno que Yo," "ya ha ganado a tal competidor", "ha sacado medallas en tal campeonato"...	"Tengo una posibilidad de ganar a un adversario bueno"
¿Cuáles son mis emociones, y el nivel de mi energía?	"Me siento menos bueno que él, pierdo confianza y esa sensación me molesta" "Me siento como cansado"	"Soy como más agresivo, más motivado, confío en darlo mejor de mí, y me siento más tranquilo con el resultado"
¿Cómo actúo?	"No controlo mis movimientos" "Me cuesta centrarme" "No quiero hablar con nadie" "Pierdo mucha energía"	"Estoy más tranquilo con la gente" "disfruto del evento" "Voy a dar todo lo que puedo en el momento" "Me siento menos decepcionado cuando no consigo porque me doy cuenta que es difícil y lo he dado todo"

El discurso interno hay que trabajarlo poniéndolo en marcha cada vez que sea posible. Aunque al principio pueda resultar difícil, se pueden obtener efectos positivos desde las primeras sesiones, pero el practicante deberá esforzarse en su práctica hasta que esta sea completamente automatizada y natural.

Visualización

La visualización es "el hecho de usar los sentidos para crear o reproducir una experiencia en su mente" (Vealey & Greenleaf, 2001). En preparación mental, usamos a menudo esta herramienta para diferentes objetivos: desarrollar la confianza, gestionar las emociones, el desarrollo técnico-táctico y/o estratégico o su corrección, la curación de lesiones o aun el desarrollo de la motivación y la fuerza.

Para una visualización eficaz necesitamos una imagen vivaz (colores vividos, formas detalladas) y precisa (tamaño, localización, distancia, velocidad) y controlable. La controlabilidad tiene importancia para transformar, modificar, acelerar, ralentizar sus movimientos y/o combinar varias imágenes. En judo, la solemos usar antes una sesión de entrenamiento o una competición. Según su objetivo, podemos practicar la visualización antes, durante o después del entrenamiento o de la competición.

A continuación, en la hoja técnica III, le muestro cómo organizar una sesión de visualización:

    1. El *Briefing* consiste en preparar la sesión y tener todo preparado antes de empezar. Invitamos al Judoka a preparar su imagen, su momento y, según el objetivo, los puntos importantes que quiere visualizar, las emociones que quiere sentir, las informaciones del Feedback precedente,…

    2. *Inducción a la calma:* Para aprovechar la visualización es preferible tener un nivel de arousal bajo (activación fisiológica y mental), así que empezamos cada sesión de visualización bajando la activación y fijando la atención con una pequeña parte de relajación. En situación de competición o antes un entrenamiento, el ejercicio de relajación será inferior a 10 minutos para tener un nivel de arousal aceptable y ser capaz de rendir de forma óptima posteriormente.

    3. Para realizar la *visualización en sí,* empezamos poco a poco a zambullirnos en el lugar de la situación, buscando una imagen vivaz y precisa (la vista). Revisamos los sentidos, oído (distancia, intensidad),

tacto (contacto con objeto o persona, calor/ frio), y si es necesario el olfato y el gusto. Y antes de cerrar la herramienta, nos centramos en las emociones, las sensaciones físicas y mentales y la energía, que resultan de la visualización y las disfrutamos un momento.

4. Para volver al presente, hacemos en 3 fases *la vuelta tónica*. En primer lugar, nos centramos en la respiración y realizamos una respiración dinamizante. Seguido de unos pequeños movimientos de manos y pies. Poco a poco, abrimos los ojos, volviendo mentalmente al lugar donde estamos físicamente.

5. El *Feedback* nos ayuda a decir con palabras acerca de lo que vive el Judoka en la visualización. Tanto sus buenas sensaciones, sus emociones como su pérdida de atención, la gestión de distracciones. Lo ideal es que el Judoka, después de mucha práctica, pueda hacer la visualización de manera autónoma y personalizada según sus necesidades en el momento.

La visualización mejora las conductas y genera emociones, de este modo respondemos al modelo de autoeficacia de Bandura. Usamos a la visualización como fuente de logro de ejecución, modelo de conductas (imaginario o recuerdo) y arousal emocional.

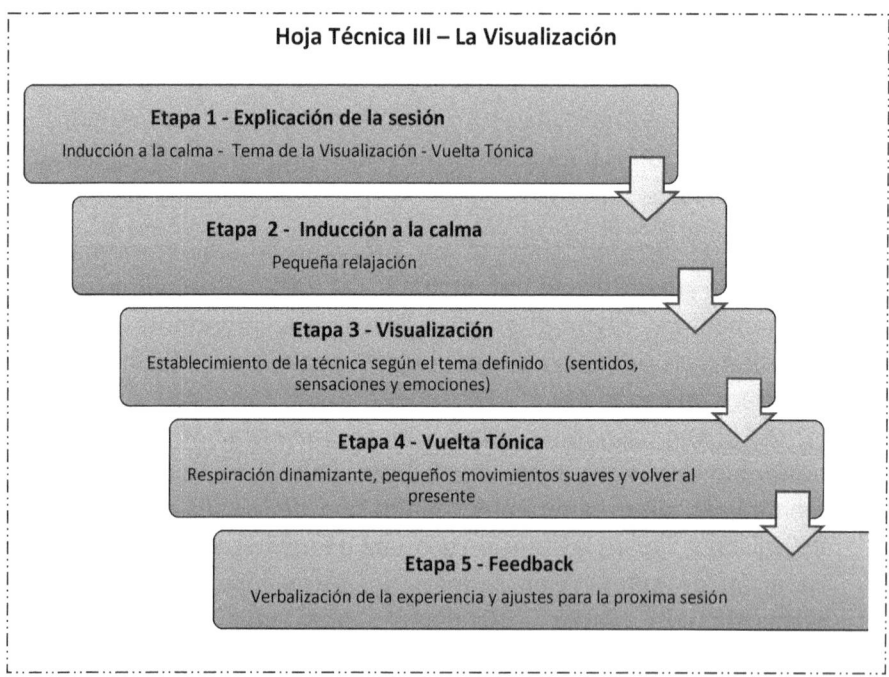

La teoría de la atribución causal en Judo

Cuando preguntamos a un Judoka a qué atribuye su éxito o su derrota, estamos cuestionando su percepción del resultado. Su respuesta nos da información sobre su propia percepción. La teoría de la atribución causal es "un enfoque cognitivo de la motivación en el que la causalidad tiene un papel importante en la explicación de un comportamiento" (Cox, 2005, p. 66). La teoría nos enseña que el ser humano intenta explicar sus actos según las causas que percibe. Weiner (1985) considera que las atribuciones influencian las acciones, los sentimientos, la confianza y la motivación del individuo. En Judo, podemos atribuir un éxito o una derrota a nuestras propias capacidades, al contrincante, al rendimiento del día, a la suerte, al entorno,... Aunque la teoría de la atribución causal está más a menudo relacionada con la motivación, vamos a ver los efectos que tiene sobre la autoconfianza y como el entrenador puede aprovechar para ayudar al deportista a mejorar su confianza en sí mismo. Según el trabajo de Heider (1944), a quien debemos el modelo de atribución, el resultado de una acción es la suma de una fuerza personal (interna), que incluye "la habilidad" y "el esfuerzo", y una fuerza del entorno (externa), que corresponde a "la dificultad de la tarea" y "la suerte". La interacción entre la habilidad y la dificultad de la tarea crea un nuevo elemento que es el "Poder "(o "No Poder") realizar una tarea.

Bernard Weiner (1972) divide las causas de Heider en 2 dimensiones:

- La *estabilidad*; la habilidad y la dificultad de la tarea suelen ser permanentes (estable), y el esfuerzo y la suerte se pueden cambiar (inestable).
- Y el *locus de control* que se refiere a la responsabilidad del deportista ante el evento. La propia responsabilidad del deportista (interna) corresponde a su habilidad y su esfuerzo y locus de control externo corresponde a la suerte y a la dificultad de la tarea.

En 1985, Weiner lo modifico en un modelo tridimensional, cambiando el locus de control por locus de causalidad y añadiendo la controlabilidad.

- El *locus de causalidad* se refiere a la percepción interna o externa del resultado,
- La *controlabilidad*, a la percepción del carácter controlable del resultado.

Podemos ilustrar la diferencia con ese ejemplo, si el deportista percibe tener un talento innato para moverse es un locus interno y a la vez puede pensar que no tiene control sobre su desarrollo motor.

Las atribuciones causales en situación de competición

A través de las 3 dimensiones de Weiner vamos a identificar las causas de resultado en competición y explicar los efectos sobre el Judoka.

La dimensión interna/externa

Las personas que tienen un locus de causalidad interno suelen pensar que es su comportamiento que influye sobre el resultado. Al contrario, los Judokas que piensan que el resultado de su rendimiento es debido a la suerte, al destino o a otras personas tienen un locus de causalidad externo.

Según el principio de covariación podemos prever la atribución de un Judoka a un resultado según el rendimiento de otras personas para realizar la misma tarea. Si su rendimiento es muy diferente de la mayoría, su atribución puede ser interna. Por ejemplo, si un Judoka gana a uno que casi nunca pierde, puede atribuir su resultado a un locus interno (sus competencias, su esfuerzo). Si tiene el mismo resultado que la mayoría, puede tener un locus externo, por ejemplo ganar a aquel que todos los demás han ganado, puede tener una atribución externa (el nivel bajo del contrincante).

La estabilidad

La estabilidad de las atribuciones causales es determinante porque es fuente de esperanza o desesperanza para las próximas competiciones. En la última línea de la Tabla 1, ilustrando las emociones según la atribución, podemos ver que si la causa es estable, para la próxima competición el Judoka tendrá toda la esperanza de hacerlo bien, en caso de éxito, pero por el contrario si pierde conllevara a una situación de desesperanza. Si la causa es inestable, en caso de éxito, podría tener incertidumbre sobre lo que puede pasar en la próxima competición o mucha esperanza en que saldrá mejor la siguiente competición en caso de derrota.

La desesperanza o la impotencia adquirida, viene de la percepción de no tener ningún control sobre los eventos. El trabajo del entrenador consiste en desarrollar una visión tanto optimista como realista para el Judoca, centrada en "controlar su destino".

La respuesta emocional

El deporte nos hace vivir situaciones fuertes emocionalmente. En competición, el rendimiento deportivo multiplica las sensaciones y las emociones tanto en los buenos como los malos resultados. Bernard Weiner (1985) expone que la respuesta emocional comprende 2 niveles:

- El 1º nivel es justo cuando nos damos cuenta del resultado, independiente de su atribución,
- El 2º nivel, donde las emociones son el resultado de las atribuciones causales.

		Resultado	
		Éxito	Derrota
Locus de causalidad	Interno	Orgullo Autoestima Satisfacción "Gano gracias a mis habilidades"	Disminución del orgullo, de la autoestima, de la satisfacción "Pierdo por culpa de mi falta de esfuerzo"
	Externo	Sin sentimientos orientados sobre la autoestima "Gano (o pierdo) por suerte (o mala suerte)"	
Controlabilidad	Controlable	Confianza Competencia	Vergüenza Culpabilidad Estado depresivo
	Incontrolable	Gratitud Piedad para el adversario	Furor Sorpresa Estupefacción
Estabilidad	Estable	Esperanza	Desesperanza
	Inestable	Incertitud	Esperanza

Tabla 1 – Ilustración de los afectos en diversas combinaciones con el resultado y la atribución (Weiner, 1985)

Podemos ver en la Tabla 1, un recopilatorio de las emociones en relación con las atribuciones causales y según un resultado positivo o negativo y según los 3 factores de atribución (lugar de causalidad, la controlabilidad y la estabilidad)

Ejemplos:

- Si un Judoka atribuye una causa interna a su éxito o su derrota, su respuesta afectiva está centrada en su autoestima y su orgullo
- Si un Judoka atribuye su éxito a un control de la causa, fortalecerá su confianza y sus competencias. Y si no lo tenía controlado, tendrá piedad para su adversario o agradecerá a una fuerza superior.
- Si un Judoka atribuye su éxito o su derrota a la estabilidad del resultado obtenido, tendrá esperanza o no para los eventos futuros.

Estrategia funcional de corrección de las atribuciones causales

Una estrategia funcional de corrección de las atribuciones causales ayuda a mejorar o conservar un nivel alto de autoestima y de autoconfianza. Consiste en desarrollar el optimismo de nuestros Judokas enseñando a atribuir la derrota a causas controlables e inestables. El entrenador debe ser paciente y positivo, en caso de corrección de las atribuciones causales de su Judoka.

Es preferible tener a menudo una orientación interna de las causas del resultado tanto en caso de éxito como de fracaso. De este modo, cuando el Judoka gana, le ayuda a fortalecer la autoconfianza y la motivación. Si pierde, los entrenadores podemos ayudar al deportista a madurar, a ser responsable y dirigir la atención sobre la inestabilidad de la causa, ofreciendo posibilidades de desarrollo técnico, táctico, físico o mental. En algunos casos, las atribuciones causales externas inestables son saludables, como cuando el Judoka intenta proteger su autoestima. Y otras veces la causa externa inestable es real como cuando hay verdaderas faltas de arbitraje o factores que no controlábamos.

Metodología de seguimiento de las atribuciones causales de los Judokas (Basada en la estrategia de Richard Cox (2005, p. 62)

1. Clasificar las atribuciones causales formuladas por el Judoka en caso de éxitos y derrotas
2. A cada resultado, evocar las causas susceptibles de generar una expectación de éxito y un aumento de esfuerzos

3- Pensar en un programa de corrección de atribuciones que le hace pensar en futuros resultados negativos
4- Para tener mejores resultados, fijarse objetivos y trabajar sobre la atribución

Hoja Técnica IV – Las Atribuciones Causales					
(Evento y Fecha)					
		Atribuciones del Judoka			Entrenador
Adversario	Resultado (Éxito o derrota)	Locus de causalidad (interno o externo)	Controlable (Si o no)	Estabilidad (Si o no)	Generar expectativas
1)					
2)					
...)					
Nuevos Objetivos					

Conclusión

El Judo es un deporte difícil, en primer lugar con sus aspectos técnicos. Las habilidades motrices necesarias para disfrutar de un RANDORI, necesitan de trabajar, constantemente, con numerosas repeticiones para entender, aplicar y crear un estilo, una estrategia de combate eficaz. Además, los tiempos modernos han aumentado esa dificultad, donde el desarrollo físico cobra importancia, haciendo que un Judoka en búsqueda de rendimiento tenga que mejorar al mismo tiempo su condición física y una estrategia técnico-táctica cada vez más precisa y amplia.

Por esta razón, los profesores y entrenadores de Judo necesitamos conocer y usar diferentes estrategias, de pedagogías y o herramientas de preparación mental para mejorar el rendimiento. Tenemos cada vez más consciencia de la importancia de estimular el optimismo, no solo para rendir en competición, si no también para lograr pequeños objetivos de desarrollo técnico para el Judoka, fomentando su autonomía.

La comunicación, como fuente de expectativas de autoeficacia, es un pilar básico para entrenadores y profesores de judo tanto si espera transmitir una emoción, un consejo o un elogio, como para corregir o para transmitir los valores educativos de nuestro arte marcial.

Bibliografía

Bandura, A. (1997). *Self-efficacy: The exercise of control.* San Franciso, CA: Freeman.

Cox, R. H. (2005). *Psychologie du Sport.* (C. Billon, Trans.) Bruxelles: De Boeck Université.

Heider, F. (1944). Social perception and phenomenal causality. *Psychological Review, 51*, 358-374.

Rotter, J. B. (1971). External control and internal control. *Psychology Today, 5(1)*, 37-42, 58-59.

Target, C. (2016). *La bible de la préparation mentale, de la théorie à la pratique.* Barcelona: Editions Amphora.

Vealey, R. S., & Greenleaf, C. A. (2001). Seeing is believing: Understanding and using imagery in sport. In J. M. Williams, *Applied sport psychology: Personal growth to peak performance* (pp. 247-272). Mountain View, CA: Mayfield Publishing Company.

Weiner, B. (1985). An attributional theory of achievement motivation and emotion. *Psychological Review, 92*, 548-573.

Zinsser, N., Bunker, L., & Williams, J. M. (2001). Cognitive techique for building confidence and enhancing performance. In J. M. Williams, *Applied sport psychology: Personal growth to peak performance* (pp. 284-311). Moutain View, CA: Mayfield Publishing Company .

ESTADO DE FLOW EN JUDO

Carlos Montero Carretero
Eduardo Cervelló Gimeno

Introducción

Lograr el estado psicológico óptimo para afrontar una tarea aumenta las posibilidades de éxito en cualquier situación de la vida. La competición de judo no escapa a esta concepción, siendo una disciplina muy exigente con elevadas demandas a nivel condicional, técnico, táctico y psicológico.

El número de combates, la duración desconocida de cada uno de ellos, la multitud de situaciones diferentes que ofrece cada rival por sus características físicas, lateralidad o técnicas de domina, un reglamento que facilita la posibilidad de que el judoca quede fuera de competición en un segundo tras un único error suyo o acierto del oponente, y un sinfín de situaciones cambiantes hacen que el nivel de incertidumbre sobre lo que pasará en cada momento sea muy elevado. Esto requiere que los judocas de alto rendimiento sean capaces de afrontar la competición en un estado psicológico que les permita dar respuestas adaptativas en décimas de segundo y mantener ese estado durante el trascurso de toda la competición.

Teniendo en cuenta lo anterior corresponde preguntarse entonces: ¿De qué estado psicológico estamos hablando? ¿Qué debe conseguir alcanzar exactamente el deportista en el plano psicológico para rendir al máximo nivel? ¿Se puede entrenar la manera de alcanzar dicho estado? ¿Los entrenadores y equipos técnicos pueden hacer algo para ayudar en ese sentido a sus judocas de competición?

Son muchas las cuestiones que dan respuesta a esas preguntas, pero probablemente una de las variables más determinantes es la que se conoce como "estado de flow".

Flow

Son muchos los judocas que cuando finalizan una competición recuerdan la misma como algo absolutamente gratificante, donde todo les salía fácil, con una sensación de control casi absoluta, en la que eran capaces de girar antes de ser proyectados y veían el momento de atacar sin casi pensarlo, capaces de modificar un movimiento que había fallado realizando los reajustes necesarios sobre la marcha y sintiéndose absolutamente concentrados. Una situación que les había supuesto un reto, para el que creyeron encontrarse preparados, donde el tiempo parecía transcurrir a veces más rápido de lo normal mientras en otras ocasiones las acciones parecían sucederse a cámara lenta. En definitiva, una experiencia divertida. Esto es lo que se conoce como estado de flow o estado de flujo (en su traducción al español) y es definido como "estado psicológico óptimo para la ejecución" (Jackson y Marsh, 1996) produciéndose cuando el deportista se encuentra totalmente conectado con la ejecución que realiza.

Son muchos los autores que han aportado información a la hora de comprender mejor este constructo a lo largo de los años (Csikszentmihalyi, 1990; Jackson y Csikszentmihalyi, 1999; Kimiecik y Stein, 1992), pero posiblemente la mejor manera de entender el flow sea conociendo las nueve dimensiones que según su creador (Csikszentmihalyi, 1990) lo componen.

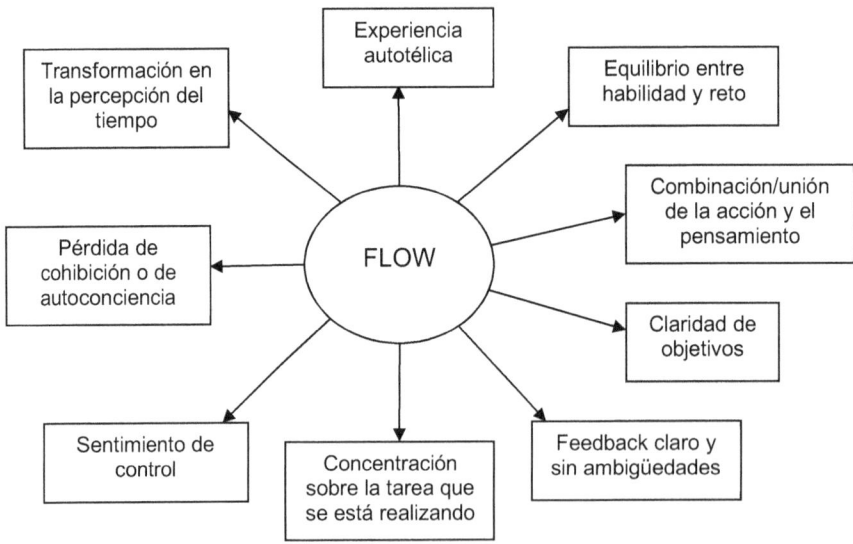

Figura 1: Dimensiones del Flow (Csikszentmihalyi, 1990).

1.- Equilibrio entre habilidad y reto.

Tal y como señaló Csiksenmihalyi (1975), esta podría ser la característica más importante y significativa que definiera el flow. Según esto, para que el judoca alcance un estado psicológico óptimo la tarea debe suponer realmente un desafío, entendiendo que posee la suficiente capacidad para superarlo. Es decir, que se encontrara en equilibrio la capacidad que el deportista cree tener y la dificultad o el reto que le supone la tarea, entendiendo por tarea por ejemplo una competición. Pero debemos matizar que ese equilibrio debe encontrarse en un rango alto de exigencia (ver figura 2).

Por tanto, no vale con que el judoca considere que una competición conlleva una moderada dificultad y que él está claramente preparado para superarla, ya que esto no le supondría un reto lo suficientemente motivante. Para alcanzar el estado de flow en la competición, esta debe presentar un alto grado de exigencia para el judoca, que le haga sentir que se enfrenta a un reto importante, suponiendo una alta motivación al encontrarse, según su parecer, preparado para superarla.

Si la competición o tarea es demasiado difícil y por tanto el deportista no se siente lo suficientemente capacitado, se pueden llegar a producir niveles de ansiedad no controlada. Por el contrario si el individuo cree que la tarea es demasiado fácil comparado con su nivel de habilidad, esta no supondrá un reto interesante y por tanto la situación podría producir relajación en el sujeto, e incluso aburrimiento.

Cuando el deportista cree que la tarea es demasiado fácil, que está sobradamente preparado para superarla, existiendo un equilibrio entre percepción de habilidad y desafío a niveles bajos, se producirá una apatía, e incluso una falta de motivación por lo sencilla que parece ser la tarea. A estos niveles de exigencia el individuo difícilmente mantendrá los niveles de atención y motivación adecuadas para afrontar la situación en el estado psicológico óptimo, y no podrá experimentar el flow. Esto no quiere decir que el judoca no pueda superar con éxito la tarea o salir victorioso de la competición ya que su nivel puede ser suficiente como para ganar a pesar de no encontrarse en flow. Aunque el flow suele mostrar relaciones positivas con el rendimiento no se deben confundir ambos conceptos. Una cosa es estar en el estado psicológico óptimo para rendir y otra cosa es el rendimiento final obtenido.

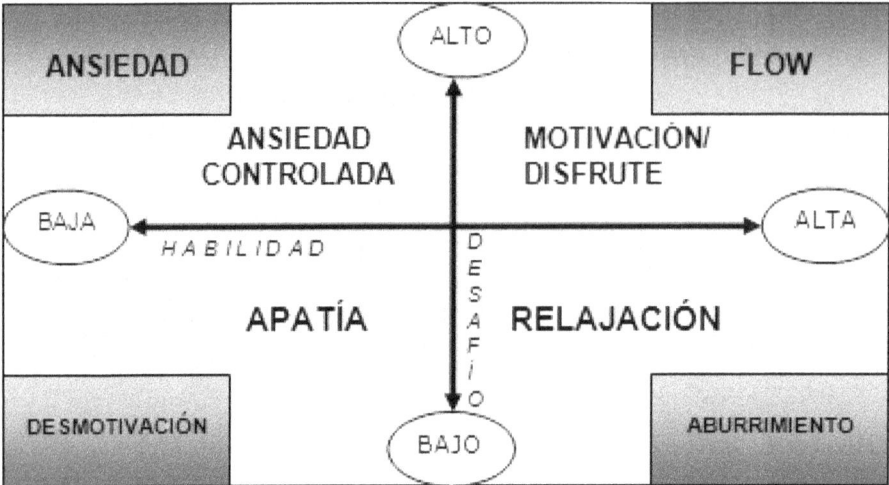

Figura 2: Modelo comportamental por la relación entre habilidad percibida para superar una tarea y el reto que supone. Modificado de Jackson y Csicksenmihalyi (1999).

2.- Combinación/unión de la acción y el pensamiento

Cuando el deportista está en flow sus respuestas son espontáneas y acertadas de modo sistemático, las acciones fluyen a la par que los pensamientos sin que se produzcan periodos de transición apenas observables durante las ejecuciones. Esta fusión cuerpo-mente es una característica del estado de flow.

Esa ejecución automática donde la acción se lleva a cabo sin necesidad de que transcurra tiempo entre el pensamiento del judoca, lo que debe hacer, y la propia respuesta que se desencadena para solucionar el problema, es un claro indicador de que se está alcanzando un estado psicológico óptimo para la práctica.

Numerosos deportistas y entrenadores sugieren que las mejores experiencias en la práctica deportiva son aquellas en las que se realizaba la actividad de forma automática, sin necesidad de pensar, y acertando siempre en la acción que se realizaba (Jackson y Deleharty, 2002). Tal y como indica Csiksenmihalyi (1997) la unión *acción y pensamiento* es un síntoma claro de que se está alcanzando un estado psicológico óptimo para desarrollar la actividad y esto favorece una mayor implicación del deportista en la tarea que se realiza.

Posiblemente el lector conoce a judocas que al preguntarles cómo han hecho una acción certera durante un combate obtienen una respuesta en la que el deportista manifiesta que prácticamente "le salió solo", casi sin pensar.

3.- Claridad de los objetivos

Resulta evidente pensar que para poder obtener un buen rendimiento es necesario tener claras las metas que se pretenden alcanzar y cuáles son los modos de hacerlo. Por ello no es extraño que la claridad de objetivos sea una de las cuestiones fundamentales para alcanzar un estado psicológico óptimo a la hora de enfrentarse a una tarea.

Si un judoca conoce las técnicas especiales de su rival así como lo que debe hacer para contrarrestarlas y poder desarrollar las suyas propias, tendrá más claro lo que debe hacer que si no lo conoce. Por tanto en el primer caso se encontrará en mejores condiciones para experimentar el flow. Un esquema mental claro en el que se traza el camino a seguir durante la ejecución facilita la experiencia de flow.

Este factor está claramente relacionado con el primero (equilibrio habilidad/reto), ya que si un deportista tiene claro el objetivo a lograr, y entiende con claridad cuáles son sus metas, se sentirá más preparado para afrontar la tarea, tal y como se ha propuesto en el ejemplo anterior. Afrontar un combate en el que el judoca tiene un planteamiento y posibles planes de acción en función de algunas situaciones esperadas por las características del oponente facilitará la consecución del estado de flow.

4.- Feedback claro y sin ambigüedades

El feedback es, en este caso, la información que el sujeto recibe cuando está realizando la tarea. Esta información puede provenir de diferentes fuentes, pero en el caso que nos ocupa, para experimentar el flow, la más útil es la que procede de la vía cinestésica, es decir, la información proveniente de la propia percepción y sensación respecto de la acción que está realizando el propio judoca (feedback intrínseco).

Esta información sobre la ejecución que estará llevando a cabo es muy útil para poder corregir posibles errores que se estén produciendo, con el fin de mejorar la acción final. Imaginemos al judoca durante un mate que dura escasos segundos siendo capaz de interpretar lo que está sucediendo, las dificultades que se está encontrando a la hora de realizar las técnicas que tenía planeadas y pudiendo realizar los ajustes necesarios para solucionarlo en la siguiente acción. Incluso durante la propia lucha donde al interpretar por ejemplo que el oponente le bloquea el hombro impidiendo la realización del Tokui Waza por el lado dominante, éste percibe inmediatamente y ejecuta una maniobra de desbloqueo para realizar la técnica de proyección sin necesidad de esperar al siguiente mate o realiza un su movimiento especial por el lado no dominante como posible solución al problema.

Esta dimensión está relacionada directamente con la anterior, ya que si el judoca tiene clara la estrategia y está recibiendo información clara de lo que está ejecutando, tiene muchas más posibilidades de alcanzar un estado psicológico óptimo que le permita mejorar sus sensaciones y el rendimiento final.

También se podría considerar el nivel de claridad con la que el judoca recibe la información del exterior, por ejemplo del entrenador que está en la silla, entendiendo que cuando se encuentra en estado de flow es capaz comprender más claramente las instrucciones e interpretar de inmediato la información junto con la que ya tiene de sus propias percepciones cinestésicas.

5.- Concentración sobre la tarea que se está realizando.

La capacidad que un judoca tiene para llevar a cabo una tarea con éxito puede no ser suficiente si éste pierde la concentración. Ser capaz de mantener la atención en los aspectos relevantes, y despreciar los irrelevantes en ese momento concreto para el buen desarrollo de la acción, es determinante en el éxito final. Son muchos los estímulos que un judoca recibe durante un combate en competición, en un entorno que cambia de manera permanente por las acciones propias y las del oponente. A esto hay que sumar la información que proporciona el marcador y el tiempo de combate, así como las instrucciones que llegan desde la silla del entrenador o la grada. Ser capaz de mantener el foco atencional en el lugar oportuno en cada caso, sin distracciones en los momentos claves durante la ejecución, es una habilidad compleja que los deportistas experimentados de alto nivel poseen.

Por mantenimiento de la concentración nos referimos también a no dejar lugar a los pensamientos negativos, inquietudes o preocupaciones, que en nada favorecen una buena ejecución. Las distracciones son a menudo esgrimidas como argumentos justificativos del fracaso en el deporte.

Por tanto, una buena concentración sobre la tarea que se está ejecutando, sin perder de vista los objetivos y lo que debo hacer en cada momento para llegar a conseguirlos, es fundamental para lograr un estado psicológico óptimo que conducirá al deportista a una experiencia óptima.

6.- Sentimiento de control

Esta dimensión hace referencia a todas aquellas circunstancias que hacen que el deportista esté totalmente confiado y se sienta como un experto ante la tarea que se enfrenta (Alonso, 2006).

Es lógico pensar que cuando un deportista experimenta el flow, sienta que controla la tarea que está realizando. Éste factor está muy relacionado con el primero de los que se han presentado, equilibrio entre habilidad y reto, ya que si el sujeto considera que está preparado para afrontar el reto, su percepción de control aumentará.

Hace ya mucho tiempo que esta dimensión ha aparecido en numerosos estudios clásicos como un aspecto fundamental en la experimentación de un estado de flow (Jackson, 1992, 1995, 1996). Por su parte, Csikszenmihalyi (1990) indica que no es exactamente el sentido de tener control lo más importante, sino la sensación de ejercer control en las situaciones difíciles.

En judo es muy complicado tener el control absoluto de todo lo que pasa, debido a lo impredecible de muchas de las acciones que dependen del oponente. No obstante, el hecho de tener a los rivales estudiados y haber desarrollado las habilidades técnico-tácticas oportunas puede ayudar a que durante el combate el judoca sienta que gran parte de lo que está pasando está bajo control.

Otro aspecto que se podría considerar relevante es que los deportistas dominen las "situaciones tipo" en Tachi Waza y en Ne Waza a fin de conocer cuáles son los aspectos relevantes a controlar que le hacen estar en una situación relativamente segura y cuando está en peligro. El dominio y conocimiento de estas situaciones por parte de los entrenadores y deportistas así como el desarrollo de los recursos técnicos necesarios por parte de este último podría constituir parte del secreto para que el competidor tuviera una sensación de control sobre lo que está ocurriendo en casi todo momento. En este sentido sería muy recomendable que los técnicos contemplen en su método de trabajo la descripción de esas "situaciones tipo" que se repiten de manera habitual, por ejemplo la conocida posición en que uno está tumbado boca abajo y el otro encima de él tratando de voltearlo, así como las maneras de entrenarlas.

7.- Pérdida de cohibición o autoconciencia

En ocasiones el deportista tiene la capacidad para no pensar en las preocupaciones, alejarse de los temores al fracaso, a su capacidad de ser osado frente a la tarea sin hacer caso de complejos o freno alguno. Está muy relacionado con la segunda dimensión (unión entre acción y pensamiento), y con la quinta (concentración sobre la tarea), siendo necesarias éstas dos para que el sujeto logre la pérdida de cohibición, y por supuesto para que logre experimentar el estado de flow.

Puede facilitar la consecución de este estado el hecho de que los judocas aprendan a apartar pensamientos en relación a las consecuencias de su ejecución. Por ejemplo, el hecho de que el deportista sea consciente de que el resultado en su competición le otorga la clasificación para un campeonato de España o unos Juegos Olímpicos puede ser negativo a la hora de desarrollarse dentro del campeonato si no lo gestiona correctamente. Es importante entrenar el modo de apartar este tipo de pensamientos en el instante en que aparecen para conseguir relativizar un poco al respecto de todo. El judoca experto a menudo es capaz de afrontar situaciones realmente estresantes sin parase a pensar demasiado en las consecuencias del éxito o el fracaso, con un cierto desparpajo que le hace parecer que no estuviera frente a una situación decisiva, entrando en ese estado de cierta pérdida de conciencia que le permite centrarse sólo en ejecutar sus movimientos de la mejor manera posible en la situación que tiene entre manos. En este sentido los entrenadores pueden contribuir evitando hablar en exceso sobre lo que pasará si su deportista gana una competición, o las becas a las que está optando, etc.

8.- Transformación en la percepción del tiempo.

Esta dimensión ha sido puesta en tela de juicio por parte de los investigadores del Flow. Por un lado no se sabe cómo se produce la habilidad de un sujeto para alterar la percepción del tiempo, y por otro, no todos los autores coinciden en la forma de percepción más adecuada para que ésta beneficie al rendimiento. Lo que es innegable es que esa alteración del tiempo se produce en muchas ocasiones en deportistas que han tenido experiencias de flow.

Parece ser, que en función de las características de la tarea, o de la disciplina deportiva, es favorable el hecho de percibir el tiempo más lentamente y en otras ocasiones es mejor que el tiempo pase de forma más rápida. Según esto parece lógico pensar, que en las disciplinas explosivas o de corta duración sea positivo que se ralentice la percepción del tiempo, y de este modo el sujeto pueda apreciar más claramente aspectos importantes de lo que está aconteciendo, con el fin de poder actuar en consecuencia. En cambio, si la disciplina es de larga duración, parece que el hecho de que todo parezca pasar más rápidamente puede ser sinónimo de que todo va bien y no hay un excesivo sufrimiento (por ejemplo en una etapa ciclista de 200 kilómetros) durante el transcurso de la prueba. En judo puede suceder que cuando el deportista está totalmente concentrado, tiene una pérdida de cohibición y sensación de control sobre lo que está pasando perciba que algunas acciones pasan a cámara lenta teniendo tiempo suficiente para reaccionar de manera adaptiva, sintiendo en cambio que el combate pasa relativamente rápido sin que le suponga un esfuerzo extenuante o agónico.

9.- Experiencia autotélica.

Esta dimensión hace referencia a que la tarea, entrenamiento o competición supone un disfrute para el deportista que está en flow. En el caso de un judoca, éste se divierte mientras está luchando. Autotélica proviene del griego "Auto" que quiere decir "por si mismos" y Telos que significa "objetivo". Es decir, que la tarea es un objetivo por si mima. Esto está claramente relacionado con lo que se plantea en la Teoría de la Autodeterminación (Ryan y Deci, 2000), donde se postula que una tarea es más fácil de realizar cuando sentimos satisfacción simplemente con realizarla, sin necesitar ninguna recompensa externa.

Es decir, si el deportista disfruta de la actividad que está realizando, es más fácil que experimente el estado de flow. Una experiencia autotélica viene marcada por una opinión subjetiva del sujeto ejecutor de la acción, que le hace pensar que todo había salido conforme lo planteó y que, consecuentemente, la experiencia realizada era exitosa y refleja de plena satisfacción (Alonso, 2006).

En algunos estudios se ha considerado ésta dimensión junto con la primera (equilibrio entre habilidad y reto) como las principales para alcanzar el estado de flow (Csikszenmihalyi, 1993; García Calvo, Jiménez, Santos Rosa, Reina y Cervelló, 2008; Jackson y Eklund, 2002). Parece impensable que el deportista pueda estar en flow durante una competición por ejemplo, si no se está divirtiendo mientras lucha.

Precursores del Estado de Flow

Una de las cuestiones que se ha abordado hasta el momento por los investigadores es el hecho de saber si todas las dimensiones del flow son igualmente importantes (Dion, 2004; Russell, 2001), si todos los deportistas tienen la misma capacidad para alcanzar el estado de flow en relación a sus características personales (Grove y Lewis, 1996), así como el número de veces que los deportistas logran alcanzarlo a lo largo de su carrera deportiva. Parece que no son demasiadas las ocasiones que los deportistas manifiestan haberse encontrado en dicho estado cuando hacen balance de su trayectoria. Por otro lado, la investigación del flow en el deporte se ha desarrollado sobre todo en el ámbito del alto rendimiento, debido al gran interés que despierta el constructo dentro de este entorno, aunque algunos investigadores indican que este estado se puede lograr en diferentes niveles de práctica, incluido el recreacional (Chalip, Csikszentmihalyi, Kleiber y Larson, 1984; García Calvo, Jiménez, Santos-Rosa y Cervelló, 2003; Jackson, Kimiecik, Ford, y Marsh, 1998; Stein, Kimiecik, Daniels y Jackson, 1995). Otros autores manifiestan que es más fácil alcanzar el estado de flow en disciplinas cerradas que en las abiertas (Kimiecik y Stein (1992) por lo que según éstos lograr el estado psicológico óptimo en judo sería más complejo que en deportes como natación, gimnasia rítmica, etc.

Llegados a este punto, podría resultar muy útil conocer algunas de las variables que conducen a los deportistas a experimentar el estado de flow a fin de que deportistas y entrenadores establezcan estrategias de aproximación a dicho estado.

La motivación se ha mostrado como un importante predictor del flow en numerosos estudios llevados a cabo con deportistas de diferentes disciplinas (Cervelló Fenoll, Jiménez, García Calvo y Santos-Rosa, 2001; Csikszentmihalyi, 1990; Garcia Calvo, 2004; Garcia Calvo et al., 2003; Jackson, 1995, 1996; Jackson et al., 1998; Kowal y Fortier, 1999, 2000; Mandigo, Thompson y Couture, 1998; López Torres, Torregrosa, y Roca,

2007; Moreno, Cervelló, y González-Cutre, 2006; Rusell 2001). Estos trabajos demuestran que los deportistas que hacen deporte por aprender, mejorar, la estimulación que les supone, porque consideran muy positivos los beneficios de practicarlo o porque han integrado esa disciplina como algo primordial en sus vidas tienen más posibilidades de experimentar flow que aquellos que practican por obtener premios o recompensas externas, por evitar castigos, porque se sienten mal si no lo hacen o aquellos que se encuentran desmotivados. En esa línea apuntan los resultados de la tesis doctoral de Montero-Carretero (2010) donde la motivación intrínseca se mostró, entre todos los tipos de motivación medidas en el estudio, como el principal predictor del estado de flow en judocas españoles de competición. Analizando el papel de la motivación como predictor del flow también se ha demostrado que aquellos deportistas cuyas motivaciones se basan en mejoras autorreferenciales centrándose en las tareas a trabajar (orientación a la tarea) tienen más tendencia a experimentar flow que aquellos que están casi exclusivamente orientados en ser mejor que los demás (orientación al ego) perdiendo de vista las mejoras necesarias en las tareas que conducen al éxito (Charalambous y Ntoumanis, 2000; Papaioannou y Kouli, 1999; Kowal y Fortier, 2000; Kimiecik y Jackson, 2002; Tipler, Marsh, Martin, Richards y Williams, 2004). También es cierto que algunos autores muestran que tanto tarea como ego predicen positivamente la aparición del estado de flow (Cervelló et al., 2001; Cervelló, Santos-Rosa, García Calvo, Jiménez, e Iglesias, 2007; García Calvo, 2004; García Calvo et al., 2003; Santos-Rosa, 2003; García Calvo, Cervelló, Jiménez, Iglesias y Santos-Rosa, 2005; Moreno et al., 2008; Sicilia, Moreno, y Rojas, 2008).

Por otra parte, la autoconfianza es una característica esencial de los deportistas de élite (Hanton, Mellieau, y Hall, 2004) y es entendida como la creencia de los sujetos de estar preparados para la situación a la que se enfrentan (López Torres, Torregrosa, y Roca, 2007; Tsopani, Dallas, y Skordilis, 2011). En un estudio con judocas españoles, la autoconfianza precompetitiva se mostró como un fuerte predictor del estado de flow en competición (Montero-Carretero, Moreno-Murcia, Amado y Cervelló, 2015) explicando por si sola el 46% de su varianza. Tan importante como los niveles de autoconfianza que un judoca presenta antes de una competición puede ser la interpretación que estos hacen de sus propios niveles de autoconfianza en relación al rendimiento futuro. Es decir, el hecho de que el deportista que se siente más o menos confiado interprete que ese nivel de confianza es más o menos positivo para rendir en la competición a la que se enfrenta. Esto es conocido como dirección de la autoconfianza (Jones, 1991) y en otro estudio con judocas españoles (Montero-Carretero et al., 2013) aquellos que interpretaron más positivamente sus niveles de autoconfianza previos al campeonato experimentaron más flow que los que hicieron una interpretación más negativa.

Otra variable que ha predicho el estado de flow en competición en judocas españoles es el estado de ánimo medido 15 días antes de la misma. Montero et al. (2015) demostraron que el estado de ánimo positivo (vigor) predijo positivamente la aparición del estado de flow en competición, mientras el estado de ánimo negativo (tensión, depresión, cólera, fatiga y confusión) predijeron negativamente la aparición de dicho estado.

Entre los estudios que analizan los posibles facilitadores del flow, encontramos el de Russell (2001), realizado con atletas de élite de entre 17 y 27 años de edad, de diferentes deportes, incluido la lucha. Este trabajo señaló como facilitadores de dicho estado a los altos niveles de confianza, una óptima preparación física, la percepción de una actuación efectiva, la motivación intrínseca, óptimas condiciones ambientales, una interacción positiva con el entrenador, niveles óptimos de activación precompetitiva, un foco apropiado y un plan óptimo de preparación precompetitiva.

En un trabajo más antiguo Straub (1996), testó la eficacia de un programa de 5 y 10 semanas de práctica imaginada con 5 luchadores expertos. Tras la intervención cuatro de los cinco luchadores aumentaron significativamente la frecuencia de los estados de flow experimentados, medidos por el equilibrio entre el desafío y la habilidad. Uno de los luchadores informó de haber aumentado su frecuencia de estado de flow de un 33.3% de sus enfrentamientos al 76.9% tras el tratamiento. Este estudio puede dar una idea de la importancia que podría tener el manejo de habilidades psicológicas en la consecución de estados de flow.

Pautas Para Entrenadores

Conociendo las dimensiones del flow así como las evidencias que arrojan luz al respecto de qué aspectos facilitan a los deportistas alcanzar dicho estado, se proponen algunas directrices para que los entrenadores contribuyan a que los judocas que entrenan bajo su dirección alcancen el estado de flow en las competiciones.

1.- Ayudar a los deportistas a seleccionar competiciones que supongan un verdadero reto para ellos, siempre que estén suficientemente preparados.

2.- Incluir en el trabajo diario los automatismos oportunos para que en la competición los deportistas no tengan que pararse a pensar demasiado ante las situaciones estándar con las que habitualmente se encuentran. Por ejemplo, el deportista tiene una secuencia claramente entrenada para sacar la pierna cuando está en suelo y el oponente se la controla cruzando ambas piernas para romper el Osaekomi. En este caso, en cuanto el deportista identifique la situación, procederá sin dudas a intentar sacar la pierna según lo entrenado, produciéndose una combinación casi simultánea entre el pensamiento y la acción, que era una de las dimensiones del flow.

3.- Plantear junto al deportista una estrategia de combate, donde los objetivos estén bien marcados. Por ejemplo, si el judoca es diestro y se enfrenta a otro diestro, podría ser importante que el objetivo prioritario sea agarrar primero la manga a la vez que se desplaza en una dirección concreta para subir posteriormente la otra mano arriba. En esta línea estaría bien que el judoca tenga un plan en caso de que sucedan algunas cosas en el trascurso del combate (que se esperan por conocer al rival). Recordemos que la claridad de objetivos es una de las dimensiones del flow.

4.- Realizar trabajos en los que el judoca entrene su capacidad de focalizar la atención en situación de fatiga y estrés, discriminando aquellos estímulos que no sean relevantes. Puede ayudar que el judoca aprenda a leer los pre-índices en el combate. Esto es, enseñar al deportista que antes de que pase algo, generalmente el oponente manda señales que nos dan información de lo que va a ocurrir. Por ejemplo, enseñar al judoca que se enfrenta a otro con un potente Sode Tsurikomigoshi que antes de realizar la técnica, el oponente siempre agarra las dos mangas. De este modo, es más fácil que el judoca se concentre en el cambio de agarre de su adversario cuando se produce, manteniendo la atención en eso y no en otros aspectos que en ese momento carecen de importancia. Es posible que además, de esta manera, pueda reaccionar a tiempo y sentir que el combate está en cierto modo bajo su control.

5.- Ayudar al deportista a relativizar todo lo concerniente a la competición y sus consecuencias, tratando de hablar de ello de manera excesiva en cualquier momento y situación de los días previos. Podría ser positivo que los deportistas que se enfrentan a un campeonato importante tengan previsto su horario de entrenamientos (dentro y fuera del tatami) y un periodo de 20-30' para realizar técnicas de visualización etc. Esos momentos serían los idóneos para pensar en el campeonato venidero, pero fuera de ahí sería conveniente ocupar la mente en otras actividades que nada tengan que ver con la competición. De este modo, es más fácil que el judoca alcance luego, durante la competición, ese estado de cierta pérdida de conciencia para sentirse libre y concentrado en ejecutar y disfrutar sin preocupaciones relacionadas con pensamientos que le habrían acompañado y fatigado de manera constante los días previos. Las consecuencias de ganar o perder no deberían tener demasiado espacio en las cabezas de los deportistas, de lo contrario es posible que se produzcan niveles de ansiedad (cognitiva y somática) no deseados.

6.- Ayudar a los deportistas a alcanzar un estado de ánimo positivo los días previos a la competición contribuyendo a que se sientan vigorosos. Esto puede ser a través del tono de voz con el que el entrenador los trata, con los ejercicios o juegos que se proponen, bajando el volumen de carga para evitar que se sientan fatigados, o dinamizando actividades fuera del dojo para que el ambiente sea distendido, rebajando las tensiones propias que genera la presencia inminente de una competición importante.

7.- Dar información al judoca los días previos a la competición sobre mejoras en sus capacidades físicas, técnicas, tácticas o psicológicas. Por ejemplo, los resultados de un test de potencia o de resistencia. Esto le hará pensar que se encuentra mejor preparado para competir que nunca, incrementando su autoconfianza. Otra estrategia podría ser ponerle a hacer randori con alguien que le propone una situación táctica que se encontrará ante un rival en la competición, conocedores de que tiene el recurso técnico para solucionarlo. Cuando el deportista vea que logra solucionar el problema (por ejemplo contraatacar el Uchi Mata de izquierdas similar al que se va a encontrar en el torneo) aumentará su autoconfianza. Recordemos que la autoconfianza se ha mostrado como un fuerte predictor del flow en judocas.

8.- Enseñar a los deportistas, sobre todo a los jóvenes, a interpretar los síntomas de su ansiedad, entendiendo la autoconfianza como una dimensión positiva de esta. Una interpretación positiva de sus sensaciones y creencias los días previos a la competición pueden ayudarles a eliminar miedos aumentando sus probabilidades de alcanzar el estado psicológico óptimo. Si el judoca entiende que los nervios que siente los días previos al torneo, la tensión muscular que experimenta o sus niveles de confianza son negativos para rendir en el evento que se acerca, es muy difícil que experimente flow y muy probable que su rendimiento termine siendo pobre.

9.- Desarrollar estrategias en el día a día para fomentar la motivación autodeterminada (ver Montero-Carretero, Moreno-Murcia y Cervelló, 2014), conocedores de las relaciones positivas entre estos tipos de motivación y la aparición de experiencias de flow.

10.- Ayudar a los deportistas a divertirse con el judo tanto en entrenamientos como en competición. Si le damos excesiva importancia a los resultados es posible que los judocas terminen por preocuparse demasiado alejándose de esa experiencia autotélica. A veces los entrenadores modifican en exceso su propio estado anímico tras un torneo con expresiones de profunda tristeza o absoluta excitación. Esta información llega al deportista que para la siguiente competición ya sabe inevitablemente que el resultado de su actuación conlleva importantes consecuencias en el ánimo de gente que le importa mucho. Esto generaría tensiones que supondrían una carga emocional para el deportista, dificultando la aproximación del deportista al flow.

Referencias Bibliográficas

Alonso, N. (2006). Motivación, comportamientos de disciplina, trato de igualdad y flow en estudiantes de educación física. Tesis Doctoral. Murcia: Universidad de Murcia.

Chalip, L., Csikszentmihalyi, M., Kleiber, D., y Larson, R. (1984). Variations of experience in formal and informal sport. Research Quarterly for Exercise and Sport, 55, 109-116.

Charalambous, M., y Ntoumanis, N. (2000). Goal orientations and flow states in female volleyball players. Sport Psychology, 11, 55-76.

Cervelló, E. M., Fenoll, A. N., Jiménez, R., García Calvo, T., y Santos-Rosa, F. (2001). Un estudio piloto de los antecedentes disposicionales y contextuales relacionados con el estado de flow en competición. Comunicación presentada en el II Congreso de Ciencias de la Actividad Física y el Deporte, Valencia, España.

Cervelló, E., Santos-Rosa F.J., Garcia Calvo, T., Jimenez, R., e Iglesias D. (2007). Young tennis players' competitive task involvement and performance: The role of goal orientations, contextual motivational climate, and coach-initiated motivational climate. Journal of Applied Sport Psychology, 19, 304-321.

Csikszentmihalyi, M. (1975). Beyond boredom and anxiety. San Francisco: Jossey-Bass.

Csikszentmihalyi, M. (1990). Flow: The psychology of optimal experience. New York: Harper y Row.

Csikszentmihalyi, M. (1993). The evolving self. New York: Harper Collins.

Csikszentmihalyi, M. (1997). Finding Flow: The psychology of engagement with everyday life. New York: Basic Books.

Dion, D.M. (2004). Elite women athletes' experience of flow. Dissertation Abstracts International Section A: Humanities and Social Sciences, 64(11-A),pp.3992.

García Calvo, T. (2004). La motivación y su importancia en el entrenamiento con jóvenes deportistas. Madrid: Comunidad Virtual del Deporte.

García Calvo, T., Cervelló, E. M., Jimenez, R., Iglesias, D., y Santos-Rosa, F. J. (2005). La implicación motivacional de jugadores jóvenes de futbol y su relación con el estado de flow y la satisfacción en competición. Revista de Psicología del Deporte, 14, 21-42.

García Calvo, T., Jiménez, R., Santos-Rosa, F.J., y Cervelló, E.M. (2003). Un estudio piloto sobre la relación entre la teoría de metas de logro, motivación intrínseca, estado de flow y eficacia percibida en jóvenes deportistas. Comunicación presentada en el IX Congreso de Psicología de la Actividad Física y el Deporte, León, España.

García Calvo, T., Jiménez, R., Santos-Rosa, F.J., Reina, R., y Cervelló, E. (2008). Psychometric properties of the Spanish version of the Flow State Scale. Spanish Journal of Psychology, 11, 660-669.

Grove, J., y Lewis, M. (1996). Hypnotic susceptibility and the attainment of flowlike states during exercise. Journal of Sport and Exercise Psychology, 18, 380-391.

Hanton, S., Mellieau, S.D., y Hall, R. (2004). Self-confidence and anxiety interpretation: A qualitative investigation. Psychology of Sport and Exercise, 5, 477-495.

Jackson, S.A. (1992). Athletes in flow: A qualitative investigation of flow states in elite figure skaters. Journal of Applied Sport Psychology, 4, 161-180.

Jackson, S.A. (1995). Factors influencing the occurrence of flow state in elite athletes. Journal of Applied Sport Psychology, 7, 135-163.

Jackson, S.A. (1996). Toward a conceptual understanding of the flow experience in elite athletes. Research Quarterly for Exercise and Sport, 67, 76-90.

Jackson, S.A., y Csikszentmihalyi, M. (1999). Flow in sports. Champaign, IL: Human Kinetics.

Jackson, S.A., y Delehanty, H. (2002). Canastas Sagradas. Lecciones espirituales de un guerrero de los tableros. Barcelona. Paidotribo.

Jackson, S.A., y Eklund, R. (2002). Assessing flow in physical activity: The Flow State Scale-2 and Dispositional Flow Scale-2. Journal of Sport and Exercise Psychology, 24, 133-150.

Jackson, S.A., Kimiecik, J.C., Ford, S., y Marsh, H.W. (1998). Psychological correlates of flow in sport. Journal of Sport and Exercise Psychology, 20, 358- 378.

Jackson, S.A., y Marsh, H.W. (1996). Development and validation of a scale to measure optimal experience: The flow state scale. Journal of Sport and Exercise Psychology, 18, 17-35.

Jones, G. (1991). Recents developments and current issues in competitive state anxiety research. The Sport Psychologist, 4, 152-155.

Kimiecik, J.C., y Jackson, S.A. (2002). Optimal experience in sport: A flow perspective. En T. Horn (Ed.), Advances in sport psychology (pp. 501-527). Champaign, IL: Human Kinetics.

Kimiecik, J.C., y Stein, G.L. (1992). Examining flow experiences in sport contexts: Conceptual issues and methodological concerns. Journal of Applied Sport Psychology, 4, 144-160.

Kowal, J., y Fortier, M.S. (1999). Motivational determinants of flow: Contributions from self-determination theory. Journal of Social Psychology, 139, 355-368.

Kowal, J., y Fortier, M.S. (2000). Testing relationships from the hierarchical model of intrinsic and extrinsic motivation using flow as a motivational consequence. Research Quarterly for Exercise and Sport, 71, 171-181.

López-Torres, M., Torregrosa, M., Roca, J. (2007). Características del "Flow", ansiedad y estado emocional en relación con el rendimiento de deportistas de elite. Cuadernos de Psicología del Deporte, 7(1), 25-44.

Mandigo, J.L., Thompson, L., y Couture, R. (1998). Equating flow theory with the quality of children's physical activity experiences. Trabajo presentado en la Annual North American Psychology of Sport and Physical Activity Conference, St.Charles, IL, USA.

Montero-Carretero, C., González-Cutre, D., Moreno-Murcia, J.A., Carratalá, V., y Cervelló, E.M. (2015). Motivación, estado de ánimo y flow en judocas de élite. Revista Mexicana de Psicología, 32(2), 101-112.

Montero-Carretero, C., Moreno-Murcia J.A., Amado, D., y Cervelló, E.M. (2015). Self-confidence and flow in judo. Archives of Budo Science of Martial Arts and Extreme Sport, 11, 47-55.

Montero-Carretero, C., Moreno-Murcia, J.A., Cervelló-Gimeno, E.M. (2014). Estrategias motivacionales en judo: Guía para entrenadores. A Coruña: Federación Gallega de Judo.

Montero-Carretero, C., Moreno-Murcia, J.A., González-Cutre, D., y Cervelló-Gimeno, E.M. (2013). Motivación, dirección de la autoconfianza y flow en judokas de alto nivel. European Journal of Human Movement, 31, 1-16.

Moreno, J.A., Cano, F., González-Cutre, D., y Ruiz, L. M. (2008). Perfiles motivacionales en salvamento deportivo. Motricidad, 20, 61-74.

Moreno, J.A., Cervelló, E., y González-Cutre, D. (2006). Motivación autodeterminada y flujo disposicional en el deporte. Anales de Psicología, 22, 310-317.

Papaioannou, A., y Kouli, O. (1999). The effect of task structure, perceived motivational climate and goal orientations on students' task involvement and anxiety. Journal of Applied Sport Psychology, 11, 51-71.

Russell, W.D. (2001). An examination of flow state occurrence in college athletes. Journal of Sport Behavior, 24, 83-107.

Ryan, R.M., y Deci, E.L. (2000). Self-determination theory and the facilitation of intrinsic motivation, social development, and wellbeing. American Psychologist, 55, 68–78.

Santos-Rosa, F.J. (2003). Motivación, ansiedad y flow en jóvenes tenistas. Tesis doctoral. Cáceres: Universidad de Extremadura.

Stein, G.L., Kimiecik, J.C., Daniels, F., y Jackson, S.A. (1995). Psychological antecedents of flow in recreational sport. Personality and Social Psychology Bulletin, 21, 125-135.

Straub, C. (1996). Effects of a mental imagery program on psychological skills andperceived flow states of collegiate wrestlers. Tesis de Master sin publicar, Miami University, Oxford, OH.

Sicilia, A., Moreno, J.A., y Rojas, A.J. (2008). Motivational profiles and flow in physical education lessons. Perceptual and Motor Skills, 106, 473-494.

Tipler, D., Marsh, H.W., Martin, A.J., Richards, G.E., y Williams, M.R. (2004). An investigation into the relationship between physical activity motivation, flow, physical self-concept and activity levels in adolescence. En H. W. Marsh, J. Baumert, G. E. Richards, y U. Trautwein (Eds.), Self-concept, motivation an identity: Where to from here? Proceedings of the SELF Research Biennial International Conference, Max Planck Institute Berlin, Alemania.

Tsopani, D., Dallas, G., y Skordilis, E.K. (2011). Competitive state anxiety and performance in young female rhythmic gymnasts. Percept Motor Skill, 112, 549-560.

ESTRATEGIAS NUTRICIONALES PARA JÓVENES JUDOKAS

Ana María Ribas Camacho

La planificación nutricional del judoka va a estar condicionada por dos aspectos fundamentales:

Factores morfológicos, donde se buscan objetivos específicos: minimizar el porcentaje de grasa y aumentar la fuerza (proporción de músculo) dentro de la categoría de peso donde compiten. Para ello es importante estudiar la composición corporal y realizar seguimientos. Querer bajar de categoría de peso suele ser muy habitual para mejorar los resultados, y es necesario hacerlo de una manera saludable, disminuyendo de grasa corporal sin comprometer la masa muscular. Se ha visto que las disminuciones de peso rápidas implican una disminución del rendimiento pudiendo tener un efecto a largo plazo en la salud del deportista.

Adecuar la estrategia nutricional al **período de entrenamiento** y a la lejanía o **cercanía de una competición**. En la competición se debe de tener en cuenta: en primer lugar, en qué momento se va a realizar el pesaje de la competición, ya que el tiempo que hay entre el "enfrentamiento a la báscula" y el inicio de la competición es fundamental para la recuperación del deportista tras "dar el peso". También hay que planificar el hecho de que se puede combatir varias veces en una jornada, en diferentes horarios no marcados previamente.

Estrategias nutricionales

1. Pérdida de peso (disminución de la proporción de grasa corporal)

    a) Cálculo de los requisitos de calorías, hidratos de carbono, proteínas y grasas para un programa de pérdida de peso

    b) Estrategias para conseguir una pérdida de grasa permanente (evitar el efecto rebote)

c) Riesgos de las excesivas pérdidas de peso

2. Aumento de peso (aumento de la proporción de la masa muscular)

Ha de determinarse el peso adecuado ideal del deportista para establecer una estrategia nutricional determinada, ya sea aumentar de peso, mantenerse y pérdida de peso. El establecimiento del peso debe realizarse tras un amplio estudio y valoración nutricional de las características individuales del deportista y en función de la disciplina deportiva a la que pertenezca.

Pérdida de peso

Muchos deportistas requieren competir en una categoría de peso determinada (como en el judo, la lucha libre olímpica o el boxeo), hay otros en los que un peso determinado puede marcar la diferencia entre un campeón o un subcampeón (triatlón o atletismo o natación). El objetivo es marcar un peso óptimo que mejore el rendimiento del deportista. Para ello, el adelgazamiento debe ser progresivo y eficaz, ya que si la pérdida de peso es demasiado rápida puede tener graves consecuencias para la salud que conducirán a una reducción del rendimiento deportivo. Para poder someterse a un programa de pérdida de peso saludable es necesario tener en cuenta que un 95% personas que se someten a dietas de adelgazamiento fracasan, dentro de un lapso de 5 años, respecto a mantener el peso que han perdido, el control de estilo de vida es la clave, a largo plazo, para controlar el peso.

CÓMO AFECTA LA PÉRDIDA DE PESO AL RENDIMIENTO

Es muy habitual que los deportistas recurran a los métodos de adelgazamiento que tienen efectos contraproducentes sobre el rendimiento deportivo y la salud. Los dos más frecuentes son las dietas y la deshidratación de choque. Está claro que los deportistas pueden mantener un aspecto saludable, a pesar de un detrimento en su rendimiento. En realidad hay pocas evidencias de que la obtención de una baja proporción de grasa en la composición corporal mejore de forma automática el rendimiento deportivo. La combinación de dieta equilibrada, adecuado entrenamiento y suficiente descanso parecen ser las razones principales del éxito.

La pérdida de peso rápida provoca una disminución de la capacidad aeróbica (Fagelhom, 1994). Se han registrado un descenso del 5% en deportistas que han perdido hasta un 2-3% del peso corporal a través de la deshidratación. Puede darse una pérdida del 10% en quienes pierdan peso con una dieta estricta. El rendimiento anaeróbico y la fuerza y resistencia musculares también se reducen, aunque los investigadores han hallado que la fuerza (en relación con el peso corporal) puede mejorar después de una pérdida de peso gradual (Tiptan, 1987).

QUÉ OCURRE EN EL ORGANISMO CUANDO SE PIERDE PESO RÁPIDAMENTE CON UNA DIETA DE CHOQUE:

Las dietas estrictas reducen los niveles corporales de vitaminas y minerales, dado que una ingesta inferior de alimentos suele traducirse en una ingesta inferior de micronutrientes (Steen, 1986; Colgan y cols., 1991). Se recomienda tomar suplementos si se sigue una dieta durante más de tres semanas.

ADELGAZAMIENTO RÁPIDO:

Los deportistas recurren habitualmente a dietas de choque para llegar a un peso determinado con vistas a una competición (deportes por categorías de peso como el judo o el boxeo y el culturismo), cuando se recurre a métodos de adelgazamiento rápido conllevan también una serie de métodos drásticos como:

- Hacer ejercicio con ropa intranspirable
- Saunas
- Píldoras laxantes
- Diuréticos
- Ayunos prolongados
- Deshidratación
- Provocarse el vómito

En un estudio realizado en 180 deportistas femeninas (Rosen y cols., 1986), el 32% admitió haber usado uno o más de estos métodos. En otro estudio el 15% afirmó que había intentado uno de estos métodos.

Las dietas prolongadas y la restricción del consumo de alimentos pueden tener consecuencias muy graves para la salud. En el caso de las mujeres deportistas el peso bajo y un nivel ínfimo de grasa corporal se han relacionado con irregularidades de la menstruación, amenorrea y fracturas por sobrecarga; en los deportistas varones se aprecia una reducción de la producción de la testosterona. También se ha sugerido que la combinación de entrenamientos intensos, restricción de alimentos y presión psicológica por obtener delgadez extrema puede precipitar trastornos de la conducta alimentaria y clínicos en algunos deportistas. Los científicos dicen que es más probable que quienes intentan perder grasa corporal por mejorar su aspecto desarrollen un trastorno de la conducta alimentaria (TCA) que quienes controlan sólo para mejorar.

Existe una fina línea divisoria entre las dietas y los comportamientos alimentarios obsesivos. En otro tema se profundizará en los conceptos sobre los TCA.

QUÉ LE OCURRE AL CUERPO CUANDO SE PIERDE PESO CON RAPIDEZ MEDIANTE DESHIDRATACIÓN

La deshidratación provoca una reducción del gasto cardíaco y del volumen sistólico, se reduce el plasma, se enlentece el intercambio de nutrientes y se retarda la eliminación de productos de desecho, todo lo cual afecta a la salud y al rendimiento (Fogelholm, 1994; Fleck y Reimers, 1994). Cuando se practica un ejercicio que dura más de 30 segundos, incluso una deshidratación inferior al 5% del peso corporal disminuirá la fuerza o el rendimiento aunque no parece afectar al ejercicio cuando dura menos de 30 segundos.

SE PUEDE ENTRENAR DURO AUNQUE SE ESTÉ ADELGAZANDO

Siempre y cuando no se pierda más de 0,5kg/semana y se consuma una cantidad adecuada de hidratos de carbono, se contará con fuerzas más que suficientes para entrenar duro. Un hallazgo constante en los estudios es que la ingesta elevada de hidratos de carbono (por lo menos un 60% de la energía) es crítica para preservar la resistencia de los músculos, así como la capacidad aeróbica y anaeróbica. Una ingesta baja de hidratos de carbono provoca la depleción del glucógeno y aumenta la oxidación de proteínas. Retener tejido magro es vital para perder grasa. Ya que la masa muscular es un tejido metabólicamente activo y aumenta el gasto energético diario.

¿ENGORDAN LOS HIDRATOS DE CARBONO?

Los hidratos de carbono son el principal combustible del músculo, aportando 4 Kcal/g. Cuando se consume un exceso de hidratos de carbono se convierte preferentemente en glucógeno (comubistible del músculo). Pero un aumento rápido del nivel de glucosa en sangre causado por azúcares de IG (Índice Glucémico) alto puede derivar en el almacenamiento de grasas. Este se debe a una rápida liberación de insulina.

La clave para mantener bajo el nivel de insulina es que las comidas tengan un IG bajo. En la práctica esto supone mezclar alimentos ricos en hidratos de carbono con:

- Fibra (ejemplo: pasta con verduras ricas en fibra o comprar cereales integrales tipo arroz integral o comer la patata con su piel)
- Proteínas (pollo con patatas cocidas)
- Grasas (Ensalada de pasta aliñada con aceite de oliva o quinoa con aguacate)

¿ENGORDAN LAS PROTEÍNAS?

Las proteínas aportan 4kcal/gramo, pero tan sólo se utilizan como combustible cuando se practican dietas muy restrictivas en kcal o en situaciones de estrés metabólico. Además un aporte excesivo de proteínas en una dieta se va a excretar por el riñón, por lo que es difícil que pueda provocar un aumento de peso o efectos en la salud a corto plazo. Aunque hay que tener en cuenta que una dieta alta en proteínas va a suponer un déficit de hidratos de carbono y ello puede conllevar una disminución del rendimiento, ya que va a suponer una reducción de "combustible" para el músculo. También hay que saber que las dietas altas en proteínas a largo plazo pueden suponer un riesgo para la salud del deportista.

Por último, en la comunidad científica se estipula que las proteínas son el nutriente más eficaz para apagar los síntomas de apetito, por lo que calman la ansiedad. La teoría es que al no tener capacidad para almacenar proteínas en exceso, el cerebro detecta rápidamente la ingesta suficiente y neutraliza los síntomas de apetito.

Incluir suficiente cantidad de proteínas en una dieta de adelgazamiento puede ayudar a controlar la sensación de hambre.

¿ENGORDAN LAS GRASAS?

Las grasas aportan 9kcal/g, eso significa que tienen una gran densidad energética con un volumen relativamente bajo, por ello hay que tener cuidado a la hora de introducirlas en la dieta y marcar las cantidades propuestas para evitar comer en exceso y que ello no se traduzca en cambios bruscos de peso.

Por supuesto que la grasa derivada de la bollería y los embutidos hay que eliminarla. Pero también es verdad que las grasas aportan nutrientes esenciales (vitaminas liposolubles y ácidos grasos omega 3, omega 6 y omega 9) que ayudan a mantener un buen estado de salud al deportista y mejorar el rendimiento deportivo. Por lo tanto las grasas buenas (o insaturadas) no deberían excluirse de la dieta de un judoca.

CÓMO ELIMINAR GRASA CORPORAL

Para perder grasa corporal hay que gastar más energía (calorías) de la que se ingiere. Por lo tanto se debe lograr un equilibrio energético negativo

Lo ideal para que se produzca un balance energético negativo es combinar dieta y actividad física, ya que a largo plazo los resultados siempre tendrán más éxito que si sometemos al paciente tan sólo a dieta o ejercicio. Los objetivos de una dieta saludable y un programa de ejercicios son:

- Conseguir un equilibrio energético (calórico) negativo moderado.
- Conservas (o incluso aumentar) el tejido magro.
- Reducir gradualmente el porcentaje de grasa corporal.
- Mantener un buen estado de salud.
- Lograr un rendimiento deportivo óptimo.

QUÉ ES EL GASTO METABÓLICO BASAL

Es el número de calorías que quema el organismo si no se ha hecho nada en absoluto a lo largo del día, es decir, tumbados durante 24 horas. Es la energía que se emplea para mantener el funcionamiento esencial del cuerpo humano y constituye alrededor de un 60-75% del gasto energético diario total.

CÁLCULO DE LOS REQUISITOS DE CALORÍAS, HIDRATOS DE CARBONO, PROTEÍNAS Y GRASAS PARA UN PROGRAMA DE PÉRDIDA DE PESO

El interés principal es recortar un 15% la ingesta de calorías. Esta reducción relativamente modesta favorece la adaptación del paciente a la dieta y una pérdida de peso más progresiva y eficaz. El cuerpo detecta y reacciona al déficit mediante la oxidación de grasas. Si el recorte calórico fuera más drástico, no por ellos se consumirían más grasas, sino que se aumentaría la oxidación de proteínas y la depleción de glucógeno. El resultado final conllevaría con toda probabilidad la pérdida de tejido muscular, la reducción de los niveles de energía y mucha sensación de hambre, con períodos posteriores de ansiedad.

Teóricamente, es recomendable perder 0,5 kg (500g) de grasa cuando se crea un déficit de 4.500 kcal, dado que 1g de grasa proporciona 9kcal (9 x 500= 4500kcal). Sin embargo, en la práctica esto no ocurre, porque depende de la ingesta inicial de calorías. No es lo mismo quitar 650kcal a una persona que está consumiendo 3.000kcal/día (deportista A) que otra que está consumiendo 1800kcal (deportista B). Las dos deportistas puede que pierdan más o menos el mismo peso, pero en el caso B se perderá menor proporción de grasa, a la vez que perderá algo de masa muscular. Esto es debido a que la reducción calórica total en el caso A es de un 15% y en el caso B de un 32% aproximadamente.

Para facilitar el cálculo continuación se propone un ejemplo:

PASO 1: CÁLCULO DEL GASTO ENERGÉTICO EN REPOSO (GER)

Tabla 1: Fórmulas para calcular el GER

EDAD	HOMBRES	MUJERES
10-18 AÑOS	(PESO CORPOAL (KG) X 17,5) + 651	(PESO CORPOAL (KG) X 12,2) + 746
18-30 AÑOS	(PESO CORPOAL (KG) X 15,3) + 679	(PESO CORPOAL (KG) X 14,7) + 496
31-60 AÑOS	(PESO CORPOAL (KG) X 11,6) + 879	(PESO CORPOAL (KG) X 8,7) + 829

Williams, 1991

PASO 2: CÁLCULO DE GASTO ENERGÉTICO DIARIO

Se multiplica el IMR por el número adecuado:

- Vida sedentaria (mayor parte de actividades diarias sentado o de pie): IMR X 1,4

- Vida moderadamente activa (camina regularmente y está de pie mucho tiempo): IMR X 1,7

- Vida muy activa (realiza un trabajo que requiere actividad física): IMR X 2

PASO 3: CÁLCULO DEL GASTO POR ACTIVIDAD FÍSICA

Es recomendable calcular el gasto de calorías durante el ejercicio en una semana (7 días) y luego dividirlo por 7 para obtener la media diaria.

Tabla 2: Disciplinas deportivas y consumo de calorías

DEPORTE	ENERGÍA CONSUMIDA (KCAL/m^2/HORA)
JUDO	700
FÚTBOL	600
BALONCESTO	400
PATINAJE (15 KM/H)	300
NATACIÓN (3 KM/H)	1.000
BICICLETA	280
CARRERA (18 KM/H)	780
CARRERA (9 KM/H)	400

Fuente: J Mataix, J González, P Sánchez (Nutrición en el deporte)

PASO 4: AÑADIR LAS CIFRAS DE LOS PASOS 2 Y 3

Este es el número de calorías necesarias para mantener el peso corporal. Se debe considerar esta cifra como la ingesta de mantenimiento. Si la ingesta calórica actual es superior o inferior a la ingesta de mantenimiento, se ajustará gradualmente la ingesta hasta que sea casi pareja. Esto tal vez lleve unas cuantas semanas.

PASO 5: REDUCIR UN 15% LA INGESTA CALÓRICA

Para hacerlo, se multiplica las calorías del mantenimiento, como se calculó en el paso 4 por 0,85 (85%) para obtener una nueva ingesta total diaria de calorías.

PASO 6: CALCULAR LAS NECESIDADES DE HIDRATOS DE CARBONO

Se multiplica la cifra del paso 5 por 0,60 (60%), luego se divide por 4 para calcular la ingesta de hidratos de carbono en gramos

PASO 7: CALCULAR LAS NECESIDADES PROTEICAS

Se basa en el requisito recomendado de 1,2-1,6g/kg de peso corporal/día. Se multiplica el peso en kg x 1,6 para obtener la ingesta diaria de proteínas en gramos.

Para calcular la ingesta de proteínas como porcentaje del total de calorías, se multiplica el número de gramos de proteínas por 4, se divide por el total de calorías como en el paso 5 y luego se multiplica por 100:

PASO 10: CALCULAR LAS NECESIDADES DE GRASA

La ingesta de grasas como porcentjae del total de calorías es el equilibrio que queda una vez que se han calculado los porcentajes de proteínas e hidratos de carbono, es decir, 100%-X% HIDRATOS DE CARBONO –X% PROTEÍNAS= %GRASAS.

A continuación para calcular la ingesta de grasa en gramos, se multiplica la cifra del paso 5 por el % grasa y se divide por 9.

CÓMO ACELERAR LA PÉRDIDA DE GRASAS

Aumentar el gasto calórico diario mediante la práctica de ejercicio físico es la ayuda idónea para acelerar el adelgazamiento.

ESTRATEGIAS PARA CONSEGUIR UNA PÉRDIDA DE GRASA PERMANENTE (EVITAR EL EFECTO REBOTE)

- Establecer objetivos realistas: antes de embarcarse en un plan de adelgazamiento, hay que dejar por escrito y con claridad cuáles son nuestros objetivos, dado que los estudios han demostrado que al escribir las intenciones es más probable que se conviertan en acciones. Los objetivos planteados deben ser específicos, positivos y realistas y marcarse un plazo razonable.

- Vigilar los cambios de composición corporal: es recomendable hacer análisis de composición corporal periódicamente, por lo menos una vez al mes, para valorar la pérdida de proporción de grasa. Las técnicas más utilizadas en el deporte son los pliegues antropométricos.

- Intentar una pérdida de grasa de 0,5 a 1 kg por semana: ya que adelgazar con más rapidez suele implicar la pérdida de tejido magro. Tener en cuenta que es útil pesarse semanalmente para controlar la pérdida de peso o de grasa, pero es importante no confiar exclusivamente en la báscula, ya que este método no refleja los cambios de composición corporal. Además el peso es un parámetro variable que está sujeto a multitud de cambios. Por otro lado, es importante indicar que pesarse puede convertirse en una obsesión.

- Pérdida de peso progresiva: inicialmente la pérdida de peso es más rápida (los primeros 2,5kg) porque lo que se pierde es glucógeno y los líquidos vinculados a él (por cada 0,5 kg de glucógeno se almacenan 2 litros de agua). Posteriormente se comienza a perder proporción de tejido graso, por ello después de las primeras semanas de dieta es normal sufrir un leve estancamiento metabólico.

- Hacer por lo menos 5 ingestas al día: realizar pequeñas ingestas a lo largo del día, cada 3-4 horas (intervalos regulares) va a facilitar no llegar con ansiedad a las comidas principales del día y evitar así picoteos indebidos (snacks o dulces). Por otro lado, para las personas que realizan un ejercicio regular, el comer 6 veces al día es especialmente beneficios para la reposición de glucógeno entre entrenamientos y para aminorar la deposición de grasa.

- Nunca se debe consumir un número de calorías inferior al GMB: la ingesta de calorías nunca debe ser inferiori al GMB; pues de lo contrario se puede correr el riesgo de perder tejido magro en exceso, agotar gravemente las reservas de glucógeno y tener una ingesta insuficiente de nutrientes. Resulta erróneo y potencialmente peligroso prescribir dietas hipocalóricas de 1.000 kcal o menos.

- Evitar prohibir alimentos: no hay que eliminar por completo los alimentos favoritos. Muchas personas encuentran satisfactorio descansar un día de la dieta y comer lo que les gusta, a fin de seguir motivados para comer bien una semana tras otra. Esto supone poder comer de vez en cuando chocolate o una hamburguesa sin sentirse culpable, pero sin "pegarse un atracón".

- Hacer cambios graduales en el estilo de vida: es muy habitual el abandono por aburrimiento en las dietas debido a que la persona sale de su "zona de confort" y no es capaz de adquirir los nuevos hábitos nutricionales que se proponen. Por ello, uno de nuestros objetivos va a ser concienciar al deportista de lo importante que es corregir esos errores nutricionales que comete y facilitarle herramientas para conseguir que se comprometa a cumplirla correctamente. Tabla 3: Excusas y Sugerencias

EXCUSAS	SUGERENCIAS
No hay tiempo suficiente para preparar comidas sanas	Planear sus comidas con antelación para tener todos los ingredientes a mano. Hacer comidas en grandes cantidades y congelar varias raciones. Cocinar patatas horneadas, pasta y arroz en grandes cantidades para reservar.
Cambios en el turno de trabajo	Planear tentempiés a intervalos regulares y llevarse su propia comida al trabajo
Trabajo implica viajar mucho	Llevar tentempiés como frutas, barritas energéticas, frutos secos, etc.
Se tiene que cocinar para el resto de la familia	Adaptar las comidas preferidas de la familia (por ejemplo pasta boloñesa) con menos grasa y hidratos y fibra (carne magra, pasta integral, cebolla y zanahoria picada con el tomate frito, etc.)
Se come demasiado cuando se está estresado	Pensar en ir a sesiones de terapia psicológica o cursos de relajación, deporte, etc. Evitar ser un comedor "emocional"
Come fuera con frecuencia	En los restaurantes/residencias elegir comidas ricas en vegetales, carne a la plancha, arroz, etc.

Fuente: J Mataix, J González, P Sánchez (Nutrición en el deporte)

RIESGOS DE LAS EXCESIVAS PÉRDIDAS DE PESO

Es difícil demostrar la influencia de la excesiva pérdida de peso en el rendimiento deportivo, sin embargo, varios estudios de laboratorio han demostrado que los cambios en el metabolismo debidos a la pérdida de peso pueden disminuir la capacidad física.

Tabla 4: Efectos de una reducción brusca de peso corporal sobre diferentes parámetros fisiológicos y del rendimiento.

PARÁMETROS	EFECTOS
Factores de resistencia	
Potencia aeróbica	Disminución
Fuerza muscular	Sin cambios
Resistencia muscular	Disminución
Potencia muscular	Desconocido
Velocidad de movimiento	Desconocido
Tiempo de carrera hasta el agotamiento	Disminución
Trabajo realizado	Disminución
Factores fisiológicos	
Gasto cardíaco	Disminución
Volumen sanguíneo	Disminución
Volumen de plasma	Disminución
Frecuencia cardíaca	Incremento
Volumen sistólico	Disminución
Temperatura central	Incremento
Intensidad de sudoración	Disminución
Agua muscular	Disminución
Electrolitos musculares	Disminución

Adaptado de Wilmore y Costill, 1999

Además, es frecuente que en aquellos deportes en los que existen categorías de peso o en los que es preciso un peso óptimo mínimo para competir:

- DESHIDRATACIÓN: el ayuno y las dietas muy bajas en calorías junto con la privación de fluidos provocan grandes pérdidas de peso, principalmente por deshidratación. Los deportistas que intentan perder peso pueden hacer ejercicio con ropa de plástico para sudar y mantener su ingestión de fluidos a un nivel mínimo. Estas pérdidas tan fuertes de agua ponen en peligro la función cardiovascular y renal y son potencialmente peligrosas.

- FATIGA CRÓNICA: la fatiga crónica frecuentemente acompaña a las grandes pérdidas de peso normalmente consigo un empeoramiento de los resultados deportivos y puede deberse a muchos factores. Las causas de esta fatiga no se han determinado, pero hay varias posibilidades. Los síntomas de un deportista que crónicamente tiene un peso corporal insuficiente (por debajo del peso óptimo para competir) imitan a los observados en el sobreentrenamiento. La fatiga crónica puede deberse también a un agotamiento de las reservas de glucógeno hepáticas y musculares, lo cual disminuye los niveles de glucosa en sangre.

- TRASTORNOS DE LA ALIMENTACIÓN: la constante obsesión por conseguir un peso determinado, el consecuente efecto rebote de las dietas milagro junto con una presión del entorno para conseguir el resultado deportivo esperado, se consideran factores determinantes a la hora de desarrollar trastornos de la conducta alimentaria: anorexia nerviosa o bulimia.

-

Aumento de Peso

Hay dos maneras de aumentar de peso: aumento en la proporción de masa muscular o por incremento de la masa adiposa (tejido graso). Ambas se reflejarán en un aumento de peso en la báscula, pero darán por resultado una composición y apariencia personales muy diferentes.

El aumento de peso debido al incremento de tejido magro puede lograrse combinando un programa adecuado de entrenamiento de fuerza y una dieta equilibrada. El entrenamiento de fuerza proporciona el estímulo para el crecimiento del músculo, mientras que la dieta aporta la cantidad idónea de energía (calorías) y nutrientes para hacer que este crecimiento tenga un ritmo óptimo. Si se adapta uno sin la otra no habrá aumento de tejido magro.

¿CUÁNTO PESO PUEDO ASPIRAR A AUMENTAR?

El aumento de peso al que se puede aspirar depende de tres factores principales:

- La genética
- El tipo corporal

- El equilibrio hormonal

La genética determina la proporción de los diferentes tipos de fibras musculares. Las fibras de contracción rápida (tipo II) producen potencia y aumentan el tamaño más fácilmente que las fibras de contracción lenta (tipo I o de resistencia). Por lo tanto, si por naturaleza se posee gran cantidad de fibras de contracción rápida a un programa de entrenamiento de fuerza que quien tenga una mayor proporción de fibras de contracción lenta. Desafortunadamente, uno no puede convertir las fibras de contracción lenta en rápidas (de aquí que dos personas con el mismo programa de entrenamiento puedan obtener resultados muy dispares).

El tipo corporal natural también afecta a la rapidez con la que se puede ganar peso magro. A un ectomorfo (delgado por naturaleza, con miembros largos y caderas y hombros estrechos) le será más difícil ganar peso que a un mesomorfo (de naturaleza musculosa, estructura atlética, con hombros amplios y caderas estrechas) que tenderá a ganar músculo fácilmente. Un endomorfo (bajo, de estructura redondeada con caderas y hombros amplios, y una distribución de grasa uniforme) ganará fácilmente tanto grasa como músculo.

Las personas que por naturaleza tienen un nivel más alto de hormonas sexuales masculinas (anabólicas), como la testosterona, también ganarán músculos más rápidamente. Por ello, una mujer no puede conseguir la misma proporción de masa muscular que un varón a menos que ingiera esteroides anabolizantes.

No obstante, sin importar qué genética, estructura natural y equilibrio hormonal tenga cada uno, siempre podemos ganar músculo y mejorar el rendimiento deportivo adquiriendo el peso óptimo, sólo que a unos les llevará más tiempo que a otros.

¿CON QUÉ RAPIDEZ SE PUEDE GANAR MASA MUSCULAR?

Los aumentos de músculo y fuerza son más rápidos al inicio del programa de entrenamiento de fuerza. A menudo son periódicos, ya que cada mejora se alterna con un período de "meseta". De un modo similar a como se llevaría a cabo un programa de adelgazamiento, hay que procurar ir ganando peso gradualmente. Después de un aumento inicial relativamente rápido, no es de esperar una ganancia superior a 0,5kg-1 kg por mes, o un 0,25-1% del peso corporal por semana. Además de vigilar el peso, se debe controlar la composición corporal. Si aumenta más de 1kg por mes con un programa establecido, es muy posible que esté ganando grasa.

¿CUÁNTO HAY QUE COMER?

Para conseguir aumentar masa muscular a un ritmo óptimo se necesita un equilibro energético positivo (consumir más calorías de las que se gastan). Estas calorías deben proceder de una proporción equilibrada entre hidratos de carbono, proteínas y grasas.

CALORÍAS:

Se calcula la ingesta calórica de mantenimiento las fórmulas del capítulo X. Para aumentar la masa muscular la ingesta calórica total diaria debe incrementarse un 20%, es decir, se multiplican las calorías del CET (Consumo Energético Total) por 1,2 (120%). Por ejemplo, si los requisitos calóricos de mantenimiento son 2.700 kcal, habrá que comer 2.700 x 1,2 = 3.240 kcal.

En la práctica, la mayoría de los deportistas necesitan añadir alrededor de 500 kcal extra a la dieta diaria. No todas las calorías extra se convierten en músculo, parte de ellas se convierten en músculo y otras se emplean para la digestión y absorción de alimentos, se disipan en forma de calor o se emplean para la actividad física. Se debe aumentar gradualmente la ingesta calórica, digamos 200 al día durante un tiempo y luego, pasada una o dos semanas, aumentando otras 200 kcal. Las personas cuyo incremento sea bajo deben aumentar la ingesta calórica hasta 1.000kcal diarias.

HIDRATOS DE CARBONO

Con el fin de aumentar la masa muscular, se necesita entrenar muy duro y eso requiere muchas energías. La energía clave para este tipo de ejercicio es, por supuesto, el glucógeno almacenado en los músculos. Por tanto, hay que consumir suficientes hidratos de carbono para lograr que los niveles de glucógeno en los músculos sean altos. Si se entrena con niveles de glucógeno en los músculos, se corre el riesgo de que se descompongan excesivas proteínas (músculo), lo cual es lo contrario del objetivo que se quiere alcanzar.

Para aumentar la masa muscular, los hidratos de carbono deben aportar el 60% de las necesidades calóricas, es decir, se multiplica el total de calorías por el 60% y se divide por 4 (porque 1 g de hidratos de carbono aporta 4 kcal). Si usamos el mismo ejemplo, la ingesta de hidratos de carbono sería (3.240 x 60%)/4 = 486g/ día.

PROTEÍNAS

La recomendación para un entrenamiento de fuerza es de 1,4-18g/kg de peso corporal/día (Tarnopolsky y cols., 1992; Lemons y cols., 1992). Sin embargo, como los requisitos calóricos aumentan un 20%, la ingesta de proteínas debe aumentar proporcionalmente. Por tanto, se recomienda una ingesta entre 1,8 y 2 g/kg de peso corporal y día. Por ejemplo si un deportista pesa 80kg, necesitará entre 144 y 160 g de proteínas al día. Los estudios han demostrado que aumentar la ingesta por encima de 2g/kg peso corporal no genera más beneficios.

Para calcular la ingesta proteica como porcentaje total de calorías, se multiplica el número de gramos de proteínas por 4, y se divide por el total de calorías y luego se multiplica por 100. Por ejemplo, si usamos un valor medio entre 144g y 160g (la media: 152g):

%proteínas = (152 x4)/3.240 = 19%

GRASAS

Las grasas deben suponer entre el 15 y el 30% del total de calorías. Se puede calcular la ingesta de grasas como un porcentaje del total de calorías que queda una vez que se ha restado el porcentaje de hidratos de carbono y el porcentaje de proteínas del 100%, es decir, grasa = 100% de hidratos de carbono - % proteínas.

Para calcular la ingesta de grasas en gramos, se multiplica la ingesta total de calorías por el porcentaje de grasa y se divide por 9.

Ejemplo:

%grasa = 100% - 60% - 19% = 21%

g de grasa = (21% x 3.240) / 9 = 76g

HORARIO DE LAS COMIDAS

Se empieza el "repostaje" energético lo antes posible después del entrenamiento. Se puede optimizar la recuperación del glucógeno después del entrenamiento consumiendo 1g de hidratos de carbono/kg de peso corporal durante el período de 2 horas posterior al ejercicio (Ivy y cols., 1988). Así, por ejemplo, si un deportista pesa 80kg, necesita consumir 80g hidratos de carbono en el plazo de horas postejercicio.

Sin embargo, no sólo son los hidratos de carbono los que ayudan a recuperarse después del entrenamiento: un estudio sugiere que consumir hidratos de carbono combinados con proteínas después del entrenamiento ayuda a crear un ambiente hormonal ideal para el almacenamiento de glucógeno y la hipertrofia muscular (Zawadzki y cols., 1992). Ambos elementos desencadenan la liberación de insulina y la hormona de crecimiento, dos poderosas hormonas anabólicas. La insulina transporta aminoácidos a las células, las recombina para formar proteínas y previene la degradación del tejido muscular. También transporta glucosa a los miocitos y estimula el almacenamiento de glucógeno. La hormona del crecimiento aumenta la elaboración de proteínas y la construcción de músculo.

Entre los aperitivos adecuados para después del ejercicio se incluyen bebidas de proteínas e hidratos de carbono (como los productos sustitutivos de comida), barritas nutritivas, lácteos desnatados y fruta, sándwiches de fiambre bajo en grasa (como el jamón york o el pavo).

Para optimizar el almacenamiento de glucógeno y el crecimiento muscular, hay que garantizar un aporte regular de nutrientes en el torrente circulatorio para lo cual se toman comidas ligeras a lo largo del día. En la práctica, se divide la ingesta diaria en al menos cinco o seis comidas y aperitivos, ya que esto favorece la degradación de las proteínas y enlentece el almacenamiento de glucógeno. Evitaremos consumir comidas muy copiosas y muy espaciadas o grandes cantidades de alimentos con IG alto, ya que provocan fluctuaciones mayores en los niveles de insulina y azúcar en la sangre y, por tanto, reducen el almacenamiento de glucógeno.

SUPLEMENTOS QUE PUEDEN AYUDAR AL AUMENTO DE PESO

- Batidos "Mass Gainer" o ganadores de peso (ayudan a llegar a la ingesta de kcal cuando el deportista no es capaz de comer más)

- Suplementos proteicos (ayudan a la recuperación muscular)

- Creatina (ayudan a mejorar el rendimiento y recuperación muscular)

- Otros: glutamina (ayudan a sistema inmunológico en períodos de entrenamiento de alta intensidad)

ESTRATEGIAS PARA AUMENTAR EL PESO

- Se divide la ingesta de alimentos en 3 comidas y 3 aperitivos. Se come cada 2-3 horas.

- Se comen porciones mayores.

- Evitar comidas muy copiosas.

- Se complementa la ingesta de alimentos con bebidas nutritivas como batidos de mezclas de frutas, batidos de frutas y leche y bebidas de yogur.

- Se emplea un producto sustitutivo de comida o un suplemento basado en proteínas como aperitivo.

- Las ingestas entre horas incluyen alimentos energéticos como los plátanos, los frutos secos, las barritas de cereales.

- Se añaden frutos secos semillas de girasol o calabaza a los cereales o el yogur o las ensaladas.

BIBLIOGRAFIA

J. Mataix,. Nutrición para Educadores. Ed. Díaz de Santos, 2005.

N. Palacios, Z. Montalvo, A. Ribas. Guía de Alimentación, Nutrición e Hidratación en el Deporte. Nutrición en el deporte. 2008.

Ayudas ergogénicas y dopaje. J. Mataix, P. Sánchez, J. González. Ed. Díaz de Santos, 2006.

A. Bean. La Guía Completa de la Nutrición del Deportista. Ed. Paidotribo, 2005.

C. Craplet, P. Craplet, J. Craplet-Meunier. Alimentación y Nutrición del Deportista. Ed. Hispano Europea, 2000.

Dan Bernadot. Nutrición para deportistas de alto nivel. Ed. Hispano Europea, 2001.

Clotilde Vázquez Martínez, et al. Guía de práctica clínica en el SNS: Anexo 6. Sistema de intercambios y equivalencias. Unidad de Nutrición Clínica y Dietética. Hospital Ramón y Cajal. Madrid (España)Disponible en:

www.fisterra.com/material/dietetica

S. Tremoleda. Nociones generales para la planificación de la dieta del deportista. Disponible en:

http://www.aedn.es/resources/publico6.pdf

SENC. Guía de alimentación saludable. Editado por la Sociedad Española de Nutrición Comunitaria. Disponible en:

http://www.nutricioncomunitaria.org/BDProtegidos/guia_alimentacion%20SENC_I_1155197988036.pdf

DIARIOS DE ENTRENAMIENTO PARA EL CONTROL DE LA CARGA INTERNA EN JUDO

Gema Torres-Luque
Raquel Hernández García

Introducción

Los procesos de entrenamiento y planificación en una especialidad como el judo, mejoran día a día. En este proceso, no hay que olvidar que la mejora del rendimiento se produce por una adaptación continua al estrés producido por la carga de entrenamiento. De esta forma, la carga de entrenamiento es un estresor agudo, mientras que, el proceso de entrenar, es un estresor crónico al que se somete el judoka. En este sentido, en el judo es de vital importancia controlar tanto la carga externa como la carga interna. La carga externa es todo lo que tiene que ver con la magnitud de la misma, volumen, intensidad, densidad, etc., aspecto que se ha controlado en judo tanto en entrenamiento como en competición (Hernández-García y Torres, 2007; Hernández-García et al., 2009a; Garatachea et al., 2012). La carga interna es el impacto que produce en el organismo en dos niveles, por un lado, un efecto inmediato, relacionado con el nivel de fatiga que produce en el deportista, y por otro, el impacto diferido, relacionado con la adaptación que se produce en un periodo de tiempo. De esta forma, hay que considerar que cuando la fatiga se prolonga en el tiempo y no se respeta la capacidad de adaptación del deportista, se puede producir una disminución del rendimiento que se manifiesta no solo en síntomas fisiológicos, sino también de carácter psicológico; que pueden dar lugar a una pérdida equilibrada del homeostasis y con ello, desarrollar un síndrome de sobre-entrenamiento (Torres-Luque y Moya, 2013).

De esta forma, es tan importante el control de las cargas de entrenamiento y su planificación (carga externa), como valorar el impacto o efecto interno (carga interna) que produce en los judokas. Dentro de los instrumentos y herramientas para conocer el impacto que produce la carga de entrenamiento, existe el denominado modelo de control psicobiológico, tal y como puede verse en la Figura 1 (Torres-Luque y Moya, 2013).

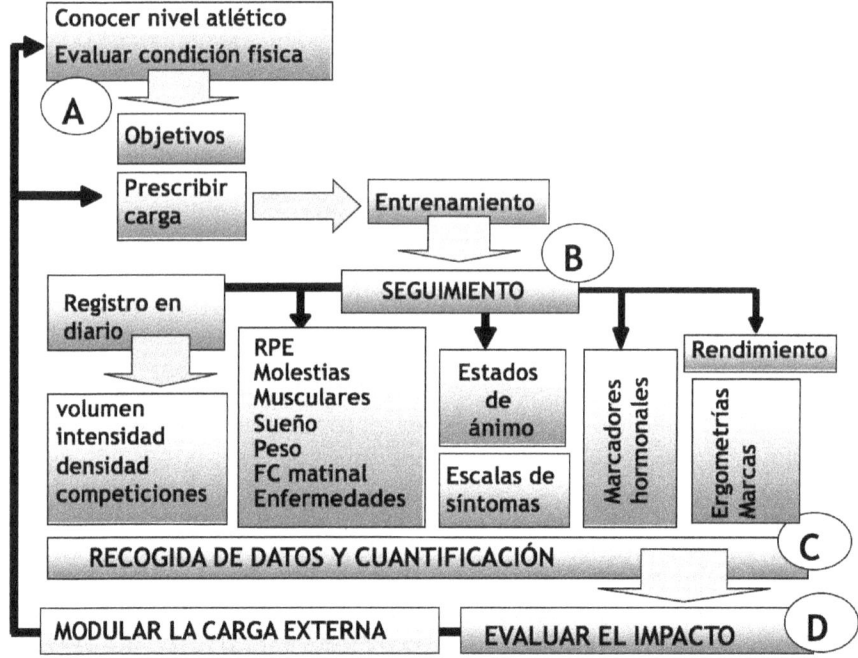

Figura 1: Modelo de control psicobiológico del entrenamiento (Torres-Luque y Moya, 2013).

Como se puede comprobar, este modelo, implica el control de la carga de entrenamiento, aspectos funcionales-fisiológicos, psicológico y biológicos. Muchos de estos factores se pueden controlar por medio del diario de entrenamiento, ya que aglutinará de forma cuantitativa y cualitativa indicadores que ayudarán a conocer de manera preventiva el impacto que está produciendo la carga de entrenamiento y de esta forma, poder ajustar el proceso de entrenamiento de la manera más adecuada para el judoka.

El diario de entrenamiento para judokas

El diario de entrenamiento que se propone en este capítulo está dirigido a los judokas. Es decir, serán ellos los que tengan su diario en formato papel o formato informatizado (más recomendable), donde irán indicando los diferentes aspectos que como entrenadores se consideren más interesante para el control del impacto de la carga. Se recomienda que se complete de manera semanal o, con la duración que tengan cada uno de los microciclos de entrenamiento. Será función del entrenador ir controlando los diferentes aspectos para con ello, ir haciendo una valoración de la respuesta diferida de la carga interna.

Algunas recomendaciones antes de comenzar:

- El diario de entrenamiento tendrá aquellas variables que el entrenador considere oportunas en relación al momento de la temporada, perfil de sus judokas, etc.
- Lo ideal es que sea una rutina diaria, pero, para judokas jóvenes se recomienda que su uso sea en momentos concretos, para ir generando un hábito poco a poco. Por ejemplo, en la inclusión de métodos nuevos de entrenamiento; cambios en la estructura de planifiación, etc.
- El judoka llevará el diario en su mochila, taquilla, etc. siemore a mano, ya que cada variable se debe rellenar siempre en el mismo momento.
- Si se viese el diario de entrenamiento en un golpe de vista, no debería tener más de una hoja tamaño folio, aunque se destaca la importancia de la posibilidad de estar informatizado, para una mejor coordinación entre variables.

A continuación, se expone un diario de entrenamiento básico para judokas donde posteriormente se irán comentando los puntos clave de cada fase y una orientación en su confección (Figura 2).

DIARIO DE ENTRENAMIENTO

El cuadro que tienes a continuación ofrece información sobre tu entrenamiento diario. Cada diario corresponderá a una semana de entrenamiento. Contesta con la mayor sinceridad posible.

Nombre:			Semana:					
Día/Semana	L	M	X	J	V	S	D	
Entrenamiento Tatami								
Entrenamiento Preparación Física								
Entrenamiento aeróbico								
Competición								
Otras actividades								
FC al levantarte								
FC 1h después de entrenar								
FC al acostarse								
Horas sueño								
Sueño								
Ganas de entrenar								
Apetito								
Horas de estudio								
¿Cómo has sentido tus músculos al levantarte?								
¿Cómo crees que ha sido el entrenamiento?								

Observaciones generales para rellenar el diario de entrenamiento:

¿Cómo sientes tus músculos?	Calidad Sueño	Ganas de entrenar	Percepción Subjetiva de Esfuerzo (como crees que ha sido el entreno)	Apetito
1 Muy, muy bien 2 Muy bien 3 Bien 4 Cansados, pero sin dolor 5 Doloridos 6 Muy doloridos 7 Muy, muy doloridos	1 bien 2 regular 3 mal	0 Ningunas 1 2 Pocas 3 4 Normal 5 6 Ganas 7 8 Muchas ganas 9 10 Muchísimas ganas	0 0,5 Muy, muy ligero 1 Muy ligero 2 Ligero 3 Moderado 4 Un poco duro 5 Duro 6 7 Muy duro 8 9 10 Muy, muy duro	1 bien 2 regular 3 mal

Figura 2: Ejemplo de diario de entrenamiento para judokas.

Confección del diario de entrenamiento para judokas

Como se ha comentado anteriormente, el diario de entrenamiento de forma impresa, no debería tener más de una cara de un folio. Se hace mucho hincapié en que con las nuevas tecnologías existentes sería más recomendable informatizado, pero va a depender de la edad y experiencia de los judokas. De esta forma, los bloques que tendrá el diario serán (Figura 2): a) Explicación del diario; b) Control de la carga de entrenamiento; c) Control de variables funcionales-fisiológicas; d) Control de hábitos diarios; e) Control de variables psicológicas y, f) Escalas de medidas de cada variable. A continuación, se explica cada una de ellas, proponiendo el modo de ir generando la rutina en el judoka.

- Explicación del diario: será una introducción clara y concisa de cómo rellenar el diario.

Es cierto que lo normal es solicitar sinceridad, no obstante, esta introducción al diario, puede aprovecharse para incluir la aclaración de alguna variable, para dar una instrucción a un parámetro nuevo... Por ejemplo, *"El cuadro que tienes a continuación ofrece información sobre tu entrenamiento diario. Cada diario corresponderá a una semana de entrenamiento. Recuerda que en la variable "sueño", hace mención a cómo has dormido. Contesta con la mayor sinceridad posible"*. Aquí, se ha incluido una especial atención a la variable "sueño". La única recomendación es que no debe ser una explicación excesivamente amplia ni comentar todas las variables que existan.

En esta explicación primera, entraría también el control del judoka, donde como información básica se incluiría el nombre y la semana que se está controlando (Figura 2). No obstante, esta información puede ser más amplia en relación al momento de la temporada y a los intereses del entrenador. Así, hay dos aspectos importantes: uno, es incluir el control de peso, el cual se realizará, por ejemplo, al inicio de la semana; y dos, si se trabaja a chicas judokas y se prevén altos volúmenes e intensidad de carga, es interesante controlar el ciclo menstrual. A su vez, si además del diario de entrenamiento, se va a incluir un control de parámetros biológicos, es importante conocer el uso o no de anticonceptivos, ya que algunos de ellos podrían tener alguna influencia. Un ejemplo de cómo sería esta parte con estas variables se puede ver en la Figura 3.

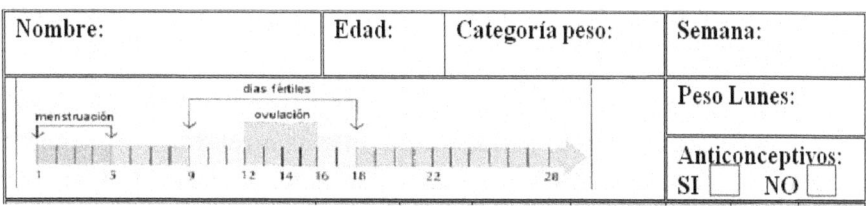

Figura 3: Ejemplo de información inicial en el diario de entrenamiento

- Control de la carga de entrenamiento: es bien sabido, que una cosa es lo que se planifica y otra es lo que realmente se lleva a cabo.

En este apartado, iría toda la información sobre la carga de entrenamiento que el judoka ha ido realizando. Lo ideal es que coincida con la planificación del entrenador, pero en muchas ocasiones por el proceso dinámico y de cambio continuo que es el proceso de entrenamiento esto no es así. Por otro lado, cuando se tienen a cargo un grupo de judokas, es una buena manera de controlar lo que cada uno ha llevado a cabo.

En la Figura 2, se ha propuesto lo ideal que el judoka controle en cuanto a su entrenamiento, ya que así es más consciente de su proceso. No obstante, la inclusión del control de la carga, se puede hacer de forma progresiva tal y como se describe a continuación:

Fase 1: solo incluir entrenamiento (no especificar si de tatami, preparación física, etc.) y cada día de la semana poner completado o no. El entrenador será el que tenga los volúmenes.

Fase 2: incluir lo mismo, pero con el tiempo de entrenamiento. En esta ocasión, en vez de una "X" con realizado o no, se pondría el volumen de entrenamiento, sin diferenciar el tipo.

Fase 3: incluir diferentes tipos de entrenamiento, por ejemplo, solo diferenciar entre entrenamiento en tatami y fuera de él. Y aquí ya incluir el volumen, por ejemplo, en minutos de cada bloque.

Fase 4: se incluye un desglose progresivamente más exhaustivo de todas las posibilidades de carga de entrenamiento que tenga el judoka, como aparece de ejemplo en la Figura 2. Se destaca el control de la competición, es un factor muy individual, que puede facilitar el ajuste de una carga, sobretodo, cuando hay competiciones en las que el entrenador no ha podido estar presente.

Se propone el control de la carga de entrenamiento en volumen, ya que actualmente es lo más generalizado en el control del entrenamiento en judo. De hecho, dentro de los modelos matemáticos de la carga de entrenamiento, el volumen de misma, se puede relacionar con la percepción subjetiva del esfuerzo (RPE) para evaluar el impacto global de la carga (Foster et al., 2001), aspecto que, además, ha sido empleado con éxito en judokas (Garatachea et al., 2012). En cuanto al desglose de la carga diferenciada en tatami, fuerza y resistencia aeróbica, está también extendido en el judo (Hernández-García et al., 2009b; Torres-Luque et al., 2013).

- Control de variables funcionales-fisiológicas: se incluirán todas aquellas variables que se consideren importantes incluir desde este punto de vista del efecto diferido que puede tener la carga de entrenamiento.

Dentro de ellas, destaca la frecuencia cardiaca (FC), ya que a pesar de los diferentes aspectos que influyen en ella, como la hora del día, el clima, etc. controlada a lo largo del tiempo puede dar mucha información. En la Figura 2, se han propuesto tres momentos: al levantarse, una hora después de aplicar la carga de entrenamiento y al acostarse. El hecho de que con el paso del tiempo la frecuencia cardiaca tienda a incrementarse, fundamentalmente la basal, puede ayudar a controlar otros parámetros de manera preventiva, ya que la misma, debería tender a disminuir o mantenerse y el hecho de que se incremente puede darnos una idea de que el sistema simpático se esté activando más de lo que a priori debería. Por lo tanto, se proponen las fases de su inclusión:

Fase 1: control de la FC basal.

Fase 2: inclusión de la FC basal, más la FC al acostarse.

Fase 3: inclusión de la FC basal, una hora después del entrenamiento y FC al acostarse.

Fase 4: otras variables. Se recuerda considerar aquellas variables dianas. Por ejemplo, si un judoka es o tiene predisposición a hipertensión, será una variable a incluir. Quizás en esa ocasión, solo se controle la FC basal, en pro de tener una medida de hipertensión, sobretodo, cuando el judoka no está acostumbrado al control de muchas variables. Puede que, con un judoka en concreto, interese el control del peso no solo semanal, sino cada día. Se puede incluir aquí alguna variable relacionada con la variabilidad de la FC, alguna medida de carácter biológico como hemograma, etc. Es decir, no saturar al deportista, pero ir poco a poco, incluyendo aquellas variables que se consideran determinantes como control.

- Control de hábitos diarios: los hábitos diarios, en un proceso de entrenamiento sistemático con una rutina constante, tienden a modificarse de forma diferida si las cargas de entrenamiento no están produciendo el proceso adaptativo deseado.

En la Figura 2, se han propuesto las más comunes, como son las "horas de sueño" y el "tipo de sueño" (bien, regular o mal). El judoka debe entender que puede dormir 10h muy mal, o puede dormir 6h muy bien.

Son dos cuestiones que debe aprender a diferenciar. Cuando la carga de entrenamiento está excediendo el proceso adaptativo del judoka, la tendencia es a dormir poco y mal. Esta variable, de forma aislada, ofrece una información muy somera, pero se puede observar de una manera holística, así, quizás esta situación, incluye una FC basal más alta de la habitual. Esto pone en alerta para poder ahondar más sobre que puede estar sucediendo y si es por causa de la aplicación de la carga de entrenamiento o por otras cuestiones que habrá que analizar.

Se han destacado a su vez, dos hábitos diarios que también se ven afectados por la carga de entrenamiento, como son, el apetito y las horas de estudio. Cuando se está en un proceso de desequilibrio y de estrés, existen judokas que comen compulsivamente y otros, que no ingieren nada. Conocer cómo son los judokas, ayudará a prevenir algunas situaciones de desadaptación. Se ha destacado la variable "horas de estudio", fundamentalmente en judokas en proceso de formación, de los cuales, hay que conocer su calendario académico, de exámenes, etc. ya que hay que intentar no tener un pico importante en la temporada cuando hay exámenes finales. Es cierto, que el calendario competitivo no está ligado al calendario académico, pero en la medida de los posible, el entrenador debe ser capaz de conocer y controlar esa variable. Si un joven judoka, duerme poco y mal, pero está con un volumen de entrenamiento alto y con muchas horas de estudio, seguramente, la FC basal, el apetito etc. pueda estar alterado. No se quiere decir con esto, que no pueda seguir entrenando y que haya que modificar las cargas, pero la clave está en conocer, qué lo que está produciendo el estrés al sujeto, para con ello, tomar las decisiones más acertadas.

En este apartado, se podrán incluir todos aquellos hábitos diarios de la agenda del deportista que se considere puedan influir en la adaptación de la carga. Por ejemplo, en judokas de alto nivel, número de viajes, cambios de horarios, ruedas de prensa, entrevistas, etc.

- Control de variables psicológicas: independientemente de la cantidad de escalas a nivel psicológico existentes para el deportista, seguir haciendo hincapié en aquellas que tengan una influencia directa como medida de la carga interna.

En este sentido, se han destacado en la Figura 2, algunas de ellas, dígase la percepción subjetiva de esfuerzo (RPE), las ganas de entrenar, cómo se sienten los músculos al levantarse. Destacar, que actualmente, las ganas de entrenar no es una escala validada, no obstante, se incluye por los beneficios que las autoras han experimentado en el día a día en el entrenamiento con judokas, fundamentalmente, cuando se incluye una escala como la RPE.

La RPE, es una escala muy conocida y empleada en el entrenamiento deportivo, tanto en su versión 6 a 20 items (Borg, 1970) como la que se propone en la Figura 2, 0 a 10 items (Borg, 1998). El mismo nivel y tipo de esfuerzo, puede ser percibido de manera diferente por cada individuo. La RPE responde a la pregunta *"¿Cómo has percibido el esfuerzo que acabas de re hacer?",* respondiendo en ambas escalas desde muy muy ligero, a muy muy duro. Si es cierto, que hay que hacer mucho hincapié en que, el control de esta escala subjetiva, implica un periodo de familiarización y control por parte del sujeto, donde es responsabilidad del entrenador intercambiar diferentes tipos o niveles de carga, para que la respuesta sea lo más acertada posible. Si el judoka aprende y es sincero, esta escala es muy potente. De ahí, destacar unirla o complementarla con las ganas de entrenar. El judoka debe entender que puede tener muchas ganas de entrenar y que el entrenamiento le parezca muy muy duro o muy muy ligero y, no tener ganas de entrenar, y que el resultado de RPE sea el mismo. Ayuda, por decirlo de alguna manera, a que el judoka sepa diferenciar entre tipos de sensaciones. A su vez, como se ha comentado anteriormente, el RPE puede relacionarse con el volumen de carga, para aproximarse de forma cuantitativa al impacto de la misma, por medio de la fórmula: *"carga de entrenamiento=RPE sesión X duración (minutos)"* (Foster et al., 2001).

Se añade a su vez, otra escala interesante como es la escala de sensación muscular, donde el judoka contesta a la pregunta *"¿cómo sientes tus músculos al levantarte?",* y es una escala tipo de liket de 1 a 7 puntos (O´Connor et al., 1991). Independientemente de que es una escala que focaliza la atención en la sensación muscular, al día siguiente de la aplicación de la carga (a diferencia del RPE que es un valor más global y justo cuando termina la sesión), y que se puede incluir siempre, es muy recomendable hacerlo cuando las cargas de entrenamiento están compuestas de métodos novedosos para el sujeto, cuando se trata de cargas con un componente excéntrico, etc. ya que se centran más en la musculatura. Es cierto, que se puede combinar con la *"escala de calidad de recuperación"* (Kenttä y Hassmén, 1998), escala de 6 items con valores de 6 (muy muy poco recuperado) a 20 (muy, muy bien recuperado).

En definitiva, se vuelve a la misma idea, atender a aquellas escalas que están dentro de la comprensión y familiarización del sujeto, y que den respuesta a la filosofía del entrenador. No hay escalas mejores ni peores, sino más cercanas a poder complementarse y correlacionarse con la carga de entrenamiento, parámetros funcionales, etc. No obstante, se propone a continuación la progresión en la inclusión en los judokas.

Fase 1: si hay que decidir una única escala, se apuesta por "percepción subjetiva de esfuerzo.

Fase 2: se completaría con la "escala ganas de entrenar", aunque se reitera que no es una escala validada en la literatura científica.

Fase 2: posteriormente, se incluiría la "escala sobre sensación muscular".

Fase 3: por último, se incluiría la "escala de calidad de recuperación"

- Escalas de medida de cada variable: con la misma filosofía de no saturar al judoka con el control de excesivas variables, se recomienda que la parte final del diario de entrenamiento, sean las diferentes medidas de cada una de las escalas.

Se puede pensar que no sería necesario, ya que el judoka semana tras semana las va a completar, por lo tanto, sabe cómo medirlas. Pero, recomendamos incluirla por dos motivos fundamentales: uno, lo reiterado anteriormente, sirve para el entrenador, a que no existan demasiadas variables, ya que de forma visual debe quedar todo el diario a golpe de vista; dos, porque el diario debe estar personalizado, y no todos los judokas tendrán, seguramente, las mismas variables. Quizás interese que un judoka en cuestión, que viene de una lesión o de problemas musculares, rellena la "escala de sensación muscular", en detrimento de incluir más variables de hábitos diarios o a nivel funcional. Se ha comentado como el llegar a completar diariamente un diario de entrenamiento con una visión logística, es un proceso de aprendizaje, donde, por ejemplo, puede existir un judoka que se incorpore nuevo al equipo, que necesite un diario distinto para ir adaptándose. En definitiva, incluir las escalas es algo que se recomienda.

Referencias bibliográficas

Borg, G. (1970). Perceived exertion as an indicator of somatic stress. Scandinavian Journal of Rehabilitative Medicine, 2, 92-98.

Borg, G. (1998). Borg´s perceived exertion and pain scales. Champaing: Human Kinetics.

Foster, C., Florhaug, J., Franklin, J., Gottschall, L., Hrovatin, L., Parker, S., Doleshal, P., Dodge, C. (2001). A new approach to monitoring exercise training. Journal of Strength and Conditioning Research, 15(1), 109-115.

Garatachea, N., Hernández-García, R., Villaverde-Gutiérrez, C., González-Gallego, J., Torres-Luque, G. (2012). Effects of 7-weeks competitive training period on physiological and mental condition of top level judoists. International Journal of Sports Medicine Physical and Fitness, 52(1), 1-10.

Hernández, R., Torres, G. (2007). Análisis temporal del combate de judo en competición. Revista internacional de ciencias de la actividad física y del deporte, 25, 1-9.

Hernández, R., Torres-Luque, G., Villaverde, C. (2009a). Physiological demand of judo combat. International Sportmedicine Journal, 10 (3), 39-43.

Hernández, R., Torres-Luque, G., Olmeadilla, A. (2009b). Relationship between training volume, body weight, and profile of mood states for elite judokas during a competitive period. Perceptual and Motor Skills, 109, 870- 880.

Kenttä, G., Hassmén, P. (1998). Overtraining and recovery. Sports Medicine, 26(1), 1-16.

O'connor, PJ., Morgan, W. P., Raglin, J. S. (1991). Psychobiologic effects of 3 d of increased training in female and male swimmers. Medicine & Science in Sports & Exercise, 23(9), 1055-1061.

Torres-Luque, G., Moya, M. (2013) Control psicobiológico del rendimiento en la práctica del tenis. En: Sañudo, B. Tenis y Mujer (pp. 73-92). Barcelona: Inde.

Torres-Luque, G., Hernández-García, R., Olmedilla, A., Ortega, E., Garatachea, N. (2013) Fluctuación del Perfil de estados de ánimo (POMS) en un periodo competitivo en judokas de élite. Revista Psicología del Deporte, 22 (2), 313-320.

MODELO DE GESTIÓN DE UN CLUB DEPORTIVO DE JUDO

Carlos Fernández González

Identidad de nuestro club

¿Qué es JUDO CLUB AVILÉS?

El club deportivo ARTES MARCIALES JUDO CLUB AVILÉS se constituye a comienzos del año 2001 al amparo de la ley 2/94, de 29 de diciembre, del deporte del Principado de Asturias, y del decreto 24/98, de 11 de Junio, por el que se regula el funcionamiento de dichas entidades en el Principado de Asturias.

Es además una asociación privada, con personalidad jurídica, organización y administración propios, capacidad de obrar y patrimonio, que tiene por objeto la promoción, práctica y participación de sus asociados y abonados en actividades lúdico deportivas y competitivas.

El domicilio social del club tiene su sede en el Pabellón de Deportes de El Quirinal, oficina número 9.

¿Porque nació ARTES MARCIALES JUDO CLUB AVILÉS?

Existieron DOS razones fundamentales para la creación de este club deportivo :

En el momento de la creación del club en nuestra Villa el judo se limitaba a actividades extra escolares en los colegios no existiendo ningún club al uso lo que provocaba el pronto abandono de los deportistas una vez cerrado su ciclo escolar.

Y segundo los logros cosechados por estos judokas hasta llegar a edades junior eran importantes lo que permitía pensar que un mayor apoyo y ayuda en su día a día prolongaría estos resultados a categorías superiores como así se demostró.

Estructura administrativa e interna de Nuestro Club

AREA DEPORTIVA:

Es la esencia de todo club de judo, ya que está ligada a la promoción y desarrollo de nuestro deporte con los deportistas desde su entrada en el club dándoles la doble posibilidad de practicar judo en su vertiente no competitiva (social, inclusiva, saludable etc...) o optar por crecer hasta los niveles de alta competición, donde el objetivo principal es la formación de un equipo que sea capaz de tener una alta representación en competiciones nacionales e internacionales y sobre todo que cada uno en base a sus posibilidades y punto de partida sea capaz de conseguir sus metas apoyado por nuestros técnicos.

Esta área está encargada en la selección, formación y preparación del equipo, tanto físico como técnico, psicológico y táctico. Entrarán luego los diferentes niveles y secciones deportivas entendiendo en nuestro club la estructura piramidal como clave en el desarrollo y correcto crecimiento del mismo.

AREA COMERCIAL:

Es la encargada de ampliar la actividad comercial no solo a la del espectáculo deportivo, donde se pueden utilizar las instalaciones con fines no deportivos, la obtención de recursos de los derechos de imagen, la búsqueda de recursos generados por la actividad anual del propio club etc..., para ello se debe tener claro que el club de judo tiene dos tipos de clientes: los socios aficionados y consumidores; y los clientes institucionales.

"Socios y aficionados" son el cliente directo, quienes compran los diferentes productos que un club de judo ofrece, empezando, por supuesto, por las sesiones de entrenamiento hasta llegar a la compra de material deportivo en nuestra sección correspondiente por poner dos ejemplos. Además, es el motor del círculo virtuoso de creación de valor para el sector, de manera que el club debe dar gran relevancia a la relación con el propio socio o deportista. En este sentido, dentro de las áreas de trabajo de un club, entendemos importante dese JCA que tiene que haber un área especialmente dedicada al trato con el cliente directo, sin olvidar los distintos esfuerzos y recursos orientados a captar nuevos socios y a fidelizar a los que ya existen y que están integrados con el club.

En cuanto a los "clientes institucionales", las empresas se relacionan con nuestra entidad a través de los patrocinios y de sus anuncios. Esta relación es también muy importante, debido a que aportan una parte importante de los recursos que los clubes necesitan. En este sentido, el club cuenta con un área especialmente orientada a la captación y fidelización de las empresas que ya se han asociado al club y otra parcela destinada a incorporar nuevas marcas.

AREA DE COMUNICACIÓN

Los medios de comunicación son grandes creadores de opinión, manejan y publican gran cantidad de información de los clubes de deporte en general (hablando en el ámbito deportivo), debido a esto es importante manejar una buena relación con estos para que ellos sean grandes fortalecedores de la imagen del club. Son en definitiva el vínculo de unión con el resto de la sociedad, con nuestra ciudad. Eso sí, nunca por encima de nuestro principal vínculo, el boca a boca.

Figura 1: Prensa Marca JCA

Nosotros tenemos claro la dificultad de que los periodistas se interesen por nuestro deporte, es por ello que sabemos que somos nosotros los que tenemos que "contar" a la prensa escrita, radiofónica o audiovisual lo que sucede en nuestro club, en ese afán nos hemos propuesto que se hable de judo casi a diario acercándoles nosotros a través de nuestros canales oficiales la información "masticada" y con el rigor que hace que la confianza en lo que les contamos sea absoluta. Nuestros técnicos y departamento de comunicación en estrecha colaboración realizan esta labor casi diaria, de los previos, de los posts y de cualquier noticia que eleve la palabra judo al nivel de otros deportes de mayor consideración social o más bien popular.

De igual forma es importante que el área de comunicación mantenga muy buenas relaciones con los medios para aprovechar este "poder" que tienen, de forma que sea a través de estos que se fortalezca la imagen institucional. Esta área además de mantener las relaciones con los medios de comunicación externos, lleva a cabo la creación de sus propias formas de comunicación aprovechando el enorme poder de las redes sociales en las que nuestro club tiene presencia directa en las principales, Facebook, Instagram, Twitter, o la propia página web del club como elemento clave de comunicación con nuestros socios.

En esta área de comunicación tenemos incluida la de imagen del propio club, creada en el año 2004 por una empresa externa del sector del diseño e imagen, y que a día de hoy, con ligeros retoques, permanece viva y perenne dotando al club de una homogeneidad en todas sus marcas y departamentos, ropa deportiva, comunicación, redes sociales etc ... que le hacen perfectamente reconocible y mucho más cercano al cliente.

Estructura Área deportiva

JUDO CLUB AVILÉS está estructurado en varios departamentos:

Promoción y Deporte base

Deporte, adaptación e inclusión social.

Judo Competición

Otras Actividades (Ocio y Tiempo Libre)

A partir de esta estructura el modelo de trabajo que se lleva a efecto con los diferentes colegios y escuelas municipales sería:

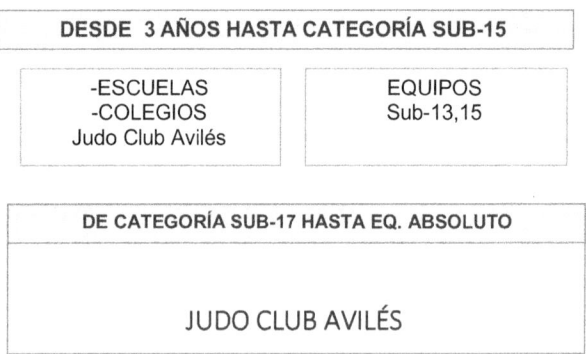

Figura 2: Estructura Área Deportiva JCA

El club a través de las diferentes concejalías del Ayuntamiento de Avilés, de educación y de juventud cuenta con gran número de escuelas en los centros educativos públicos, dentro de lo que se entiende como actividades extraescolares.

En la actualidad son 6 las sedes que trabajan bajo este formato, igualmente y fuera de lo que es los acuerdos con el Ayto. de Avilés y ya con acuerdos puntuales con colegios concertados o privados. Esta estructura es claramente piramidal siendo la base de estas escuelas la que sustenta tanto el nivel económico como el nivel cuantitativo por un número muy elevado de practicantes, y como pirámide de cualquier deporte va estrechándose a medida que los judocas van creciendo y van entrando en categorías infantiles, cadetes y sénior, siendo esta última, la categoría sénior, la pirámide más beneficiada por todo lo que hay debajo de sí.

Los judocas que entran en los equipos junior y sénior gozan de una serie de ventajas dentro de nuestro club que hace que la práctica del judo no tenga ningún coste económico tanto a nivel competitivo, de viajes, de cualquier gasto que nuestro deporte pueda ocasionarles, participación en liga nacional, salidas a cualquier competición a nivel nacional o internacional. Sin duda es la cúspide de la pirámide y es empeño del club que estos deportistas que se encuentran en estas categorías se vean beneficiados de todo el trabajo que el club realiza en categorías inferiores.

Sin duda y uniéndolo al trabajo que desde la entidad se realiza con eventos como el Villa de Avilés y las ligas internas, esos competidores colaboran directamente en el buen desarrollo de estos eventos y se ven beneficiados con esta colaboración consiguiendo estas prebendas que hacen que para ellos sea totalmente un lujo estar en estas categorías superiores.

Los equipos de la liga nacional igualmente y debido a que en nuestro deporte no existe una gran difusión a nivel prensa, no es un deporte con una repercusión en los medios demasiado elevada, sin embargo, en las entidades públicas, bien ayuntamientos o entidades regionales, las ligas gozan de un reconocido prestigio, son por ello otra de las apuestas claras que desde el club se realiza.

Figura 3: Equipo Absoluto Judo Club Avilés temporada 2012/13.

Desde el club se empuja categóricamente por mantener los equipos de categoría sénior lo más arriba posible ya no sólo por la importancia que en el contexto de nuestro concejo tiene de cara a recibir ayudas económicas, sino en beneficios a la hora de elegir los horarios del uso de instalaciones u otros beneficios que el

Ayuntamiento de Avilés concede por tener estos equipos en las máximas categorías.

Figura 4: Deporte y Judo Inclusivo, medalla de Bronce en Atenas 2004.

Eso se entiende como una apuesta importante desde el club ya que no solamente se trabaja para que los judocas de la cantera lleguen a estos equipos, sino que cuando en algunos pesos no se cuenta con judocas del club, se apuesta por fichajes, o se apuesta por invertir para que los equipos séniors sean lo más fuertes posible, al contrario de lo que se hace en las categorías inferiores donde sin duda la participación de nuestros deportistas es prioritaria por encima de cualquier incorporación.

Estructura de organización de eventos del club

El club con independencia de las competiciones a las que asisten sus judocas federativamente hablando, fases zonales, campeonatos de Asturias, fases de sector o campeonatos de España se caracteriza por apostar por un elenco de eventos bastante amplio a lo largo de la temporada que le dota de una personalidad propia a nivel de instituciones públicas y sobre todo de una imagen a nivel de ciudad que sin duda hace que desde el club se apueste fuertemente por el desarrollo y por hacer cada día más hincapié en esta parte organizativa.

Desde el club se organiza una **Liga Avilesina de judo** con toda la estructura de escuelas y de categorías alevines que el club tiene en todo el tejido asociativo que se mueve durante toda la temporada. Es una liga que se aprovecha para organizar competiciones en los distintos colegios, de este modo digamos se están "matando dos pájaros de un tiro", ya que por un lado nos hemos favorecido de las estructuras que los centros escolares tienen y por otro lado al propio centro le estamos dando una relevancia ya que del orden de 200 competidores visitan en cada jornada centros escolares, algunos públicos y otros de carácter concertado o privado.

Esta liga avilesina son aproximadamente 5 jornadas con una jornada final que reúne a todos los centros en el Centro Deportivo Avilés a modo de jornada de cierre en la que se hace la entrega de las medallas y es un primer acercamiento para los más pequeños, desde los 3 y 4 años al mundo de la competición, donde los objetivos son el conocimiento de las reglas e ir soltándose en ese primer acercamiento de estos chicos al tatami, hasta una competición un poco más avanzada para los alevines pero siempre dentro de un orden más amistoso al tratarse de competiciones en las que se enfrentan entre sí con la salvedad de alguna jornada abierta, como eventos propios de cada centro, en la que el club invita a otros equipos de Asturias y se hace en similitud de lo que son por ejemplo, las copas de España en la que la participación de extranjeros está abierta durante toda la temporada, en nuestra liga avilesina sucede un poco lo mismo.

Pero sin duda alguna el evento estrella es el **Villa de Avilés**, doble supercopa de España, que contando con el apoyo de la federación asturiana y española, es un evento organizado íntegramente por el club y por su infraestructura tanto a nivel humano como material. Es sin duda el evento estrella de JCA y que dota al club de una imagen tanto a nivel organizativo, social y de unión con el tejido asociativo de nuestra ciudad, así como con el empresarial, que coloca a la entidad en una posición ideal para afrontar o para negociar otra serie de acuerdos que a largo plazo el club puede aprovechar muy positivamente.

Se trata del evento deportivo que mayor número de participantes aglutina en nuestra geografía regional, del orden de 1600 judocas de categorías inferiores, y en el que el club trabaja con toda su energía desde el mes de diciembre; pasados dos meses del cierre de la edición anterior empezamos a trabajar a tope en la organización del siguiente Villa de Avilés.

Son ya 18 ediciones las que JCA lleva organizando este evento y con un esfuerzo humano y material lejos de lo que en el día a día el club puede alcanzar. Es un evento extraordinario y que exige que tanto los equipos organizativos como las estructuras de propiedad del club se multipliquen y con ello los gastos aumenten.

Son varias las partidas presupuestarias que el club destina a la organización y puesta en marcha del Villa de Avilés, a parte de las subvenciones públicas que han ido en aumento al ir subiendo de relieve el torneo, procedentes tanto del Principado de Asturias como del Ayuntamiento de Avilés, pero sobre todo una de las principales dotaciones es el aporte de la pequeña y mediana empresa y del comercio de nuestra ciudad.

Figura 5: Imagen del Complejo Deportivo Avilés repleto de espectadores.

Desde el club y desde sus equipos organizativos se ha sabido llegar a estos pequeños comercios y medianas empresas de nuestra ciudad ya que se les ha hecho ver mediante un feedback de doble dirección la importancia que tiene la capacidad del Villa de Avilés de llenar durante todo un fin de semana tanto hoteles como restaurantes, viéndose nuestro evento reflejado en el consumo local; por este motivo el comercio y la empresa avilesina contribuyen de manera significativa a la financiación de este importante evento deportivo de nuestra Villa.

La imagen que el judo ha conseguido con el Villa de Avilés en nuestra ciudad sería de difícil precisión pero sin duda nos ha colocado en una posición fantástica tanto a nivel de consideración como de capacidad de negociación para abordar otros proyectos.

El Villa sin duda hace que club pueda tener a lo largo del año capacidad para afrontar otras empresas tanto de viajes de sus propios competidores, como de abordar situaciones del día a día u otros eventos que el club organiza con una posición de partida muchísimo mejor que si el Villa no existiese.

Son un equipo de aproximadamente 120 personas las que durante estos 10 meses trabajan para que en 3 días todo salga perfecto.

Los colaboradores del Villa de Avilés se dividen en diferentes parcelas:

Una primera que es el equipo técnico encabezado por los entrenadores y por la Dirección Deportiva y que se rodea de los deportistas que en la actualidad compiten con el equipo sénior o incluso judocas que han estado en nuestro club durante mucho tiempo y que en la actualidad no son practicantes, pero que siguen ligados mediante el Villa de Avilés a nuestro club. Ellos son los que forman parte del equipo técnico que realizan labores mucho más específicas de lo que es nuestro deporte; bien llevar una mesa central, labores de pesaje, etc....

También asisten un equipo de personas que desarrollan una labor importantísima si tenemos en cuenta que es un evento que reúne a unas 1600 personas; este es uno de los equipos de control y seguridad que en número aproximado de 30 personas desarrolla las labores de control, de acceso, ese tipo de labores que como sabemos en nuestro mundo del judo son las más ingratas y cuesta un gran esfuerzo llevar a cabo.

Otra parte muy importante es la de las personas que están relacionadas con el equipo de catering y de manutención de los propios deportistas o de equipos técnicos, de árbitros y demás colaboradores que son los que se encargan de que durante estos 3 días la estancia en el pabellón tanto de los deportistas como de los árbitros, equipos extranjeros, etc, puedan llevar a cabo toda su alimentación en un correcto orden y desarrollo.

Como aspecto fundamental en el desarrollo del Villa de Avilés destacamos también la comunicación del evento. Disponemos de un equipo encabezado por una persona de total confianza dentro del club que difunde durante todo el año, pero en especial durante los días previos y post-Villa, tanto en redes sociales como en los medios de comunicación más cercanos, aunque el radio de interés principal de este evento se encuentra en un radio de difusión relativamente corto, también se cuenta con medios de comunicación de tirada nacional como puede ser el diario Marca, etc..., estando el gabinete de prensa y de redes sociales en perfecta armonía con el cuerpo técnico del club para dotar a la información que sale del club de un carácter serio y riguroso acorde con nuestro deporte.

Por último y no por ellos menos importante, una de las partes más importantes de este Villa de Avilés es el grupo de personas que se encarga de las relaciones de colaboración con empresas para hacer llegar recursos económicos suficientes y que durante todo el año y mediante en visitas puntuales, acercan el Villa de nuestra ciudad a las pequeñas y medianas empresas para conseguir las partidas presupuestarias más elevadas y que sin duda han hecho que el Villa de Avilés cuente con patrocinios de elevado nivel como puede ser El Corte Inglés o Carrefour, grandes empresas que sin duda han visto en el Villa de Avilés un buen soporte para realizar su imagen.

Otra de los eventos organizativas que desde el club se llevan a cabo durante el año es la concerniente al **Campus de Verano**. 18 ediciones en este verano de 2018 son las que ya lleva desarrollando el club esta faceta, en un campus que pasa por ser el decano de cuantos se celebran en nuestra ciudad y eso habla sin duda del rigor y de la seriedad que la ciudad y los diferentes clientes que acuden al campus verano tras verano observan en nuestra actividad por la que pasan cada verano del orden de 500 deportistas.

El campus de judo de JCA se diferencia un poco de lo que podría entenderse como un campus deportivo organizado por un club de judo ya que aglutina una variedad de contenidos multideportivos y educativos que sobrepasa o trasciende de lo que es el mero deporte del judo.

Figura 6: Imagen Campus de Verano 2018 JCA

El enfoque que se hace de este campus respecto prototipo de cliente que podría interesar para el club evidentemente es el de la fidelización de los socios y de los deportistas que a lo largo de la temporada acuden a nuestro club dándoles la posibilidad de que acudan a este campus manteniendo el coste de su cuota mensual ordinaria, con lo cual hay una diferenciación importante respecto a otros clientes o no socios del club que acuden puntualmente durante los meses de verano a compartir con nosotros estas actividades.

Es esta una manera de diferenciar o de premiar esa presencia durante todo el año de nuestros socios y que en cuotas muy bajas pueden beneficiarse de un campus que aglutina una cantidad de deportes que creemos que dota a nuestro campus de una variedad que le hace de un gran atractivo y le distingue del resto de la actividad que se desarrolla durante el resto del año como no podría ser de otra manera muchísimo más enfocada a nuestro deporte, el judo.

El judo sí que tiene sin duda una importancia también en nuestro campus, siendo nuestros deportistas más destacados los ponentes principales de las sesiones de judo que se realizan durante el verano en nuestro campus, siendo de este modo un gran atractivo para que estos deportistas se conviertan en ídolos de los judocas más pequeños y puedan disfrutar durante el verano con su presencia y a la vez facilitando al propio club la contratación de docentes o de monitores para los eventos que se desarrollan dentro del campus.

Igualmente como decimos son varias las actividades deportivas que se relacionan con el desarrollo del campus durante el verano yendo desde actividades deportivas, desarrolladas en estrecha colaboración con otros clubs deportivos de nuestro municipio y que destacan en sus ligas durante el resto del año, hasta actividades más alejadas de la mera práctica deportiva.

Los convenios que el club mantiene con estas otras organizaciones hace que deportistas destacados dentro de nuestra comarca pasen por nuestro campus llevando deportes como el baloncesto, el vóley, rugby, atletismo, a través de deportistas que a lo largo del año destacan con sus clubs y que nuestros deportistas pueden disfrutar de cerca en las sesiones que durante el verano desarrollamos en nuestro campus deportivo. Igualmente y trascendiendo de lo que es el propio deporte se organizan dentro del campus un buen número de talleres relacionados con actividades varias y que dan al campus esa otra faceta más cultural o de diversificación alejándola de lo que es el propio deporte. Así por ejemplo, talleres de robótica, de inglés, de cocina, y todos ellos creemos que con una de las notas más características de nuestro campus y es que se desarrollan en inglés asociado al nivel de edad que nuestros deportistas pueden tener; que hace que de una manera distendida y práctica los más pequeños puedan estar en contacto con este idioma tan importante y fuera de lo que es el desarrollo normal de las clases de inglés que puedan tener durante la temporada, puedan practicar con sus propios amigos en un entorno mucho más divertido y puedan expresarse en este segundo idioma.

Conclusiones

El modelo de club que desde la Junta directiva de JCA buscamos desde sus inicios pasa como puede verse en la exposición global de nuestro proyecto en un club que dé cabida a cualquier deportista desde la base hasta las categorías superiores ayudándole en todo lo posible a lograr sus objetivos, tanto en el aspecto financiero como poniendo a su disposición los medios humanos y materiales que faciliten el logro de sus metas. Por el camino, y en ese difícil proceso de formación, intentamos que nuestro club, a través de actividades paralelas y acordes a los momentos de formación de cada etapa o a stages tanto propios como externos, sea esa otra casa, esa otra familia que el judoka necesita para crecer y hacer lo que más le gusta rodeado de amigos. Si logramos esto, estaremos realmente felices.

www.ingramcontent.com/pod-product-compliance
Lightning Source LLC
Chambersburg PA
CBHW081127170426
43197CB00017B/2776